高知県の教員採用試験過去問シリーズ❸

2025年度版

高知県の国語科

過去問

協同教育研究会 編

協同出版

本書には，高知県の教員採用試験の過去問題を収録しています。各問題ごとに，以下のように5段階表記で，難易度，頻出度を示しています。

難　易　度

非常に難しい　☆☆☆☆☆
やや難しい　☆☆☆☆
普通の難易度　☆☆☆
やや易しい　☆☆
非常に易しい　☆

頻　出　度

◎　ほとんど出題されない
◎◎　あまり出題されない
◎◎◎　普通の頻出度
◎◎◎◎　よく出題される
◎◎◎◎◎　非常によく出題される

※本書の過去問題における資料，法令文等の取り扱いについて

本書の過去問題で使用されている資料や法令文の表記や基準は，出題された当時の内容に準拠しているため，解答・解説も当時のものを使用しています。ご了承ください。

はじめに～「過去問」シリーズ利用に際して～

教育を取り巻く環境は変化しつつあり、日本の公教育そのものも、教員免許更新制の廃止やＧＩＧＡスクール構想の実現などの改革が進められています。また、現行の学習指導要領では「主体的・対話的で深い学び」を実現するため、指導方法や指導体制の工夫改善により、「個に応じた指導」の充実を図るとともに、コンピュータや情報通信ネットワーク等の情報手段を活用するために必要な環境を整えることが示されています。

一方で、いじめや体罰、不登校、暴力行為など、教育現場の問題もあいかわらず取り沙汰されており、教員に求められるスキルは、今後さらに高いものになっていくことが予想されます。

本書の基本構成としては、出題傾向と対策、過去5年間の出題傾向分析表、過去問題、解答および解説を掲載しています。各自治体や教科によって掲載年数をはじめ、「チェックテスト」や「問題演習」を掲載するなど、内容が異なります。

また原則的には一般受験を対象としております。特別選考等については対応していない場合があります。なお、実際に配布された問題の順番や構成を、編集の都合上、変更している場合があります。あらかじめご了承ください。

最後に、この「過去問」シリーズは、「参考書」シリーズとの併用を前提に編集されております。参考書で要点整理を行い、過去問で実力試しを行う、セットでの活用をおすすめいたします。

みなさまが、この書籍を徹底的に活用し、教員採用試験の合格を勝ち取って、教壇に立っていただければ、それはわたくしたちにとって最上の喜びです。

協同教育研究会

CONTENTS

第１部

高知県の
国語科
出題傾向分析

高知県の国語科　傾向と対策

出題分野は、国語常識、現代文(評論)、古典(古文、漢文)、学習指導要領である。問題は学習指導要領を除き、中高で共通となっている。解答形式は選択式であり、ここ数年、内容・形式の変化は見られない。

国語常識では、漢字の書き・読み、部首、四字熟語、慣用句、故事成語、助動詞、副助詞、古典文学史、近代文学史などが問われている。難易度は標準。熟語、慣用句、成語の知識は国語学習の基本中の基本であり、これらなしには文章の読解も難しい。問題集などで一通り学習しておくとよい。

評論は、戸谷洋志の『未来倫理』からの出題。欠文挿入箇所、語句の文脈上の意味、熟語、接続詞の空欄補充、内容説明、内容合致、文章の表現などについて問われている。難易度は標準程度。

評論の学習では、段落構成を意識しながら筆者の主張と例示を分けながら読むことが重要である。指示語や文の接続に着目することで、本文の展開が見えてくる。今回のような論理的な展開を重視している文章は日常で使われる表現と比べて表現は難解である。しかし言いたいことが論理的に整理されている。否定と肯定(筆者の主張)が明確に分けられ、またさまざまに言い換えられる。この点を整理しながら読むと、論旨を間違えずに捉えられるだろう。

古文は説話の一つ『十訓抄』からの出題。古語の意味、人物指摘、文法、内容把握、内容合致などについて問われている。難易度は標準。

古文の学習では、まず古語の意味、文法(動詞・助動詞の意味、活用、接続)、敬語、口語訳などの基礎知識がなければ始まらない。それらが直接的に問われることがない場合でも、本文を理解する上での前提知識である。また敬語表現は、本文における人物関係を捉えるためにも重要である。敬語の語彙と、誰の誰に対しての敬意であるか、などを整理しておくように。また明示されないことの多い、動作主を特定することが、全体の理解に通じる。

漢文は『韓非子』からの出題。漢字の読み、書き下し、口語訳、空欄補充、内容把握、理由説明、内容合致などについて問われている。難易度は標準程度。

漢文の学習においても返り点、句法、重要漢字などの基礎知識の整理が重要。また中国古典の世界が身近ではないので口語訳などを読んで、漢文としての常識を知ると読解を助けてくれる。漢文は古文に比べて論理的である。漢文の対比的な構造と主語・述語に注意して、訓点に従って読めるように習熟しておくように。

学習指導要領に関する問題では、中学校は平成二十九年三月告示の学習指導要領の「目標」および「内容」から、高等学校は平成三十年三月告示の学習指導要領から出題されている。難易度はいずれも標準。特に国語に関する論述と用語を吟味しながら読んでおくこと。問題形式は中高ともに、すべて空欄補充であるが、内容の丸暗記では対応できない。学習指導要領の趣旨を体系的に捉えた上で、学年ごと・科目ごとの細部の記述の違いが持つ意味を理解しておくことが大切である。また、改訂の趣旨も押さえておこう。

全体的な対策としては、各分野の学習を進めながら、過去問での演習を繰り返すことが効果的である。出題形式および試験時間にも慣れておきたい。

過去5年間の出題傾向分析

●：中高共通　◎：中学　○：高校

分類	主な出題事項	2020年度	2021年度	2022年度	2023年度	2024年度
現代文	評論・論説	●	●	●	●	●
	小説					
	随筆					
	韻文（詩・俳句・短歌）					
	近代・文学史		●	●	●	●
古文	物語			●	●	
	説話					●
	随筆					
	日記		●			
	和歌・俳句		●			
	俳論					
	歌論	●				
	能楽論					
	古典文学史	●			●	
漢文	思想・政治	●	●	●		●
	漢詩文					
	漢詩					
	歴史				●	
	説話					
	中国古典文学史					
	学習指導要領	◎　○	◎　○	◎　○	◎　○	●
	学習指導法					
	その他　国語常識	●	●	●		●

〈備考欄〉「その他」は，漢字の読み書き，部首，画数，四字熟語，慣用句，文法，文学史，俳句・和歌の修辞法等からの出題。

第２部

高知県の
教員採用試験
実施問題

二〇二四年度　実施問題

【中高共通】

【一】次の1～4の問いに答えなさい。

1　次の(1)～(4)の傍線部の漢字と同じ漢字を含むものを、以下のa～eの中からそれぞれ一つ選びなさい。

(1)　お正月に家族で神社にサンケイした。

a　群馬県では江戸時代からさかんにヨウサンが行われていた。

b　依頼をうけたときにダサンが働いた。

c　アンケートを見ると、否定的な意見がサンケンされる。

d　事故現場はセイサンを極めた。

e　先行研究をサンコウにして論文を書く。

(2)　その展覧会は県と市がキョウサイした。

a　ショサイで国語の調べ物をする。

b　ボンサイの松を大事に育てる。

c　小説の原稿を電話でサイソクする。

d　家庭サイエンでトマトを育てる。

e　自動車ローンを全額ヘンサイした。

(3)　家計をイジするために働く。

a　データにサクイの跡が見られる。
b　交渉の権限を彼にイニンする。
c　彼女の理論は入念な調査にイキョしている。
d　この食品には食物センイが多く含まれている。
e　国体でキョウイ的な記録をたたき出した。

(4)　正装してイギを正す。
a　社会のギゼンと戦う。
b　決定にコウギをする。
c　虫が枯れ葉にギタイする。
d　小説をギキョク化する。
e　結婚式のシュウギを渡す。

2　次の(1)・(2)の問いに答えなさい。

(1)　熟語の読みとして誤っているものを、次のa～eの中から一つ選びなさい。
a　漸次《ざんじ》　b　鞭撻《べんたつ》　c　領袖《りょうしゅう》　d　補塡《ほてん》　e　帰趨《きすう》

(2)　「釈」という漢字を構成する部首「釆」の名称として適切なものを、次のa～eの中から一つ選びなさい。
a　すきへん
b　のごめへん
c　いのこへん

d　のぎへん
e　むじなへん

3　次の(1)・(2)の問いに答えなさい。

(1)　四字熟語とその意味として適切でないものを、次のa～eの中から一つ選びなさい。
a　韋編三絶　→　書物の綴じ目がとれるくらい、何度も読書すること。
b　夏炉冬扇　→　夏の火鉢、冬の扇子のように、無用のもののこと。
c　行雲流水　→　心の平静を乱すものがなく、静かな心境でいること。
d　一陽来復　→　悪いことが続いたあと、幸運に向かうこと。
e　岡目八目　→　第三者のほうが、当事者より事の真相がよくわかること。

(2)　慣用句の使い方として適切でないものを、次のa～eの中から一つ選びなさい。
a　今年の突然の大雪は、多くの市民の足を奪った。
b　この仕事量は新人の彼ではきっと手に余るだろう。
c　彼女は虫も殺さないような顔つきで、平然ときついことを言う。
d　あのコンビニの店員は、いつも木で鼻をくくったような対応をする。
e　この道は曲がりくねっているので、ドライバーは気が置けない。

4　次の(1)・(2)の問いに答えなさい。

(1)　次の各文の傍線部「でも」について、類推の用法で使われている副助詞を、次のa～eの中から一つ選びなさい。
a　彼は選手だがコーチでもある。
b　時間があるなら、コーヒーでも飲みましょう。

c　何回呼んでも返事がない。
d　その知識なら、子どもでも知っている。
e　特急に乗る前に、新聞でも買うとしよう。

(2)　次の各文の傍線部「だ」について、断定の用法で使われている助動詞を、次のa～eの中から一つ選びなさい。

a　今日はとてもいい天気だ。
b　昨日はたくさんお茶を飲んだ。
c　新しく買った冷蔵庫はとても便利だ。
d　一生懸命走った。だが、電車に乗り遅れた。
e　昨日この店は大繁盛だったようだ。

(☆☆☆◎◎◎)

【二】次の文章を読んで、以下の問いに答えなさい。

技術とは何だろうか。それは伝統的な哲学におけるとても大きな問いである。

古代ギリシャの哲学者アリストテレスは、技術を、ある目的を達成するための手段を製作する営みとして定義した。人間がそうした活動をもっともうまく果たすことができるのは、自然現象を人工的に模倣したときである。したがってアリストテレスは技術を「自然の模倣」として説明している。【A】

例えば伝統的な農業では、春に種を播《ま》いて、秋に作物を①収穫する。これは自然界における植物のあり方を模倣した技術である。夏に種を播いたり、冬に収穫しようとしたりしても、農業はうまくいかない。なぜならそれは自然を模倣できていないからである。したがって技術をうまく行使するために、私たちはまず自然をしっかりと観察し、その本質を理解しなければならない。農作物が自然においてどのように育つのかを知らなければ、農業をうまく行うこともできないのである。【B】

こうした技術観は、自然が人間を②凌駕する存在であり、人間よりも優れていると考える自然観の上に成り立っている。人間が自分で考えついて行うことよりも、自然の摂理に従ったほうがずっと確実であり、はるかに信頼できると考えられているのだ。そして、③こうした技術観もまた人類の歴史の非常に長い期間を支配していた。【C】

例えば、一五世紀の発明家であるレオナルド・ダ・ヴィンチは、人間に空を飛ぶことを可能にする機械を構想した。その際、彼はまず鳥の羽の構造を観察し、鳥がどのようにして浮力を作り出しているのかを、その羽の形状と運動から分析した。そして、同じ原理によって人間が空を飛ぶために必要な技術的機構を考案したのである。実際に、ダ・ヴィンチの考えた空飛ぶ機械は実現しなかったが、ここには「自然の模倣」という技術観の反映が見られる。すなわち彼は、空を飛ぶ技術を実現するために、まずは自然において空を飛んでいるものを観察し、それを模倣しようとしたのである。

しかしこうした技術観は近代の始まりとともに覆されていく。その変革を起こした代表的な思想家が、十六世紀の哲学者フランシス・ベーコンだ。

技術を「自然の模倣」として捉えるとき、私たちは自然を観察し、そのあとにそれを技術へと落とし込んでいく。まずは自然の観察、次に技術への実装という順番だ。この順番は変わらない。第一に優先されるのは自然を観察することなのである。それは「自然ファースト」な発想である、と表現できるかもしれない。このとき自然の観察はあくまでも技術に先行するものとして位置づけられている。【D】

ベーコンはこのような発想を根本的に変更した。彼によれば、自然の本質は、人間が自然に対して積極的に働きかけ、その結果を検証することによって、初めて解明される。そうした働きかけこそ「④」に他ならない。

例えば、近代科学の父と言われるガリレオ・ガリレイは、重たいものほど早く落下するというアリストテレスの自然哲学を反駁《はんばく》するために、レールを使って異なる重さのボールを落とす実験を行った。このとき彼は単に自然を観察することによって知識を得たわけではない。わざわざ重さの違うボールを用意し、わざわざレールを作り、それを自分で動かすことによって、自然法則を解明しようとしたのである。レールも、ボールも、明らかに自然なものではない。誰も踏み入れない森の奥地で人知れずレールの上を重さの異なるボールが転がってなどいない。ガリレオは、そのように自然には存在しない人工的な環境を技術的に構築することで、⑤自然の本質に迫ろうとしたのである。

ベーコンは、このような実験こそが、人間の知識にとって不可欠の契機であると考えた。実験は、自然を理解するために、自然に対して技術によって働きかけることである。自然をただありのままに観察していても、自然を理解することはできない。それを可能にするのは実験という技術の営みなのだ。この意味において、ベーコンはもはや自然ファーストではなく、⑥「技術ファースト」な考え方をしている、と言えるだろう。

ところで実験は、人間の技術によって行われるものである以上、人間によってコントロールされ、管理されている。そして、そうした実験によってしか自然が解明されない。そうである以上、人間が自然を解明できるのは、自然を技術によって再現し、自らコントロールできるからである、ということになる。【E】

そのように考えるとき、ベーコンの発想はもはやアリストテレス的な「自然の模倣」ではなく、⑦「自然の支配」を可能と見なすものとして捉えられる。自然を人間よりも優れたものとして模倣する態度は、自然を自らの関心に従って操作し、管理しようとする態度へと、転換する。自然は人間を圧倒的に凌駕する存在ではなくなり、人間によって支配され得る対象へと変わってしまうのである。

（戸谷洋志『未来倫理』による）

1 次の文は、文章中の【A】〜【E】のどこに置くのがよいか。最も適切な箇所を、以下のa〜eの中から一つ選びなさい。

つまり、自然の観察そのものは、あとでそれを技術に使うかどうかとは無関係に行うことができる。自然の観察にとって、その成果を技術に使うか否か、ということは、あくまでも「おまけ」に過ぎない。

a【A】　b【B】　c【C】　d【D】　e【E】

2 傍線部①「収穫」と同じ組み立てで構成されている熟語を、次のa〜eの中から一つ選びなさい。

a 定義
b 非常
c 浮力
d 変革
e 奥地

3 傍線部②「凌駕する」の意味として最も適切なものを、次のa〜eの中から一つ選びなさい。

a 上回る
b 抑圧する
c 見くだす
d 覆いつくす
e 打ちのめす

4　傍線部③「こうした技術観」とあるが、その内容として最も適切なものを、次のa～eの中から一つ選びなさい。

a　技術とは伝統的な哲学におけるとても大きな問いである、という考え方。
b　ある目的を達成するための手段を製作する営みこそが技術である、という考え方。
c　自然現象を人工的に模倣することで技術をうまく行使できる、という考え方。
d　自然をしっかりと観察しその本質を理解するためにも技術が必要だ、という考え方。
e　自然は人間よりも優れており技術を確実にし信頼できる存在である、という考え方。

5　文章中の［④］に当てはまる言葉として最も適切なものを、次のa～eの中から一つ選びなさい。

a　技術
b　実験
c　観察
d　理解
e　模倣

6　文章中の［⑤］に当てはまる言葉として最も適切なものを、次のa～eの中から一つ選びなさい。

a　やはり
b　さらに
c　ならば
d　むしろ
e　それも

7　傍線部⑥「『技術ファースト』な考え方」の説明として最も適切なものを、次のa～eの中から一つ選びなさい。

a　技術を用いて自然に働きかけることによって、自然を理解することができるようになる、という考え方。

b　自然とは異なった環境を実現できる技術こそ、人間にとって自然そのものよりも役に立つ、という考え方。

c　自然の本質に迫るためには、自然に働きかけることより技術を行使することの方が有効である、という考え方。

d　人間にとって必要なのは、自然を自然のままにせず、技術によって自然を管理することである、という考え方。

e　自然が人間よりも優れているという考え方を改め、人間が技術を用いて自然を支配するべきである、という考え方。

8　傍線部⑦「『自然の支配』を可能と見なすもの」とあるが、これに当てはまらないものを、次のa～eの中から一つ選びなさい。

a　人間が、自然に対して積極的に働きかけ、その結果を検証すること。

b　人間が、自然には存在しない人工的な環境を技術的に構築すること。

c　人間が自然を観察し、人間の知識にとって不可欠の契機を得ること。

d　人間が技術によって自然を再現することで、自然を解明できること。

e　人間が実験を行う場合に、自然をコントロールしているということ。

9　本文の論の展開や表現上の特徴について説明したものとして最も適切なものを，次のa～eの中から一つ選びなさい。

a　歴史上、価値観の変転がたびたびあったことを具体的に示し、その上でさらに、今後起こりうる変化についても、理解を促している。

b　身近な例から発展して次第に抽象的な思考へと深めていき、予想される異論への反論も盛り込みながら、独自の結論へと導いている。

c　自問自答を繰り返しながら論を深めていき、それぞれの疑問を解決した後、さらに生じた新たな問題点を、最後に問いかけている。

d　冒頭に示された点に限らず、他の事柄においても同じ傾向が表れることを暗示し、現代社会に数多くある諸問題への意識を高めさせている。

e　時代の変遷に伴って考え方に大きな転換があったことを示すために、それぞれの考え方について例を挙げて具体的に説明している。

10　本文の内容に合致するものとして最も適切なものを、次のa～eの中から一つ選びなさい。

a　アリストテレスは、より確実に自然を模倣し自然の摂理に従うためには、よりよい技術を考え実行することが必要である、と考えた。

b　レオナルド・ダ・ヴィンチは、空飛ぶ機械を構想するにあたって、自然において空を飛んでいる鳥を観察するための技術的機構を考案することから始めた。

c　フランシス・ベーコンは、技術について、まず自然を観察し、次にそれを技術に落とし込んでいく、という順番になると考えた。

d　ガリレオ・ガリレイは、自然法則を解明するために、あえて自然なものではない装置を設置し操作する、という方法を採った。

e　人間が自然を支配するようになったということは、人間があらゆる現象を操作し管理することができるという発想をもたらした。

（☆☆☆◎◎◎）

【三】次の文章は『十訓抄』中の一節である。これを読んで、以下の問いに答えなさい。

六条修理大夫顕季卿、東のかたに知行のところありけり。館の三郎義光、妨げ争ひけり。大夫の理ありければ、院に申し給ふ。「①左右なく、かれが妨げをとどめらるべし」と思はれけるに、②とみにこときれざりければ、心もとなく思はれけり。

院に参り給へりけるに、閑かなりける時、近く召し寄せて、「汝が訴へ申す東国の庄の事、今まで、こときらねば、くちをしとや思ふ」と仰せられければ、③かしこまり給へりけるに、たびたび問はせ給へば、わが理ある由をほのめかし申されけるを、聞こしめして、「申すところは、④いはれたれども、わが思ふは、⑤かれを去りて、かれに取らせよかし」と仰せられければ、思はずにあやしと思ひて、⑥とばかりものも申さで候ひければ、「［A］が身には、かしこなしとても、ことかくまじ。国もあり、官もあり。いはば、この所いくばくならず。［B］はかれに命をかけたる由、申す。かれがいとほしきにあらず。［C］がいとほしきなり。義光はえびすのやうなるもの、心もなきものなり。⑦やすからず思はむままに、夜、夜中にもあれ、大路通るにてもあれ、いかなるわざはひをせむと思ひ立ちなば、⑧おのれがため、ゆゆしき大事にはあらずや。身のともかくもならむも、さることにて、心憂きためしにいはるべきなり。理にまかせていはむにも、思ふ、憎むのけぢめを分けて定めむにも、かたがた沙汰に及ばむほどのことなれども、⑨これを思ふに、今までことさらぬなり」と、仰せごとありければ、顕季、かしこまり悦びて、涙を落して出でにけり。

（『十訓抄』による）

（注）六条修理大夫顕季……藤原顕季。播磨・美作など諸国の国司を歴任、蓄財。白河院の院別当として活躍。

館の三郎義光……源義光。平安時代後期の武将で、新羅三郎とも称した。源義家の弟。

院……白河院。白河上皇のこと。

1　傍線部①「左右なく」の意味として最も適切なものを、次のa～eの中から一つ選びなさい。

a　非常に厳しい態度で
b　双方からよく話を聞いて
c　迷うこともなく、たやすく
d　事柄をもう一度整理して
e　道理を丁寧に説明して

2　傍線部②「とみにこときれざりければ」とは、具体的に何がどのような状態であることを指しているのか。最も適切なものを、次のa～eの中から一つ選びなさい。

a　顕季の武力では義光に対抗するのが難しかったこと。
b　院の裁定がすぐには下らなかったこと。
c　顕季と義光の話し合いがなかなか始まらなかったこと。
d　証拠になる証文がすぐには見つからなかったこと。
e　顕季がそもそも義光と話したいと思っていなかったこと。

3　傍線部③「かしこまり給へりける」を品詞分解したものとして正しいものを、次のａ～ｅの中から一つ選びなさい。
a　ラ行変格活用動詞の連用形＋謙譲の補助動詞の已然形＋過去の助動詞「けり」の連体形
b　名詞＋四段活用動詞の已然形＋強意の助動詞「り」の連用形＋過去の助動詞「けり」の連体形
c　ラ行変格活用動詞の連用形＋下二段活用動詞の連用形＋過去の助動詞「けり」の連体形
d　ラ行四段活用動詞の連用形＋尊敬の補助動詞の已然形＋完了の助動詞「り」の連用形＋過去の助動詞「けり」の連体形
c　名詞＋下二段活用動詞の連用形＋過去の助動詞「けり」の連体形

4　傍線部④「いはれたれども」とは、どのような内容に関わる誰の評価なのか。その説明として最も適切なものを、次のａ～ｅの中から一つ選びなさい。
a　義光と顕季の両方の立場に対する院の評価
b　二人の争いを世間はどう見ているのかという作者の評価
c　義光が訴えている不満は理解できるという院の評価
d　顕季が東国の荘園について訴えた内容に関わる院の評価
e　武士はどのような立場でものを考えるのかという作者の評価

5　傍線部⑤「かれ」が指し示す内容として最も適切なものを、次のａ～ｅの中から一つ選びなさい。

ａ　個人的に抱く不満
ｂ　義光
ｃ　争われている訴訟
ｄ　顕季
ｅ　東国の荘園

6　傍線部⑥「とばかりものも申さで候ひければ」とは誰のどのような様子を描写したものか。その説明として最も適切なものを、次のａ～ｅの中から一つ選びなさい。

ａ　院からかけられた言葉が余りにも思いがけないものであったため、顕季が何も言えなかった様子。
ｂ　院から思いがけないお褒めの言葉をいただき、感激のあまりに義光が言葉に詰まる様子。
ｃ　今回の訴訟の内容の是非がはっきりとしているのに、院の言葉が一方的に過ぎるため院の近侍たちが驚いている様子。
ｄ　院からかけられた言葉が余りにも理不尽で一方的なものであったため、顕季が不満をじっと堪えている様子。
ｅ　争われている訴訟の決着がどうなるか分からないため、義光の家臣が焦って気をもんでいる様子。

7　文章中のＡ～Ｃに入る語句の組み合わせとして最も適切なものを、次のａ～ｅの中から一つ選びなさい。

ａ　Ａ　顕季　Ｂ　顕季　Ｃ　義光
ｂ　Ａ　義光　Ｂ　義光　Ｃ　顕季
ｃ　Ａ　顕季　Ｂ　義光　Ｃ　顕季
ｄ　Ａ　義光　Ｂ　顕季　Ｃ　義光

e　A　顕季　B　顕季　C　顕季

8　傍線部⑦「やすからず思はむままに」、傍線部⑨「これを思ふに」の、動作主は誰か。その組み合わせとして最も適切なものを、次のa～eの中から一つ選びなさい。

a　⑦　院　⑨　顕季
b　⑦　院　⑨　義光
c　⑦　義光　⑨　顕季
d　⑦　顕季　⑨　義光
e　⑦　義光　⑨　院

9　傍線部⑧「おのれがため」の「おのれ」が指しているものとして最も適切なものを、次のa～eの中から一つ選びなさい。

a　義光の従者
b　顕季
c　世間の人々
d　義光
e　院

10　本文の内容に合致するものとして最も適切なものを、次のa～eの中から一つ選びなさい。

a　院が義光との東国の所領争いを公平に裁いてくれたので、顕季は納得し、一層、院に忠誠を尽くすようになった。
b　院がなかなか判断を下さなかったので、顕季はしびれを切らしたが、院が義光との仲を取り持ってくれたので、問題を解決することができた。

c　顕季は、武門の誉れ高い義光を相手に苦慮したものの、院の配慮によって、都での武力衝突を避けられたため、安堵することができた。

d　顕季は、義光を相手に所領の件で訴訟沙汰になったが、院が苦慮する様子を見て自ら身を引くことで、問題の解決を図った。

e　顕季は、理不尽な裁定を下す院の真意をはかりかねたが、その裏に院の深い洞察があったことに驚き、その理由を聞いて納得した。

（☆☆☆◎◎◎）

【四】次の漢文を読んで、以下の問いに答えなさい。ただし、設問の都合上、文字を改め、送り仮名・返り点を省いた箇所がある。

奚《ヲカ》謂《フ》二國小《ニシテ》無《シト》レ禮。昔者①晉《ノ》公子重耳出亡《シ》、過《ル》二於曹《ニ》一。

曹君祖裼《セシメテ》而觀《ル》レ之《ヲ》。釐負羈《ト》與二叔瞻一侍《ス》二於前《ニ》一。叔瞻謂《ツテ》二曹君《ニ》一曰《ク》、臣觀《ルニ》二晉《ノ》公子《ヲ》一、非《ザル》二常人《ニ》一也、君遇《スルニ》レ之《ヲ》無《シ》レ禮、彼若《シ》有《リテ》レ時反《リ》レ國《ニ》而《シテ》起《サバ》レ兵《ヲ》、即《チ》恐《ラクハ》爲《ラム》二曹《ノ》傷《ト》一、君不《ト》レ如《カ》レ殺《スニ》レ

之《ヲ》。曹君②弗聽《カ》。釐負羈歸《リ》而《シテ》不レ樂《マ》。其《ノ》妻問《ウテ》レa之《ヲ》曰《ク》公③從外來《リ》、而《シテ》④有不樂之色何也。負羈曰《ク》、吾聞《ク》レb之《ヲ》、⑤有《ルハ》レ福不レ及《バ》、禍《ノ》來《ルハ》連《ナルト》レ我《ニ》、今日吾《ガ》君召《ク》二晉《ノ》公子《ヲ》一、其《ノ》遇《スルニ》レ之《ヲ》無《シ》レ禮、我與《ニ》在《リ》レ前《ニ》、吾是《ヲ》以《テ》不《ト》レ樂《マ》。其《ノ》妻曰《ク》、吾觀《ルニ》二晉《ノ》公子《ヲ》一、萬乘之主也、其《ノ》左右從者《ハ》、萬乘c之相也、今窮《シテ》而出亡《シ》過《ル》二於曹《ニ》一、曹遇《スルコト》レd之《ヲ》無《シ》レ禮、此《レ》若《シ》反《ラバ》レ國《ニ》、必《ズ》誅《セム》二無禮《ヲ》一、⑥則《チ》曹《ハ》其《ノ》首也、⑦子奚《ゾ》不《ルト》二先《ヅ》自《ラ》貳《セ》一焉。負羈曰《ク》、諾《ト》。盛《リ》二黃金《ヲ》於壺《ニ》一、充《タスニ》レe之《ヲ》以《テシ》レ餐《ヲ》、加《ヘ》二璧《ヲ》其《ノ》上《ニ》一、夜令《ム》三人《ヲシテ》遺《ラ》二公子《ニ》一。

（『韓非子』による）

晋公子重耳＝晋の文公のこと。左伝には、重耳の体は一枚あばらであったので、曹君は珍しがり、重耳が湯あみをする時に、強いて見たとあり、また呂氏春秋には、曹君は公子に肌脱ぎになって池の魚を捕らせ、その身体を見たとある。

曹君＝曹の君主。

釐負羈＝曹君の家臣。

叔瞻＝曹君の家臣。

袒裼＝肌脱ぎになること。

餐＝食事。

璧＝玉の平円形で孔のあるもの。

1　傍線部①「晋公子重耳」を指すものとして最も適切なものを、文章中の二重傍線部a～eの中から一つ選びなさい。

2　傍線部②「弗」、③「従」の読みとして最も適切なものを、以下のa～eの中からそれぞれ一つ選びなさい。

②「弗」

a　いかる　　b　なじむ　　c　ず　　d　なす　　e　はらふ

③「従」

a　より　　b　ききいれ　　c　なびき　　d　したがひ　　e　つらなり

3　傍線部④「有不樂之色何也」の書き下し文として最も適切なものを、次のa～eの中から一つ選びなさい。

a　不樂の色有るは何ぞやと
b　樂からずの色何のために有るやと
c　樂からず有り之何の色ぞと
d　樂まざるの色何のために有るやと
e　樂まざるの色有るは何ぞやと

4　傍線部⑤「有福不及、禍來連我」とは、どのようなことをたとえた表現か。最も適切なものを、次のa～eの中から一つ選びなさい。

a　良いことが結果に結びつかないと、それは悪いことをしたのと同じであることのたとえ。
b　良いことを言っても除け者にされ、悪いことでは巻き添えをくうことのたとえ。
c　せっかく良いことをしたのに、それが逆恨みされることのたとえ。
d　努力しても幸運をつかみ取れないと、自然と運気が落ちていくことのたとえ。
e　良いことを日頃積み重ねていれば、悪いことがあっても傷を最小限に抑えられることのたとえ。

5　傍線部⑥「則曹其首也」の「首」が表す意味として最も適切なものを、次のa～eの中から一つ選びなさい。

a　大事にされる　b　中心となる場所　c　急所　d　一番大切な部分　e　最初に

6　傍線部⑦「子奚不先自貳焉」と述べられている理由として最も適切なものを、次のa～eの中から一つ選びなさい。

a　後に起こるかもしれない災いを考えたならば、今のうちに先手を打って、その禍に備えておいた方が後々の為になると思うから。

b　権力に逆らえば今の地位を失うかもしれないので、ここはじっと我慢をしてやり過ごした方がよいと思うから。
c　曹君は臣下の本当の忠心を試しているので、その期待に応えるべく、見えないところで秘かに忠義を尽くした方がよいと思うから。
d　一国の宰相であるならば、国の行く末を考えてよくない施策はやめるよう、主君に進言した方がよいと思うから。
e　どんな身分であれ、自分の将来を考えたならば、滅びそうな国に留まることは我が身の滅亡を意味すると思うから。

7　本文の内容に合致するものとして最も適切なものを、次のa～eの中から一つ選びなさい。
a　曹君は、晋の公子重耳が曹国に亡命したので、食客として遇することにしたが、一方で公子に恥をかかせるような扱いをしたことで臣下からもあきれられた。
b　釐負羈は晋の公子重耳のただものならざる様子を見て、のちのち自国の災いとならぬよう、今のうちにその種を取り除くべきことを曹君に進言した。
c　叔瞻も釐負羈もともに曹君の御前にあって、晋の公子である重耳への扱いを批判し、無礼にならないような振る舞いをすべきだと曹君をたしなめた。
d　釐負羈の妻は、晋の公子である重耳とその従者の人相から、彼らの将来を占い、今のうちに曹君を諫めるべきであると夫である釐負羈に進言した。
e　釐負羈は曹君の無礼な振る舞いが気がかりであったため、夜分にこっそり使者を遣わして、黄金や宝玉、食事などを晋の公子である重耳に送った。

（☆☆☆◎◎◎）

【五】次の1・2の問いに答えなさい。

1　故事成語とその説明として適切でないものを、次のa～eの中から一つ選びなさい。

a　「性相近く習相遠し」
→『論語』陽貨編における孔子の言葉から、人の性は生まれたときにはあまり差はないが、長じて異なってくるのは、習慣のためであることを言い表したもの。

b　「石に漱ぎ流れに枕す」
→晋の孫楚が「石に枕し流れに漱ぐ」と言うべきところを、「石に漱ぎ流れに枕す」と言い誤り、「石に漱ぐ」とは歯を磨くこと、「流れに枕す」とは耳を洗うことと強弁した故事から、こじつけて言いのがれること。

c　「骨を換え胎を奪う」
→『冷斎夜話』に記されている内容から、骨を取り換え、胎を取って使うというのが原義。詩文を作る際に、古人の作品の趣意は変えず語句だけを換え、または古人の作品の趣意に沿いながら新しいものを加えて表現すること。

d　「天網恢恢疎にして漏らさず」
→『老子』中の句に由来がある。天の網は広大で目が粗いようだが、悪人は漏らさずこれを捕まえるという意味から、悪いことをすれば必ず天罰が下るということ。

e　「洛陽の紙価を高める」
→『晋書』文苑伝の故事による。晋の左思が「三都賦」を作ったとき、洛陽の人が争ってこれを転写したため、洛陽の紙の値段が高くなった故事から、一人の人間の発言が世の中に大きな影響を与えるということ。

2　次の(1)～(4)の問いに答えなさい。

(1)　次の説明に該当する作品として適切なものを、あとのa～eの中から一つ選びなさい。

平安中期に成立した作者未詳の歌物語。和歌を中心とした短編百七十三段から成る。宮廷中心の貴族社会で語られていた歌にまつわる話を集成したものであるが、後半には蘆刈の話、安積山の話、姥捨山の話など、民間伝承による古い説話が取り入れられ、これらの伝承説話は中世の謡曲や近代文学の素材ともなった。

a　落窪物語　b　伊勢物語　c　大和物語　d　平中物語　e　狭衣物語

(2)　次の説明に該当する俳人として適切なものを、あとのa～eの中から一つ選びなさい。

明治後半から大正・昭和前半にかけて活躍した俳人で、松山市に生まれた。郷里の先輩正岡子規の俳句革新運動に力を注ぎ、子規より後継者として求められたが、束縛を嫌い辞退した。「花鳥諷詠」を理念とする俳句観を確立し、客観写生を重んずるホトトギス派の重鎮として有名である。

a　水原秋桜子　b　高浜虚子　c　尾崎放哉　d　飯田蛇笏　e　河東碧梧桐

(3)　近世時代の文学の流れに関する説明として誤っているものを、次のa～eの中から一つ選びなさい。

a　近世前期の文化は上方を中心としたものであり、初めは京都を中心とし、後に商業都市大阪が成長した。元禄年間に活躍した井原西鶴は、『日本永代蔵』や『世間胸算用』のほか、『曽根崎心中』などの有名作を著した。

b　元禄文化を代表する俳人の松尾芭蕉は、貞門俳諧にうちこんだのち、『野ざらし紀行』の旅に出て蕉風俳諧のきっかけをつかんだ。紀行文『奥の細道』は「風雅」の世界を展開しようという意図から、虚構も交えた文学作品となっている。

c　近世後期の文化は江戸を中心としたものであり、特に文化・文政期にその最盛期を迎える。江戸時代の読本作者の上田秋成は、日本や中国の古典に題材を取った怪異的な小説『雨月物語』を刊行し、晩年に『春雨物語』を著した。

d　江戸後期の読本作者として有名な滝沢馬琴は、勧善懲悪の理念に貫かれた長編小説を発表し、南房総の里見家再興に活躍した八犬士の物語『南総里見八犬伝』、史実と伝説とが巧みに構成された『椿説弓張月』などを著した。

e　文化・文政期の俳人小林一茶は、方言・俗語を用いた生活感のある誹風を得意とし、「目出度さも中位なりおらが春」の冒頭で有名な句集『おらが春』のほか、「これがまあつひの栖《すみか》か雪五尺」などの句で生活感情を率直に表現した。

(4)　昭和後期の文学の流れに関する説明として誤っているものを、次のa～eの中から一つ選びなさい。

a　第二次世界大戦が終わり、それまでの言論統制から解放されると、既成の大家がそれまで書き溜めていた作品を続々と発表し始めた。谷崎潤一郎は長編小説『細雪』を発表し、大阪の富裕な商家の四姉妹の生き方を描いた。

b　混乱した世相のもとで、無頼派と呼ばれた作家たちも活躍を始めた。坂口安吾は短編小説『白痴』を著した。太宰治は『斜陽』を著し、戦後の没落貴族を題材に「美しく滅びてゆくもの」と「生まれてくる新しいもの」を描こうとした。

c　戦前・戦中以来の作家とは別に、自らの戦争体験に深く根差し、人間と社会を根元的に見つめようとする第一次戦後派と呼ばれた一群の作家たちが登場した。大岡昇平は『俘虜記』を発表し、極限の中での人間の心理や行動を描いた。

d　昭和二十年代の後半になると、第三の新人と呼ばれる若い世代が登場し、日常的な感覚にたった作品を発表し始めた。安岡章太郎は『陰気な愉しみ』『悪い仲間』、遠藤周作は中国を舞台にした長編小説『敦煌』を発表した。

e　昭和三十年代には、石原慎太郎や北杜夫、開高健、大江健三郎らが登場した。大江は、『芽むしり仔撃ち』や『個人的な体験』を発表した。大江は詩的想像力による独自の世界と時代に向けた発言が認められ、ノーベル文学賞を受賞した。

（☆☆☆◎◎◎）

【中学校】

【一】次の1・2の問いに答えなさい。

1　次の(1)と(2)は、平成二十九年三月告示の中学校学習指導要領国語における「第2　各学年の目標及び内容」の第2学年及び第3学年の「1　目標」に示されている事柄である。［ア］・［イ］に該当するものを、以下のa～eの中からそれぞれ一つ選びなさい。

(1)　言葉がもつ価値を認識するとともに、［ア］、我が国の言語文化を大切にして、思いや考えを伝え合おうとする態度を養う。〈第2学年〉

a　進んで読書をし
b　読書を通して自己を向上させ
c　読書の意義と効用について理解し
d　幅広く読書に親しみ
e　読書を生活に役立て

(2) ［イ］深く共感したり豊かに想像したりする力を養い、社会生活における人との関わりの中で伝え合う力を高め、自分の思いや考えを広げたり深めたりすることができるようにする。〈第3学年〉

a 情報を整理して考える力や
b 論理的に考える力や
c 多面的・多角的に考える力や
d 順序立てて考える力や
e 筋道立てて考える力や

2 次の(1)～(3)は、『中学校学習指導要領(平成29年告示)解説 国語編』(平成29年7月)に示されている「内容」に関する問題である。それぞれの問いに答えなさい。

(1) 次の文章は、第3学年の内容 1〔知識及び技能〕(3) 我が国の言語文化に関する事項「伝統的な言語文化」に関する解説の一部である。文章中の［ウ］に該当するものを、以下のa～eの中から一つ選びなさい。

古典作品には、その背景となる歴史的な状況が存在する。それを踏まえた上で古典を読むことで、作品の世界をより深く、広く理解することが可能になる。また、［ウ］ことで、作品の世界をより実感的、具体的に捉えることもできる。

a 古典特有の表現に注意して内容を的確に捉える
b 時間の経過による言葉の変化や世代による言葉の違いについて理解する
c 舞台となっている時代の様子や作者が置かれていた状況などを知る
d 当時の人々のものの見方や感じ方、考え方に触れる
e 現代語訳や語注などを手掛かりにしながら古典を読む

(2) 次の文章は、第2学年の内容　2〔思考力、判断力、表現力等〕B　書くことの「共有」に関する解説の一部である。文章中の［エ］に該当するものを、以下のa～eの中から一つ選びなさい。

全学年を通して、読み手からの助言などを踏まえ、自分の文章のよい点や改善点を見いだすことを示している。第2学年では、特に、表現の工夫とその効果などの観点からよい点や改善点を見いだすことを求めている。

具体的には、［エ］などについて検討することが考えられる。また、どのように改善するとよいかなど、次の自分の書く活動へ生かす具体的な視点を得ることも重要である。

a　生徒同士で互いの文章を読み合い、目的や意図に応じた表現になっているか、分かりやすい叙述になっているか

b　書き手が目的と意図に応じてどのような表現の工夫をし、それはどのような効果があったか

c　書いた目的や意図に照らして、伝えていることに対して読み手は納得したか、首尾一貫した矛盾のない文章になっているか

d　書き手が目的や意図に応じてどのように題材を決めているか、さらには、多様な方法で集めた材料を整理できているか

e　読み手として想定していた人に読んでもらい、どのような表現の効果が認められるか、そしてそれは適切であるか

(3) 次の文章は、第1学年の内容　2〔思考力、判断力、表現力等〕C　読むことの「精査・解釈」に関する解説の一部である。文章中の［オ］に該当するものを以下のa～eの中から一つ選びなさい。

文学的な文章において、場面と場面、場面と描写などを結び付けて内容を解釈することを求めている。

文学的な文章を読み味わう際には、個々の場面や描写から直接分かることを把握するだけでなく、複数の場面を相互に結び付けたり、各場面と登場人物の心情や行動、情景等の描写とを結び付けたりすることによって、［オ］ことが重要である。

a　自分の考えを広げたり深めたりする
b　書き手の表現の仕方について評価する
c　文章に表れているものの見方や考え方を捉える
d　場面や描写に新たな意味付けを行う
e　登場人物の行動や物語の展開の意味を考える

（☆☆☆◎◎◎）

【高等学校】

【一】次の1・2の問いに答えなさい。

1　次の(1)〜(3)は、平成三十年三月告示の高等学校学習指導要領国語における「第2款　各科目」に示されている事柄である。［ア］〜［ウ］に該当するものを、以下のa〜eの中からそれぞれ一つ選びなさい。ただし、(1)は「現代の国語」の「1　目標」、(2)は「言語文化」の「2　内容」、(3)は「文学国語」の「3　内容の取扱い」に示されている事柄である。

(1)　言葉がもつ価値への認識を深めるとともに、生涯にわたって読書に親しみ自己を向上させ、我が国の言語文化の担い手としての自覚をもち、［ア］を養う。

a　世界的視野に立って国際社会に貢献しようとする態度
b　言語活動の中で、課題を自ら設定して探究しようとする態度

c　社会人として、考えやものの見方を豊かにしようとする態度
d　国語を尊重してその能力の向上を図ろうとする態度
e　言葉を通して他者や社会に関わろうとする態度

(2)　時間の経過や［イ］などによる文字や言葉の変化について理解を深め、古典の言葉と現代の言葉とのつながりについて理解すること。
a　地域の文化的特徴
b　言語文化全体の独自性
c　我が国の言語文化の特質
d　歴史的・文化的背景
e　古典特有の表現

(3)　内容の〔思考力、判断力、表現力等〕における授業時数については、次の事項に配慮するものとする。
ア「A書くこと」に関する指導については、30～40単位時間程度を配当するものとし、計画的に指導すること。
イ「B読むこと」に関する指導については、［ウ］単位時間程度を配当するものとし、計画的に指導すること。
a　20～30
b　50～60
c　70～80
d　100～110
e　130～140

2　次の(1)と(2)は、『高等学校学習指導要領(平成30年告示)解説　国語編』(平成30年7月)における「第1章　総説」の「第4節　国語科の内容」と「第2章　国語科の各科目」の「第1節　現代の国語」に関する問題である。それぞれの問いに答えなさい。

(1)　次の文は、「2　〔知識及び技能〕の内容」(3)我が国の言語文化に関する事項の「読書」に関する解説の一部である。文中の［エ］に該当するものを、以下のa～eの中から一つ選びなさい。

「現代の国語」では、実社会との関わりを考えるための読書の意義と効用、「言語文化」では、我が国の言語文化への理解につながる読書の意義と効用、「論理国語」では、新たな考えの構築に資する読書の意義と効用、「文学国語」では、人間、社会、自然などに対するものの見方、感じ方、考え方を豊かにする読書の意義と効用、「国語表現」では、自分の思いや考えを伝える際の言語表現を豊かにする読書の意義と効用、「古典探究」では、先人のものの見方、感じ方、考え方に親しみ、［エ］について理解を深めることを示している。

a　自分の生き方や社会との関わり方を支える読書の意義と効用
b　古典を翻案した近現代の物語や小説などを読むことの意義と効用
c　自分のものの見方、感じ方、考え方を豊かにする読書の意義と効用
d　読書を通して新しい知識を得たり、自分の考えを広げたりすることの意義と効用
e　自分自身の言語表現を豊かにする読書の意義と効用

(2)　次の文は、「3　内容〔思考力、判断力、表現力等〕」の「C　読むこと」の「精査・解釈、考えの形成、共有」に関する解説の一部である。文中の［オ］に該当するものを、以下のa～eの中から一つ選びなさい。

現代の社会生活で必要な論理的な文章や実用的な文章は、具体的な目的や働きといった明確な役割を担っている。この点は、「言語文化」で扱うような、社会的に高い評価を受け、文化的な価値を蓄積してきた評論や小説等とは異なっている。具体的な社会生活の場面の中でこれらの文章を読む際には、［オ］。これらの文章の文脈を意識した読む資質・能力の育成が、これからの時代には求められる。

a　書き手の考え方や生き方を追体験したり対象化したりすることにより、文章の深い意味付けも可能となる

b　何らかの目的に応じて文章の内容が解釈され、読み手の判断や行動が促されていく

c　既有の知識や経験が相対化され、それまでとは異なる価値をもつものとして、新たに意味付けられていく

d　それぞれの目的に応じて文章や図表などに含まれている情報が相互に関係付けられ、書き手の意図が解釈されるようになる

e　読み手の目的に応じて、既有の知識や経験を踏まえて読むという行動が促されていく

（☆☆☆◎◎◎）

解答・解説

【中高共通】

【一】1 (1) e (2) c (3) d (4) e 2 (1) a (2) b 3 (1) c (2) e

4 (1) d (2) a

〈解説〉1 (1) 問題は「参詣」であり、aは「養蚕」、bは「打算」、cは「散見」、dは「凄惨」、eは「参考」である。(2) 問題は「共催」であり、aは「書斎」、bは「盆栽」、cは「催促」、dは「菜園」、eは「返済」である。(3) 問題は「維持」であり、aは「作為」、bは「委任」、cは「依拠」、dは「繊維」、eは「驚異」である。(4) 問題は「威儀」であり、aは「偽善」、bは「抗議」、cは「擬態」、dは「戯曲」、eは「祝儀」である。 2 (1) 正しくは「ぜんじ」であり、「次第に」「だんだん」という意味がある。 (2) 「釈」の部首「釆」は「のごめへん」「のごめ」。a「すきへん」は「耒」、c「いのこへん」は「豕」、d「のぎへん」は「禾」、e「むじなへん」は「豸」である。 3 (1) 「行運流水」は「物事に執着しないで自然のままに、成り行きに身を任せる」という意味である。なお、cの説明は「明鏡止水」である。 (2) eの「気が置けない」は「遠慮をしたり、気を遣ったりする必要がない」「心から打ち解けられている」の意。なお、eは「緊張状態にある」を表す「気が抜けない」が適切である。 4 (1) a、c、eは副助詞(例示)で、bは接続助詞(確定の逆接)である。 (2) bは助動詞(過去)、cは形容動詞の活用語尾、dは接続詞の一部、eは助動詞「ようだ」の一部である。

【二】1 d 2 d 3 a 4 c 5 b 6 d 7 a 8 c 9 e

10　d

〈解説〉1　挿入文冒頭の接続語「つまり」と、主語「自然観察そのものは」に着目する。この文は前述の内容を言い換えたものであり、その内容は「自然観察」に関するものである。これらを踏まると「技術を『自然の模倣』として…」で始まる段落が適当。　2　「収穫」は意味が似た漢字の組み合わせで、それと同じものはd。aは「下の字が上の字の目的語や補語になる」、bは「上の字が下の字を打ち消す」、cとeは「修飾と被修飾の関係」。　3　「凌駕する」は「他を越えて上になる」という意味である。　4　傍線部③はその段落冒頭にある「こうした技術観」と同義であり、両者に含まれる「こうした」の内容を明らかにして考える。前々段落でアリストテレスは技術を「自然の模倣」として説明し「自然現象を人工的に模倣したとき」に「活動をもっともうまく果たす」としている。その具体例として第3段落で伝統的な農業をあげ、「技術(=自然の模倣)をうまく行使する」ために「自然をしっかりと観察し、その本質を理解しなければならない」と述べている。　5　空欄④は「自然の本質は、人間が自然に対して積極的に働きかけ、その結果を検証することによって、初めて解明される」働きかけを指している。さらに、後の段落で例示として「……の実験を行った」とあるので、ここでは「実験」が適切と考えられる。　6　空欄⑤を含む段落にあるように、ガリレオは「重たいものほど早く落下する…アリストテレスの自然法則を反駁する」ためにボールを落とす実験を行って「自然法則を解明」を試み、「自然には存在しない人工的な環境」を技術的に構築することで、更に根源的な「自然の本質に迫ろう」とした。二つの事柄を比較し、一方(後者)が望ましいことを言う際に用いる「むしろ」が適切である。　7　傍線部⑥を含む段落からわかるように「技術ファースト」は直前の「自然ファースト」と相対する考え方で、「実験は、自然を理解するために自然に対して技術によって働きかけること」であり、「それ(自然を理解する)を可能にするのは実験という技術の営み」としている。　8　傍線部⑦はベーコンの発想によるもので、傍線部⑥と含む段落の「ベーコンは、このような実験こそが、人間の知識にとって不可欠の契機であると考えた。」に着目する。cの「人間が自然を観察し」が本意に合わない。 9 古代ギリシャ時代から十五世紀、十六世紀へと時代の変遷をたどりながら、考え方の変化を具体例と共に論じていることを踏まえて、適切な肢を考えるとよい。 10 空欄⑤を含む段落のガリレオの実験についての記載に着目する。「明らかに自然なものではない」「ボール」と「レール」を使い、「それを自分で動かすこと(実験)」によって「自然法則を解明」しようとしたのである。

【三】 1 c 2 b 3 d 4 d 5 e 6 a 7 c 8 e 9 b 10 e

〈解説〉 1 「左右なく」(左右なし)は、「たやすく、ためらうことがなく」といった意味である。 2 傍線部②「とみに」は後に打ち消しの言葉を伴って「すぐには…ない」、「こときれ」(事切る)は「物事が決着する、終わる」という意味で「すぐには決着がつかなかった」ということ。六条修理大夫藤原顕季卿が東国の荘園を巡る源三郎源義光との争いについて白河院に訴えるも、(白河院が)すぐに義光を差し止めてくれるだろうという(顕季の)思いに反して「すぐには決着がつかなかった」のである。 3 「かしこまり」(かしこまる)はラ行四段活用動詞の連用形で、「給へ」(給ふ)は尊敬の補助動詞の已然形である。その後に完了の助動詞「り」の連用形と過去の助動詞「けり」の連体形が続く。意味は「恐れ多くお思いになった」である。 4 傍線部④「いはれたれども」を含む院の会話文は、顕季の訴えに対する回答なので、d「顕季が東国の荘園について訴えた内容に関わる院の評価」が適切である。 5 傍線部⑤「かれ」に「を去りて」が続くので、「かれ」の代名詞が場所を表すと推察できる。傍線部⑤を含む会話文は、顕季の訴えに対する院の回答であるためeが適切となる。 6 傍線部⑥の動作主が顕季であることをおさえる。院の回答に対して「思はずにあやし」(思いがけないことで不思議だ）と思い、「とばかりものも申さで候ひ」（しばらくの間、何も言わないでそばに控えていた）のである。　7　A　「あの土地がなくても困らない」「国もあり、官職もある」のは顕季である。B　「あの土地に命をかけている」「あの者を気の毒に思っているのではない」から義光だと判断できる　C　Bの「気の毒だと思わない」対象者が義光であることと、更に空欄Cの後で「義光は荒々しい田舎者のような者」と続くことから、「気の毒に思う」のは顕季と判断できる。　8　⑦　「やすからず思はむままに」の後の「夜、夜中にもあれ、大路通るにてもあれ、いかなるわざはひをせむ」の動作主を考える。「面白くないと思えばすぐに」「夜、夜中でも、大路を通る時でもいかなる仕打ちをしよう」と考えるのは義光である。　⑨　「これを思ふに」の後に「今までこときらぬなり」とある。「こう考えて」「今まで決着をつけなかった」のは、顕季の訴えに対する結論を下していなかった院である。　9　⑧　「おのれがため」の後の「ゆゆしき大事にはあらずや」も含め、傍線部の前の文脈と合わせて考える。義光の仕打ちがあったとしたら、「あなたにとって大事になるのではないか」と院が気に掛けているのは顕季である。　10　a　院は義光を優遇する裁きを下している。　b　「院が義光との仲を取り持ってくれた」とは本文から読み取れない。　c　院の会話文中に「えびすのやうなもの」とある。　d　顕季は院の裁きを受けて、荘園を義光に譲ったのである。

【四】　1　d　2　②　c　③　a　3　e　4　b　5　e　6　a　7　e

〈解説〉1　dは曹が無礼を働いた「晉公子重耳」である。なお、aは「釐負覊」、bは直後の「有福不及禍來連我」、cは「……の」の意味、eは黄金を盛った壺を指す。　2　②　「不」と同じで否定を意味する。③　「自」と同じで動作の起点を表す前置詞である。　3　「何也」は「なぜか」を意味する疑問の表現で、文の訓点は「有㆓不㆑樂之色㆒何也」となる。「顔色がよくないのはなぜですか」という意味である。　4　傍線部

⑤「有福不及、禍來連我」は、「福は(私のところにまで)及ばないのに、禍は私のところにまで及ぶ」という意味を踏まえて考えるとよい。 5 「首」の意味には「一番始めに、筆頭に」がある。 6 傍線部⑦「子奚不先自貳焉」と述べられている理由としては、この後の鼈負羈の行動「盛黄金於壺、充之以餐、加璧其上、夜令人遣公子」を考えるとよい。 7 aは「臣下からもあきれられた」、bは「鼈負羈」、cは「批判し、無礼にならないような振る舞いをすべきだと曹君をたしなめた」、dは「曹君を諫めるべきである」が不適切である。

【五】 1 e 2 (1) c (2) b (3) a (4) d

〈解説〉1 「洛陽の紙価を高める」は、著書の評判がよく、非常に売れていることを意味する。 2 (1) a『落窪物語』は平安時代に成立した物語、b『伊勢物語』は平安前期に成立した歌物語で、主人公は在原業平がモデルとされる。d『平中物語』は色好みとして知られた平貞文を主人公とした平安中期成立の歌物語、e『狭衣物語』は平安後期に成立した物語である。 (2) a「水原秋櫻子」は大正から昭和にかけて活躍した俳人で、俳誌『馬酔木』を主宰した。c「尾崎放哉」は鳥取県出身の自由律俳人である。d「飯田蛇笏」は山梨県出身の俳人で、俳誌『雲母』を主宰した。e「河東碧梧桐」は明治から大正に活躍し、「新傾向俳句」を提唱した俳人である。 (3) 『曽根崎心中』の作者は近松門左衛門である。 (4) 『敦煌』の作者は井上靖であり、遠藤周作の長編小説は長崎を舞台とした『沈黙』などがある。

【中学校】

【一】 1 (1) e (2) b 2 (1) c (2) b (3) d

〈解説〉1 学年目標は教科目標とともに、学習指導要領関連の問題では最頻出の一つである。目標では「知識及び技能」「思考力、判断力、表現力等」「学びに向かう力、人間性等」について、それぞれを(1)〜(3)で表しているので参照しながら学習すること。また、学年目標では各学年目標の相違点を中心に比較しながら学習するとよい。　2　(1)「ア　歴史的背景などに注意して古典を読むことを通して、その世界に親しむこと。」からの出題。古典作品の理解を深める方法として、学習指導要領解説では「作品を解説した文章や映像メディアなどを活用することなど」をあげている。　(2)「B書くこと」には七つの学習過程で構成されており、「情報の収集」「内容の検討」「構成の検討」「考えの形成」「記述」「推敲」「共有」がある。それぞれの内容についても学習しておくこと。　(3)「C読むこと」における「精査・解釈」とは、文章の内容や形式に着目して読み、目的に応じて意味付けたり考えたりすることであり、学習過程では「内容」と「形式」に分けて示されている。問題は第1学年「ウ　目的に応じて必要な情報に着目して要約したり、場面と場面、場面と描写などを結び付けたりして、内容を解釈すること」に関する解説文であり、「内容」に関する解説文である。今後は「形式」に関する出題の可能性も考慮しながら学習すること。

【高等学校】

【一】1　(1)　e　(2)　a　(3)　d　2　(1)　c　(2)　b

〈解説〉1　高等学校の国語科ではいくつかの科目がある。各科目の特徴を踏まえ学習内容を整理するとよい。(3)の「文学国語」は「現代の国語」及び「言語文化」により育成された資質・能力を基盤とし、主として「思考力、判断力、表現力等」の感性・情緒の側面の力を育成する科目として新設された科目であり、深く共感したり豊かに想像したりして、書いたり読んだりする資質・能力の育成を重視している。本科目では特に「B読むこと」を重視しており、配当時間が「A書くこと」より約三倍多いことに注視すべきであろう。　2　「現代の国語」は実社会における諸活動に必要な国語の資質・能力の育成に主眼を置いており、総合的な言語能力を育成する科目として新設された。他の教科・科目等の学習の基盤、とりわけ言語活動の充実に資する国語の資質・能力、社会人として生活するために必要な国語の資質・能力の基礎を確実に身に付けることをねらいとしている。つまり、すべての科目の基礎と位置づけられており、すべての生徒が履修するものとなっている。

このことを踏まえ、目標・内容等を学習するとよいだろう。

二〇二三年度　実施問題

【中高共通】

【一】次の1～4の問いに答えなさい。

1　次の(1)～(4)の傍線部の漢字と同じ漢字を含むものを、以下のa～eの中からそれぞれ一つ選びなさい。

(1)　墨のノウタンで絵に立体感を出す。

a　タンジュンな作業をする。
b　彼女はレイタンな視線を向けた。
c　彼の文章はホウタンにして小心だ。
d　準備バンタン整った。
e　タンカでけが人を運ぶ。

(2)　プロジェクトの成功に全力をケイチュウする。

a　チュウボウで従業員の食事を作る。
b　椿の種子から油をチュウシュツする。
c　テンチュウとは、漢字の六書の一つである。
d　国家のチュウセキとして重きをなす。
e　お寺の釣鐘をカイチュウする。

(3)　親からバクダイな遺産を引き継いだ。

a　ラクバクとした孤独を味わう。
b　バクガやホップはビールの原料になる。
c　地球のサバク化の進行を止める。
d　相手の主張にハンバクを加える。
e　バクマツから明治維新までの歴史の動きを学ぶ。

(4)　登場人物のソウカンを図で示す。
a　新たに原案をキソウする。
b　シンソウを明らかにする。
c　夏休み前に校内のソウジを行う。
d　ソウダイな計画に感動する。
e　半導体の不足でソウギョウ時間を短縮した。

2　次の(1)・(2)の問いに答えなさい。
(1)　熟語の読みとして誤っているものを、次のa～eの中から一つ選びなさい。
a　市井《しせい》　b　蹉跌《さてつ》　c　艱難《かんなん》　d　完遂《かんつい》　e　更迭《こうてつ》
(2)　「置」という字を構成する部首「罒」の名称として適切なものを、次のa～eの中から一つ選びなさい。
a　あみがしら　b　のごめへん　c　なめしがわ　d　きにょう　e　かなえ

3　次の(1)・(2)の問いに答えなさい。
(1)　四字熟語とその意味として適切でないものを、次のa～eの中から一つ選びなさい。
a　旗幟鮮明　→　自分の主義・主張がはっきりしていること。

b　君子豹変　→　君子は誤りと知ったらすぐに改め、善に移るということ。
c　月下氷人　→　結婚の仲人のこと。
d　阿鼻叫喚　→　悲惨な状態の中で、救いを求めて泣き叫ぶこと。
e　豪放磊落　→　大胆すぎるふるまいは、自分の地位を落とすということ。

(2)　慣用句の使い方として適切でないものを、次のa～eの中から一つ選びなさい。
a　この魚は足が早いので、今晩中に食べなければならない。
b　若いうちは他人の飯を食って、いろいろな経験を積んだ方がよい。
c　頼まれた仕事があまりに多すぎて、とても首が回らない。
d　掛け合い漫才を見て、顎が外れるほど笑った。
e　彼の罵詈雑言には、思わず耳をふさぎたくなる。

4　次の(1)・(2)の問いに答えなさい。

(1)　次の各文の傍線部「た」について、存続の用法で使われている助動詞「た」を、次のa～eの中から一つ選びなさい。
a　昨夜、感動的なドラマを見た。
b　去年はとても寒くて、雪もたくさん積もった。
c　このノートはあなたのでしたね。
d　たった今、頼まれていた仕事が終わったところです。
e　先のとがった鉛筆をたくさん用意した。

(2)　次の各文の傍線部「て」について、補助の関係を示す接続助詞であるものを、次のa～eの中から一つ選びなさい。

a　疲れすぎて動けない。
b　外は風が吹いている。
c　苦くて食べられない。
d　秋が過ぎて、冬になった。
e　酸っぱくて辛いラーメン。

(☆☆☆◎◎◎)

【二】次の文章を読んで、以下の問いに答えなさい。

真理の本性は、それが多様な表現に道を開いているところにある。事柄を深く捉えていればいるほど、我々はその同一の事柄を、相手や状況に応じたふさわしい仕方で語り出すことができる。しかし事柄を表層でしか捉えていないとき、我々は一つの表現しかもたないことが多い。その場合、我々はその一つの表現に固執し、①不寛容になりがちである。というのも、その表現を失えば事柄そのものを失うからである。時間は哲学が扱う主題としては困難な部類に属している。その理由は、時間は、ある意味では誰もが知っているので、それを哲学に固有の術語で説明することは、②既知のものを未知の概念で説明するという分りにくさが伴うからである。時間の哲学的分析が困難であることは、たとえば「時間」「過去」「現在」「未来」といった基本概念の定義を探してみればすぐ分る。西洋哲学の主要な著作を調べても、これらの概念が正面から定義されることは稀である。とりわけ「過去」「現在」「未来」といういわゆる時間様相の定義は皆無といってよい。「過去」「現在」「未来」は、それ以上定義できない概念のように思われており、我々はただ「名前」を持っているだけのようにもみえる。「時間」という概念もまた、アリストテレスによる「運動の数」という優れた定義を除いては、役に立つ定義はほとんど存在しない。そしてアリストテレスの定義は、量としての時間を意味しており、時間様相は含まれていない。このようにみると、時間に関する諸概念はどれも一つの表現しかもたず、自由な言い換えの可能性を封じられていることが分る。とすれば、時間について論じる場合には、真理の表徴である多様な表現を許す寛容さがほとんど期待できないことになる。このような状況で、時間の哲学的分析を行うことの積極的な意味はどこにあるのだろうか。

しかしまた、問題の困難さは、それだけ哲学が求められているということでもある。自由な言い換えを許さない固定した「名前」の使用を強いられるということは、それだけ我々が「名前」に大きく［③］されていることを意味している。ある事柄を呼ぶ「名前」をもつこと、そしてさらに、その内容を正確に表現する「概念」をもつこと。これは、その事柄を我々自身のものにするための不可欠の条件である。適切な「名前」と正確な「概念」をもつことによって、我々は対象と自由な関わりをもつ。［④］、「名前」と「概念」に我々が安心して身を委ねることは、逆に、我々自身が「名前」と「概念」に囚われることでもある。ある「名前」があるだけで、我々はそのようなものが存在するとみなしがちである。また、ある「概念」を重宝することによって、我々の視角が一定の方向に固定されることもある。「名前」や「概念」は、我々を自由にするとともに、自由を拘束するという二面性をもっている。「名前」や「概念」の⑤このような二面性こそ、我々が哲学を必要とする理由である。哲学は「もの」を作ったり、新元素を発見したりはしない。哲学の主たる仕事は「概念の分析」である。なぜ、「概念」を分析する必要があるかといえば、「概念」はその二面性ゆえ、それを適切に使いこなすためには、その機能を絶えず［⑥］しなければならないからである。哲学における「概念の分析」は、「概念」に囚われ、それによって自由が失われている状況から我々を解放するために行われる。

それは、たんに事実を追認するのではなく、我々をそれだけ自由にするという積極的な「治療的分析」であるからこそ、⑦哲学はこれまで存在することをやめなかった。

「時間の哲学」が求められるとすれば、この意味における「治療的分析」としてである。時間の問題は、大きく分けて二つある。一つは、「量」としての時間であり、時計によって表示される時間である。もう一つは、過去・現在・未来という「時間様相」である。前者をアリストテレス的時間、後者をアウグスティヌス的時間と呼んでもよい。あるいは前者を「自然の時間」、後者を「精神の時間」と呼ぶこともできる。時間は一つのものであるはずなのに、この二つの時間に分裂し、両者の関係がうまく捉えられないことが、哲学的時間論の一番大きな課題である。二つの時間を統一的に理解することが難しいのは、主として、時間様相の困難さにある。過去・現在・未来という時間様相は、それが「存在」とどのように関係するのかが見極め難い。我々は通常、「現在」だけが本来の意味で「存在」しており、「過去」は「もはや存在しない」し、「未来」は「まだ存在しない」と漠然と考えている。しかし、「現在」は直ちに過ぎ去るから、どれだけの時間の幅が「現在」でありうるかを考えると、「現在」の幅は限りなく縮小することに気づく。すると、過去は「もうない」、現在は「存在の幅がない」、未来は「まだない」ということになり、三つの時間様相のすべてが「ない」ことになる。他方ではまた、時間様相は「動く」という側面をもっている。我々は、過去はかつて一度は現在であったし、また、未来はいずれ現在になると考える。つまり、存在しない過去や未来の時間は、［⑧］。ここには、時間理解に関わる非常に複雑な問題が含まれている。二十世紀のイギリスの哲学者Ｊ・Ｍ・マクタガートはこれを時間の根源的な矛盾とみなして、時間の「非実在性」という結論を導いた。

時間様相がこのような奇妙な性質を持つのは、「過去」「現在」「未来」という時間を過度に抽象化したまま扱うからである。過去・現在・未来という時間様相は、「運動」「変化」「生成・消滅」「持続」「出来事」「もの」

「知覚」「記憶」「想起」「想像」「行為」「誕生」「死」等の諸概念と結び付き、しかも分ち難く結び付いている。時間様相の見極め難さは、これらの諸概念の複雑な絡み合いに由来する。したがって、「過去」「現在」「未来」という我々の誰もが知っている時間は、実は、高度の抽象性をもつ概念なのであり、しかも互いに矛盾するような側面を必然的にもっている。だから、⑨時間様相がパラドックスを起こすとしても、それを一刀両断にして、⑩快刀乱麻を断つように「解決」することは望めない。哲学的時間論にできることは、こうした見極め難い広がりをもつ諸概念と時間様相の結合の在り方を丹念に考察して、時間様相がそこから立ち現れてくる主要な場面を押さえることである。それによって、「時間」のもつ抽象性の根拠と、「時間」がパラドックスを起こす理由の一端を明らかにすることができる。

（植村恒一郎『時間の本性』による）

1　傍線部①「不寛容になりがち」の「不寛容」の文章中における意味として最も適切なものを、次のa～eの中から一つ選びなさい。

a　排他　　b　固辞　　c　承服　　d　慎重　　e　横柄

2　傍線部②「既知のものを未知の概念で説明するという分りにくさが伴う」とは、どういうことか。最も適切なものを、次のa～eの中から一つ選びなさい。

a　多くの人々が普遍的な定義が存在すると思い込んでいる事柄に対して、この重大な思い込みを覆すには常識はずれの奇抜な発想で語らざるを得ないということ。

b　表面的には誰もが知っている事柄であるからこそ、わざわざ難解な術語に置き換えて哲学的な新たな解釈を示しても誰からも支持されることはないということ。

c　哲学者がその存在について十分に把握している事柄でも、他の人々と同じように無知を演じて分析しなければならず説明に混乱が生ずる可能性があるということ。
d　誰もが理解していると思われる自明な事柄ほど、哲学的分析では一般的な捉え方を超えた別の概念による説明をしなければならないため難解さが付随するということ。
e　一般的に上辺だけの理解にとどまりやすい事柄は、多くの人の賛同を得られないとしてもこれまでにない斬新な分析で大胆に論じていくことになるということ。

3　文章中の［③］・［⑥］に当てはまる言葉の組み合わせとして、最も適切なものを、次のa～eの中から一つ選びなさい。
a　③　制約　⑥　修正　　b　③　支配　⑥　調整　　c　③　抑圧　⑥　変更
d　③　翻弄　⑥　監視　　e　③　圧迫　⑥　点検

4　文章中の［④］に当てはまる言葉として最も適切なものを、次のa～eの中から一つ選びなさい。
a　つまり　　b　しかも　　c　そもそも　　d　したがって　　e　しかしながら

5　傍線部⑤「このような二面性」とあるが、その内容の説明として最も適切なものを、次のa～eの中から一つ選びなさい。
a　適切な「名前」と正確な「概念」をもつことによって対象との自在な関わりをもてる一方で、常にその「名前」が適切かどうかを確かめ続ける責任が生じる。
b　適切な「名前」と正確な「概念」をもつことによって対象との対等な関わりをもてる一方で、未知の「概念」を既知として論じることには困難を感じる。
c　適切な「名前」と正確な「概念」をもつことによって対象を自分のものにできる一方で、「名前」や

「概念」をもつと多面的なものの見方ができなくなる。

d　適切な「名前」と正確な「概念」をもつことによって対象について表面上は理解することが可能である一方で、その理解は哲学的な分析の本質とは逆行している。

e　適切な「名前」と正確な「概念」をもつことによって対象を自由に言い換えて表現できる一方で、自由に表現できることへの慢心が哲学的な分析の誤りを生んでいる。

6　傍線部⑦「哲学はこれまで存在することをやめなかった」における哲学の役割についての説明として最も適切なものを、次のa～eの中から一つ選びなさい。

a　治療的分析によって荒唐無稽な概念への接近を許容し、事実の裏に隠されている対象の本質を我々に見極めさせる。

b　治療的分析によって我々がいかに無知であるかを意識させ、事実を歪めて解釈してしまうことへの警鐘を鳴らす。

c　概念を分析することで事実の追認に加えて、我々を束縛する困難な問題を解消し自由へと導こうとしてくれる。

d　概念を分析することで我々が事実誤認していることを能動的に知覚させ、正しい解釈の追究への意欲を喚起させる。

e　概念を分析することで我々が惑わされている言説の幻想を自覚させ、偽りのない自由な観念世界を構築してくれる。

7　文章中の［⑧］に当てはまる言葉として最も適切なものを、次のa～eの中から一つ選びなさい。

a　存在する現在の時間そのものである

b　存在する現在の時間とは区別されるものである
c　存在する現在の時間へと戻っていくものである
d　存在する現在の時間に「一度はなる」のである
e　存在する現在の時間に「一度もならない」のである

8　傍線部⑨「時間様相がパラドックスを起こす」とあるが、その内容の説明として最も適切なものを、次のa～eの中から一つ選びなさい。

a　我々は「過去」「現在」「未来」が存在することを暗黙の了解としているが、一方で「時間」の順序性や方向性の分析から目を背けているので、存在すべき「時間」は全く存在しない可能性もあるということ。
b　我々は様々な諸概念との結び付きによって「過去」「現在」「未来」の存在を想起することはできるが、一方でそれらの「時間」を具体的な場面に置き換えて分類するのは理論上、不可能であるということ。
c　我々が「過去」「未来」の時間様相を追究することで「現在」の実体をつかむことが期待されるが、一方で「現在」を捉えることは「過去」「未来」の存在そのものの否定にもつながってしまうということ。
d　我々が「真」だと思い込む「時間」の存在は実のところ「偽」であることは明らかだが、一方で「時間」を「偽」と捉え直すことは「過去」「現在」「未来」という概念の崩壊を招くおそれがあるということ。
e　我々がよく知る「時間」は「過去」「未来」に限らず「現在」でさえも存在しない可能性がある一方で、それらの時間様相は「動く」ため、存在しない「時間」も存在すると言える場合があるということ。

9　傍線部⑩「快刀乱麻を断つ」の意味として最も適切なものを、次のa～eの中から一つ選びなさい。

a　解決の糸口が見えない事態を手際よく処理すること。

b　小さな事を解決するのに大げさな手段を用いること。
c　前置きを抜きにしていきなり要点に入ること。
d　物事をためらわずにきっぱり決断すること。
e　一度使ってしまうと二度と使えなくなってしまうこと。

10　本文の論の展開や表現上の工夫についての説明として最も適切なものを、次のa～eの中から一つ選びなさい。
a　時間の哲学的分析について主要な西洋哲学を引き合いに出すことによって、古今東西で時間が表層だけでしか扱われてこなかった哲学上の問題を提起している。
b　時間を「名前」と「概念」の二つに分けて説明することで、具体と抽象を往還しながら時間の存在に迫ることを試み、哲学による概念分析の意義を主張している。
c　哲学的時間論について、三つの時間様相の存在の不確かさをイギリスの哲学者が導いた結論も踏まえて捉え直した上で、筆者の考える解明の糸口を示している。
d　時間様相と結び付く複雑な諸概念を日常生活の出来事と関連付けて具体的な事例を示し、いかに時間の存在と出来事が密接な関係なのかを明らかにしている。
e　「アウグスティヌス的時間」、「非実在性」、「パラドックス」などの哲学特有の術語を多用して、時間の概念分析は他の学問領域と無縁であることを強調している。

11　本文の内容に合致するものとして最も適切なものを、次のa～eの中から一つ選びなさい。
a　哲学的分析による時間理解には、量的な時間だけでなく、奇妙な性質をもつ時間様相についてこそ言及すべきで、互いに密着し合う「過去」「現在」「未来」をそれぞれ独立の概念として再分析することが重要である。

b　時間の本性を捉えるには、まずは「自然の時間」と「精神の時間」の関係を捉える必要があるため、双方で複雑にもつれ合う諸概念についても哲学の対象として丁寧に分析していかなければならない。

c　我々が時間の基本概念を定義するには、「運動」「変化」「生成・消滅」「出来事」など、複雑に絡み合う諸概念が時間様相に対してどのように関与するかに着目し、時間が生起する過程も含めた反証が必要である。

d　我々は時間が当たり前に存在しているという先入観に囚われてしまっている以上、非実在性としての時間の正体を解明することは困難で、哲学は時間様相を「現在」に絞って本性を突き詰めるのが望ましい。

e　これまで相反する時間の流れの中に別々に存在すると思われてきた二つの時間の概念は、諸概念と密接に結合しているという共通項があり、その結合のあり方を入念に分析することで時間の理解が可能になる。

(☆☆☆◎◎◎)

【三】次の文章は『平中物語』の中の一節である。これを読んで、以下の問いに答えなさい。

また、男、いささか人に、いはれさわがるることありけり。そのこと、いとものはかなきそらごとを、①あためける人の、作りいでて、いへるなりけり。さりければ、かう心憂きことと、思ひなぐさめがてら、②心もやらむと思ひて、津の国の方へぞいきける。しのびて、知る人のもとに、「かうてなむまかる。憂きことなど、慰みやする」といへりければ、

世の憂きを思ひながすの浜ならばわれさへともにゆくべきものを

とある返し、

③憂きことよいかで聞かじと祓へつつ違へながすの浜ぞいざかし

とて、いにけり。

いきつきて、長洲の浜にいでて、網引かせなど、遊びけるに、うらうらと、春なりければ、海いとのどかになりて、夕暮になるままに、いつの間にか思ひけむ、憂かりし京のみ恋しくなりゆきければ、思ひながめつつ、心のうちにいはれける、

はるばると見ゆる海べをながむれば④涙ぞ袖の潮と満ちける

とぞながめくらしける。

さて、その朝に、⑤さなむありしと、文に書きて、京の、かの⑥まかりまうしせし人のもとに、いひたりける。女、

なぎさなる袖まで潮は満ち来とも葦火焼《た》く屋しあれば干ぬらむ

などなむ、いひおこせたりける。さりければ、久しくも長居で、帰り来にけり。

（『平中物語』による）

津の国＝摂津の国。現在の大阪府と兵庫県の一部。

葦火焼く屋＝摂津の国の難波は葦の名所で、人々は葦を焚いて燃料にした。また、「葦火焼く屋」は、『万葉集』の中の作者未詳の「難波人葦火焼く屋の煤してあれどおのが妻こそ常めづらしき」による。

1　傍線部①「あためける人」のここでの意味として最も適切なものを、次のa～eの中から一つ選びなさい。

a　男に仕えていた人。　b　男を憎んでいる人。　c　男から疎んじられている人。

d　男を頼りにしている人。　e　男と一緒に暮らしていた人。

2　傍線部②「心もやらむ」とは、具体的に誰がどのようなことをすることを指しているのか。最も適切なものを、次のa～eの中から一つ選びなさい。

a　女が心から男を頼りにすること。　b　男が世間から信頼を得ようとすること。

c　女が失恋の痛手を癒そうとすること。　d　男が気晴らしをしようとすること。

e　世間の人が勝手なことを男に言うこと。

3　傍線部③「憂きことよいかで聞かじと祓へつつ違へながすの浜ぞいざかし」に用いられている修辞法と、「違へながす」のここでの意味として最も適切なものを、以下のa～eの中からそれぞれ一つ選びなさい。

(1)　修辞法

a　掛詞　b　縁語　c　序詞　d　本歌取り　e　枕詞

(2)　「違へながす」

a　お祓いをして凶を吉にかえること。

b　悪い噂を良い噂にかえて世間に流すこと。

c　災いを避けるために目的の方角をかえて進むこと。

d　願いごとを人形に書いて洗い流すこと。

e　つらいことを人形に移しかえて水に流すこと。

4　傍線部④「涙ぞ袖の潮と満ちける」とあるが、その理由として最も適切なものを、次のa～eの中から一つ選びなさい。

a　人の噂にあって都落ちをしたけれども、のどかな風景を目の前にすると、都にいた折の口惜しさが込み上げてきたから。

b　都から離れた摂津まで来たけれども、都での良い出来事ばかりが思い出され、懐かしさが込み上げてきたから。

c　遠く離れた都が恋しくなり、恋人のことも思い出されて、その距離の遠さが今更ながらしみじみと切なく感じられるから。

d　人の噂を逃れて摂津まで来てみたものの、慣れない土地では心細さが募るばかりで、頼るべき人もいなかったから。

e　自分がつれないことをした女も、こうして都を離れてみると、その良さが改めて実感でき離れがたく思ったから。

5　傍線部⑤「さなむありし」の内容として最も適切なものを、次のa～eの中から一つ選びなさい。

a　一緒に長洲に来られなかった理由を弁解したもの。

b　都に置いてきた女への思慕の情を訴えたもの。

c　津の国に来ざるを得なかった本当の理由を明かしたもの。

d　都であった噂の内容に反論したもの。

e　昨日の夕方に詠んだ歌の中身と状況を説明したもの。

6　傍線部⑥「まかりまうしせし人」の文法的説明と、この人物の説明として最も適切なものを、あとのa～eの中からそれぞれ一つ選びなさい。

(1)　文法的説明

a　ラ行四段活用動詞の連用形＋謙譲の補助動詞の連用形＋サ行変格活用動詞の未然形＋強調の副助

詞＋名詞
b　ラ行四段活用動詞の連用形＋謙譲の補助動詞の連用形＋使役の助動詞「す」＋過去の助動詞「き」の連体形＋名詞
c　ラ行四段活用動詞の連用形＋サ行変格活用動詞の未然形＋順接の接続助詞＋名詞
d　名詞＋サ行変格活用動詞の未然形＋過去の助動詞「き」の連体形＋名詞
e　名詞＋サ行変格活用動詞の未然形＋強調の副助詞＋名詞

(2)　「まかりまうしせし人」
a　別れの歌を交わしてきた女　b　男に関する噂をした人　c　津の国に行ってしまった男
d　つまらぬ作りごとを言った人　e　長洲で網を引かせていた人

7　本文の内容に当てはまるものとして最も適切なものを、次のa～eの中から一つ選びなさい。
a　男は、当初、都で深く契り合っていた女と二人で摂津の国に行こうとしたが、女が摂津には行けない理由を詠んだ和歌を男に贈ってきたため、仕方なく一人で下向することになった。
b　男は、都での生活に嫌気がさし京を離れ、摂津の国にいる女と懇ろになったのだが、都に残してきた元の女の良さを思い出すにつれ、都が懐かしく、結局そのために京へ戻ることにした。
c　男は、世間には内緒で契り合った女がいたが、世間の噂に耐えかねて京を離れる際に、摂津の国に行こうとする理由と自分の気持ちを、和歌に詠んで女への返歌とした。
d　男は、京を離れて摂津の国に出向いたけれども、元の女を忘れられずに手紙を送ったところ、女から男の薄情な様子を嘆く詰問の和歌を贈ってきたので、京へ戻ることにした。
e　男は、ありもしない作りごとを言いふらされて、世間からとかく噂をされたことに嫌気がさし、契り合った女とともに摂津の国まで出向いたが、田舎のわびしさが身に染みて京へ戻ることにした。

（☆☆☆◎◎◎）

【四】次の漢文を読んで、以下の問いに答えなさい。ただし、設問の都合上、送り仮名・返り点を省いた箇所がある。

①有㆘上書請㆑去㆓佞臣㆒者㆖。曰《ク》、②願陽怒以試㆑之、執《ツテ》㆑理《ヲ》不《ル》㆑屈《セ》者《ハ》直臣也。畏《レテ》㆑威《ヲ》③順㆑旨《ニ》者《ハ》佞臣也《ト》。上曰《ク》、吾自《ラ》為《サバ》㆑詐《ヲ》、何《ヲ》以《テカ》責《メン》㆓臣下之直《ヲ》㆒乎。朕④方以《テ》㆓至誠《ヲ》㆒治《メント》㆓天下《ヲ》㆒。或《ヒト》請《フ》㆓重《クシテ》㆑法《ヲ》禁《ゼント》㆑盗《ヲ》。上曰《ク》、當《ニ》《シ》㆓去《ツテ》㆑奢《ヲ》省《キ》㆑費《ヲ》、輕《クシ》㆑徭《ヲ》[A]㆑賦《ヲ》。選㆓‐用《シテ》廉吏《ヲ》㆒、使《メバ》㆓民《ノ》衣食《ヲシテ》有《ラ》㆑[B]、自《ラ》不㆑為《サ》㆑盗《ヲ》。安《ンゾ》用《ヒン》㆓重法《ヲ》㆒邪《ト》。自《リ》㆑是數年之後、路不㆑拾《ハ》㆑遺《チタルヲ》、⑤商旅野宿焉。上嘗《テ》曰《ク》、君《ハ》依《リ》㆓於國《ニ》㆒、國《ハ》依《ル》㆓於民《ニ》㆒。⑥刻㆑民以奉㆑君、猶《ホ》《シ》㆓割《イテ》㆑肉《ヲ》以《テ》充《ツルガ》㆑腹《ニ》。腹《ハ》飽《クトモ》而身《ハ》斃《レン》。君《ハ》富《ムトモ》而國《ハ》亡《ビント》矣。

（『十八史略』巻五による）

佞臣＝おもねりへつらう臣。
依＝たよる。

1　傍線部①「有上書請去佞臣者」の書き下し文として最も適切なものを、次のa～eの中から一つ選びなさい。
a　上有りて書くは佞臣を請去する者なり　b　有上書き請ひて佞臣を去らんとす
c　上書有りて佞臣を請ふ去らん　d　上書きて佞臣を請去する者有らんか
e　上書して佞臣を去らんと請ふ者有り

2　傍線部②「願陽怒以試之」の「陽」はどのような意味で用いられているか。最も適切なものを、次のa～eの中から一つ選びなさい。
a　辺りをくまなく照らす。　b　自分の気持ちを正直に言う。　c　うわべだけそう見せかける。
d　書の内容を詳らかにする。　e　曲がったことは行わない。

3　傍線部③「順」、④「方」の読みとして最も適切なものを、以下のa～eの中からそれぞれ一つ選びなさい。
③「順」
a　いさかふ　b　いふ　c　そふ　d　したがふ　e　へつらふ
④「方」
a　まさに　b　いまから　c　かならず　d　つよく　e　これより

4　文章中の A および B に入る語句の組み合わせとして最も適切なものを、次のa～eの中から一つ選びなさい。
a　A…課　B…低　b　A…薄　B…餘　c　A…定　B…飽

d　A…窮　B…充　e　A…無　B…少

5　傍線部⑤「商旅野宿焉」と述べられている理由として最も適切なものを、次のa～eの中から一つ選びなさい。

a　日中、盗賊を取り締まったことでかえって夜間は物騒になり、普通の宿にも安心して泊まれないようになったから。

b　良い政治を行った結果、民の生活が潤うようになったため、野宿せずとも安心して旅を行うことができるようになったから。

c　法を厳しくして非違行為を取り締まったので、生活にゆとりがなくなった人たちは流浪して野宿するしかなくなったから。

d　厳しい政治はかえって民を怯えさせ、自由に行き来をしなくなった結果、人通りが絶えてしまったから。

e　民の生活にゆとりができ盗賊がいなくなったので、行き交う人たちも安心して野宿することができるようになったから。

6　傍線部⑥「剋民以奉君」の意味として最も適切なものを、次のa～eの中から一つ選びなさい。

a　人民に残酷な仕打ちをして、役人が肥え太ること。

b　人民から残酷に税を取り立て、皇帝の費用に充てること。

c　人民に軍役を課し、軍人として戦争に赴かせること。

d　人民から人夫を徴発し、国家の建造物を造ること。

e　人民を厳しく取り締まり、国に忠誠を誓わせること。

7　本文の内容に合致するものとして最も適切なものを、次のa～eの中から一つ選びなさい。

a　皇帝は、臣下の言を聞きいれず自分の理想とするところを群臣に言い聞かせたが、その理想にこだわるあまり、実現性はほとんどなかった。
b　皇帝は、実直な人柄で他者を試すようなことをしなかったがゆえに、宮廷にはおもねりへつらう臣下がはびこることになった。
c　皇帝は、至誠をもって天下を治めるには自らの奢りをやめその費用を省くことだと説いたが、豪華な暮らしを改めることはなかった。
d　皇帝は、国民によって国は成り立っているのだから、潔白な役人を選び用いて国民の生活に余裕をもたらすことが大事だと群臣に説いた。
e　皇帝は、人民の暮らしを重んじ税を軽くして民に報いたので、国はますます富み栄え結果として皇帝の名声も上がることになった。

(☆☆☆◎◎◎)

【五】次の1・2の問いに答えなさい。
1　故事成語とその説明として適切でないものを、次のa～eの中から一つ選びなさい。
a　驥尾に付す　→　青蠅は少ししか飛べないが、驥のような足の速い馬のしっぽにつけば千里もの遠い所に行くことができることから、有能な先輩のおかげで後輩が立派に事を成し遂げること。
b　胡蝶の夢　→　荘子が蝶になった夢から目覚め、自分が夢の中で蝶となったのか、目覚めていると思っている今が夢で、蝶が本来の自分なのかわからなくなったという故事から、夢と現実が区別できない境地。または、人生が儚いことのたとえ。
c　知音　→　鍾子期《しょうしき》は、琴の名人伯牙《はくが》の弾く琴の音色によって、その心境までよく理解したという故事から、互いに心を理解し合っている親友のこと。

d　牛耳を執る　→　春秋時代、魯国の実力者であった公明儀が、牛に向かって琴を演奏したが、牛は草を食うばかりであったという故事から、愚者に道理を説いても無駄であることのたとえ。

e　髀肉の嘆　→　蜀の劉備《りゅうび》が、長い間戦場を馬で駆けめぐっていないので股に肉がついたのを嘆いたという故事から、功名を立てたり、手腕を発揮する機会がなく、無駄に時を過ごすのを嘆くこと。

2　次の(1)～(4)の問いに答えなさい。

(1)　次の説明に該当する作品として適切なものを、以下のa～eの中から一つ選びなさい。

撰者は、源通具、藤原定家をはじめとする六人で、鎌倉時代前期に一応の完成をみた。勅撰和歌集で、撰進の下命者は後鳥羽院であり、上皇自ら撰歌の部類や配列などに大きく関与した。象徴的・絵画的歌風を特徴とする。

a　小倉百人一首　　b　金塊和歌集　　c　新古今和歌集　　d　万葉集　　e　古今和歌集

(2)　次の説明に該当する詩人として適切なものを、あとのa～eの中から一つ選びなさい。

陸軍士官学校・三高を経て、東大仏文科に進む。東大では小林秀雄らと同期で、ツルゲーネフや萩原朔太郎に心酔した。昭和五(一九三〇)年に刊行した第一詩集『測量船』で詩人的地位を確立、昭和十四(一九三九)年には詩集『艸千里』を刊行した。近代の孤独をうたった詩人であり、知性と感情との調和の上に立つその叙情詩は、近代詩史の上に高い到達を示した。

a　草野心平　　b　中原中也　　c　金子光晴　　d　立原道造　　e　三好達治

(3)　物語文学作品に関する説明として誤っているものを、次のa～eの中から一つ選びなさい。

a　『堤中納言物語』は、平安時代後期以降に成立した。作者は未詳である。十編の短編と一つの断章から成る物語集。蝶よりも毛虫を愛する「虫めづる姫君」を始めとして、巧みな構成の中に皮肉なおかしみを描いている点に眼目がある。

b　『うつほ物語』は、平安時代中期に成立した。作者は未詳である。百七十三段の物語で、前半は後撰集時代の歌人の歌語り、後半は民間伝承に取材した説話的物語から成り、当時の貴族社会に生きた人々の日常の一端を知る資料として貴重な作品である。

c　『竹取物語』は、平安時代前期に成立した。作者は未詳である。漢文訓読調の素朴で簡潔な和文体と、係り結びや助動詞「けり」で結ぶ文を用いた、物語るという要素をもった文体とが共存している。現存最古の作り物語で、後に続く物語文学への影響は非常に大きい。

d　『とりかへばや物語』は平安時代後期以降に成立した。作者は未詳である。兄妹が男女逆の姿で育てられるが、やがて元の姿に戻って幸福に結婚し、一族が繁栄する。奇抜な構想で、退廃的傾向の見られる物語である。

e　『伊勢物語』は、平安時代前期に成立した。作者は未詳である。歌物語で、伝本によって多少の差はあるものの、約百二十五段の散文と和歌から成り、散文は歌と相まって叙情性に富んでいる。のちの『源氏物語』の構想にも影響を与えた。

(4)　近現代の文学に関する説明として誤っているものを、次のa～eの中から一つ選びなさい。

a　大正時代末期から昭和時代初期にかけて、文学を階級闘争の手段として用いようとするプロレタリア文学が生まれた。その基本的姿勢は、芸術を革命運動の役に立てる、あるいは革命運動そのものを芸術とするものであった。代表的な作品には、葉山嘉樹の『セメント樽の中の手紙』や、小林多喜二の『蟹工船』などがある。

b　大正時代末期から昭和時代初期にかけて、プロレタリア文学に対抗し、政治抜きの文学そのものに取り組もうとしたのが芸術派で、中でもめざましい活動を示したのが、横光利一、川端康成の新感覚派である。代表的な作品には、横光利一の『日輪』や『蠅』、川端康成の『伊豆の踊子』などがある。

c　大正時代末期から昭和時代初期にかけて、新感覚派の流れを受け、新潮社系の作家たちを中心に結成されたのが新興芸術派である。井伏井伏鱒二は、はにかみの中にユーモアと哀しみのにじむ作風が特徴で『山椒魚』を発表し、梶井基次郎は、繊細な感性を短編の中に凝縮した『城の崎にて』を発表した。

d　昭和五年頃から、精神の内面を明確に描出することで一層現実に肉薄しようとする心理的リアリズムを主張した新心理主義の文学が、芸術派の一傾向から大きな流れとなっていった。アイルランドのジョイスやフランスのプルーストらの心理小説の影響を強く受けた堀辰雄は、ある作家の死を中心に遺族と弟子の心理模様を描いた『聖家族』や『風立ちぬ』などを発表した。

e　昭和十年前後、「文芸復興」と呼ばれる動きがあった。プロレタリア文学や芸術派が勢いを得ていたころには、既成作家はその陰で目立たなかったが、それらが衰退すると、既成作家の復活という様相を呈した。永井荷風は『濹東綺譚』、谷崎潤一郎は『春琴抄』を発表し、島崎藤村は『夜明け前』を完成させた。

（☆☆☆◎◎◎）

【中学校】

【一】次の１・２の問いに答えなさい。

１　次の(1)と(2)は、平成二十九年三月告示の中学校学習指導要領国語における「第２　各学年の目標及び内容」の第３学年の「２　内容〔思考力、判断力、表現力等〕Ｂ　書くこと」及び「第３　指導計画の作成と内容の取扱い」に示されている事柄である。ア・イに該当するものを、以下のａ～ｅの中からそれぞれ一つ選びなさい。

(1)　目的や意図に応じて、社会生活の中から題材を決め、ア、伝えたいことを明確にすること。

ａ　多様な方法で集めた材料を整理し
ｂ　多様な考えを想定しながら材料を整理し
ｃ　集めた材料を分類したり関係付けたりして
ｄ　集めた材料の客観性や信頼性を確認し
ｅ　相手を説得できるように論理の展開などを考えて

(2)　イ、その中で育む資質・能力の育成に向けて、生徒の主体的・対話的で深い学びの実現を図るようにすること。

ａ　単元など内容や時間のまとまりを見通して
ｂ　多様な学習活動を組み合わせて授業を組み立て
ｃ　国語を尊重する態度を養いながら
ｄ　生徒の発達や学習の状況に応じて単元を構想し
ｅ　学習指導の創意工夫を図り

2　次の(1)〜(3)は、『中学校学習指導要領解説　国語編』(平成二十九年七月)に示されている「内容」に関する問題である。それぞれの問いに答えなさい。

(1)　次の文章は、第3学年の内容　2〔思考力、判断力、表現力等〕C　読むことの「考えの形成、共有」に関する解説の一部である。文章中の［ウ］に該当するものを、あとのa〜eの中から一つ選びなさい。

「構造と内容の把握」や「精査・解釈」の学習過程を通して理解したことや評価したことなどを結び付けて自分の考えを明確にもち、文章に表れているものの見方や考え方と比べたり、他者の考えと比べたりすることによって、自分の考えを広げたり深めたりすることが求められる。義務教育修了段階として、［ウ］ことが重要である。

a　社会生活の中の様々な事象について、より広い視野をもって自分の意見を形成することができるようにする

b　社会生活の中の出来事や事象に関心をもち、自分とは異なる立場や考えをもつ他者の存在を意識する

c　社会生活に必要な国語の知識や技能を身につけるとともに、我が国の言語文化を理解する

d　社会生活における様々な経験と結びつけて自分の考えをまとめる際に、共通点や相違点を踏まえる

e　社会生活における言語活動に必要な国語の能力を養い、客観的な視点から自己評価できるようにする

(2)　次の文章は、第2学年の内容　1〔知識及び技能〕(1)　言葉の特徴や使い方に関する事項「文や文章」に関する解説の一部である。文章中の［エ］に該当するものを、以下のa〜eの中から一つ選び

なさい。

文の成分の順序とは、文を組み立てている主語、述語、修飾語、接続語、独立語などの並ぶ順序、つまり語順のことをいう。照応には、主語と述語との照応や修飾語と被修飾語との照応などがある。つまり、文の成分の順序や照応など文の構成について理解するとは、語順や語の照応によって［エ］ことであり、これを通して文の成分の順序や照応などの文の構成について着目させることが重要である。

a　文章がどのように異なってくるのかについて、文脈に沿って考え、検討する
b　表現がどのように変わってくるかを、様々な文型について考え、理解する
c　論理の展開がどのように異なるかについて、様々な文型に照らして考え、検討する
d　物語の展開がどのように変わってくるのかについて、文脈に沿って考え、理解する
e　文の構造がどのように変わってくるのかについて、様々な文型で考え、理解する

(3)　次の文章は、第1学年の内容　2〔思考力、判断力、表現力等〕A　話すこと・聞くことの「表現、共有」に関する解説の一部である。文章中の［オ］に該当するものを、あとのa～eの中から一つ選びなさい。

相手の反応を踏まえるとは、うなずきや表情などの聞き手の反応から、［オ］ことである。小学校第3学年及び第4学年における〔知識及び技能〕の(1)「イ　相手を見て話したり聞いたりするとともに、言葉の抑揚や強弱、間の取り方などに注意して話すこと。」の学習を踏まえ、中学校では相手の反応に注意することを求めている。

a　必要に応じて記録したり質問したりする
b　話し手としての自分の役割を見直す

c　知識や経験と結びつけて話を整える
d　自分の考えやその根拠が明確になるように話を構成する
e　話の受け止め方や理解の状況を捉える

(☆☆☆◎◎◎)

【高等学校】

【一】次の1・2の問いに答えなさい。

1　次の(1)～(3)は、平成三十年三月告示の高等学校学習指導要領国語における「第2款　各科目」に示されている事柄である。［ア］～［ウ］に該当するものを、以下のa～eの中からそれぞれ一つ選びなさい。ただし、(1)は「現代の国語」の「3　内容の取扱い」、(2)は「論理国語」の「1　目標」、(3)は「国語表現」の「1　目標」に示されている事柄である。

(1)「A　話すこと・聞くこと」に関する指導については、［ア］単位時間程度を配当するものとし、計画的に指導すること。

a　10～20　b　20～30　c　30～40　d　10～30　e　20～40

(2)　論理的、批判的に考える力を伸ばすとともに、［イ］、他者との関わりの中で伝え合う力を高め、自分の思いや考えを広げたり深めたりすることができるようにする。

a　言語文化の担い手としての自覚を深め　b　言葉による見方・考え方を働かせ
c　創造的に考える力を養い　d　効果的に表現する力を育み
e　思考力や想像力を鍛え

(3) [ウ] に必要な国語の知識や技能を身に付けるようにする。

a 実社会　b 学校生活　c 生涯にわたる社会生活　d 身近な社会生活　e 社会人

2 次の(1)と(2)は、『高等学校学習指導要領解説 国語編』(平成三十年七月)における「第1章 総説」の「第4節 国語科の内容」に関する問題である。それぞれの問いに答えなさい。

(1) 次の文は、「2〔知識及び技能〕の内容 (1)言葉の特徴や使い方に関する事項」の「表現の技法」に関する解説の一部である。文中の [エ] に該当するものを、以下のa～eの中から一つ選びなさい。

「現代の国語」では、比喩、例示、言い換えなどの修辞や、[エ] こと、「言語文化」では、本歌取りや見立てなどの我が国の言語文化に特徴的な表現の技法とその効果について理解すること、「文学国語」では、文学的な文章における文体の特徴や修辞などの表現の技法について、体系的に理解し使うこと、「国語表現」では、省略や反復などの表現の技法について理解を深め使うこと、「古典探究」では、古典の作品や文章に表れている、言葉の響きやリズム、修辞などの表現の特色について理解を深めることを示している。

a 相手や状況に合わせた述べ方を理解し使い分ける
b 実用的な文章などの種類や特徴について理解を深め使う
c 文章の効果的な組立て方や接続の仕方について理解する
d 事実と意見との関係や描写の仕方などについての理解を深める
e 直接的な述べ方や婉《えん》曲的な述べ方について理解し使う

(2) 次の文は、「3〔思考力、判断力、表現力等〕の内容」の「C 読むこと」の「精査・解釈」に関する解説の一部である。文中の [オ] に該当するものを、以下のa～eの中から一つ選びなさい。

「言語文化」のエでは、作品や文章の成立した背景や他の作品などとの関係を踏まえ、内容の解釈を深めること、「論理国語」のオでは、関連する文章や資料を基に、書き手の立場や目的を考えながら、内容の解釈を深めること、「文学国語」のオでは、作品に表れているものの見方、感じ方、考え方を捉えるとともに、作品が成立した背景や他の作品などとの関係を踏まえ、作品の解釈を深めること、「古典探究」のエでは、作品の成立した背景や他の作品などとの関係を踏まえながら古典などを読み、［オ］ことを示している。

a　その内容の解釈を深め、作品の価値について考察する
b　作者の考え方や作品の価値などについて評価する
c　作者のものの見方や考え方について自分の考えをまとめる
d　それらに表れているものの見方、感じ方、考え方を捉える
e　作品の解釈を深め、多面的・多角的な視点から理解を深める

(☆☆☆◎◎◎)

解答・解説

【中高共通】

【一】1 (1) b (2) c (3) a (4) b 2 (1) d (2) a 3 (1) e (2) c
4 (1) e (2) b

〈解説〉1 (1) 「濃淡」。a「単純」、b「冷淡」、c「放胆」(思い切りが良いこと)、d「万端」、e「担架」。(2) 「傾注」は努力を傾け注ぐこと。a「厨房」、b「抽出」、c「転注」。漢字の六書は、漢字の六分類のことで、漢字の成立によって、象形文字、指事文字、会意文字、形声文字、転注文字、仮借文字に分ける。d「柱石」、e「改鋳」。(3) 「莫大」はとてつもなく大きいこと。aの「落莫」は物寂しい様。b「麦芽」、c「砂漠」。dの「反駁」は、反論すること。eの「幕末」は、江戸幕府時代の末期のこと。(4) 「相関」は、相互に関連し合うこと。aの「起草」は、草稿、文案を新たに書き始めること。bの「真相」は、真実の様相。c「掃除」、d「壮大」。eの「操業」は、業務を行うこと。2 (1) dは、正しくはカンスイと読む。「遂」はツイとは読まない。(2) 部首が「のごめへん」の漢字は「釈」「釉」など。「きにょう」は「魂」「魅」などである。3 (1) 「豪放磊落」は、人物の性格がゆったりと包容力があり、細かいことにこだわらないこと。(2) a 生ものについて「足が早い」というのは、食べられなくなるのが早い、ということ。b「他人の飯を食う」は、親元を離れて他の家などで修行すること。c「首が回らない」は、金銭のやりくりができないほど困窮している様。d「顎が外れるほど」とは、愉快で大声で笑う様。e「耳をふさぐ」は、聞いていられないほどひどい様を言う。「罵詈雑言」はバリゾウゴンと読む。4 (1) 助動詞「た」には、存続(～テイル)、完了(～タ)などの意味がある。(2) 接続助詞の「て」には、補助の関係を示す用法の他に、単純な接続、中止、原因・理由などがある。

【二】1 a　2 d　3 b　4 e　5 c　6 c　7 d　8 e　9 a
10 c　11 b

〈解説〉1　傍線部①の前に「その一つの表現に固執し」とあるので、他の表現の可能性を考慮しないで排除する意に合致する選択肢を選ぶ。　2　傍線部②の前に「時間は、ある意味では誰もが知っているので、それを哲学に固有の術語で説明すること」とある。これは傍線部②で「未知の概念で説明する」と言い換えられている。この対応に選択肢dの「一般的な捉え方を超えた別の概念による説明をしなければならない」が合致している。　3　空欄③はその前の「自由な言い換えを許さない固定した『名前』の使用を強いられる」を言い換えている。空欄④の後で「我々自身が『名前』と『概念』に囚われることでもある」とあり、「名前」については強制感がつきまとっていることに対応した選択肢を選ぶ。ここまでは、a「制約」、b「支配」の二つの可能性がある。次に空欄⑥については、その前に「哲学の主たる仕事は『概念の分析』である」と規定し、その理由を「『概念』はその二面性ゆえ、それを適切に使いこなすためには、その機能を絶えず～しなければならないからである」としている。「二面性」については、「名前」「概念」が「我々を自由にするとともに、自由を拘束するという二面性」とあり、「概念」の「自由にする」面と「自由を拘束する」面の二つの側面を分析しながら使用することが求められる、と述べている。以上に対応できる選択肢はb「調整」とe「点検」だけである。　4　空欄④の前に「適切な『名前』と正確な『概念』をもつことによって、我々は対象と自由な関わりをもつ」とあり、後に「～我々自身が『名前』と『概念』に囚われることでもある」とある。「自由な関わりをもつ」と「囚われる」の関係が逆であることをつかむ。　5　傍線部⑤の「このような」は、すぐ前の「『名前』や『概念』は、我々を自由にするとともに、自由を拘束するという二面性」を指している。「自由」

と述べているのは、「我々は対象と自由な関わりをもつ」からである。以上に対応するのは、c「対象を自分のものにできる」一方で、「多面的なものの見方ができなくなる」という説明が合致する。他の選択肢を見ると、a「『名前』が適切かどうかを確かめ続ける責任」、b「未知の『概念』を既知として論じることには困難を感じる」、d「『概念』をもつことによって対象について表面上は理解することが可能」、e「自由に表現できることへの慢心」などが本文に記述がなく論旨とも無関係である。 6 哲学の役割についての問いである。傍線部⑦の前で「哲学における『概念の分析』は、『概念』に囚われ、それによって自由が失われている状況から我々を解放するために行われる。」とあり、続いて哲学は「たんに事実を追認するのではなく、我々をそれだけ自由にするという積極的な『治療的分析』である」と述べられている。以上に合致するのは、哲学を「概念を分析すること」と言い換え、それによって「事実の追認」に加えて「我々を束縛する困難な問題を解消し自由へと導こうとしてくれる」とあるcが正解。a「荒唐無稽な概念への接近」、b「いかに無知であるかを意識させ」、d「事実誤認していることを能動的に知覚」「追究への意欲を喚起させる」、e「我々が惑わされている言説の幻想」「偽りのない自由な観念世界」などが本文からかけ離れており、対応する論述がない。 7 空欄⑧の前の文に「過去はかつて一度は現在であったし、また、未来はいずれ現在になる」とある。これに合致するのを選ぶ。 8 傍線部⑨を含む段落の前の段落の後半で、過去、現在、未来の「三つの時間様相のすべてが『ない』ことになる。他方ではまた、時間様相は『動く』という側面をもっている。我々は、過去はかつて一度は現在であったし、また、未来はいずれ現在になる」と述べられているのが「時間様相がパラドックスを起こす」の内容である。a「～存在することを暗黙の了解としている」、b「～存在を想起することはできる」、c「～実体をつかむことが期待される」、d「『時間』の存在は実のところ『偽』であることは明らかだ」などは対応する記述がない。 9 「快刀乱麻を断つ」は、気持ちいいくらいにすっきりと問題を解決すること。　10　哲学が時間を扱うことについて、西洋の哲学者が論じてきたことを踏まえながら、最終段落で筆者の結論を述べている。a「古今東西で時間が表層だけでしか扱われてこなかった」は本文の記述と矛盾する。本文について、bの「哲学による概念分析の意義を主張している」とまとめることはできない。d「いかに時間の存在と出来事が密接な関係なのか」については論述していない。e「時間の概念分析は他の学問領域と無縁である」は本文と無関係。　11　本文は哲学として時間をどう捉えるかについての論述である。哲学的時間論は「自然の時間」と「精神の時間」という「二つの時間に分裂し、両者の関係がうまく捉えられないこと」が難しくさせているとある。それを受けて最後の段落では「時間様相の見極め難さは、これらの諸概念の複雑な絡み合いに由来する」とあり、「哲学的時間論」は「見極め難い広がりをもつ諸概念と時間様相の結合の在り方を丹念に考察して、時間様相がそこから立ち現れてくる主要な場面を押さえることである」と結論づけている。以上の流れを押さえておくと、a「『過去』『現在』『未来』をそれぞれ独立の概念として再分析すること」は誤り。c「時間が生起する過程も含めた反証が必要」は論旨から外れている。d「『現在』に絞って本性を突き詰めるのが望ましい」、e「相反する時間の流れ」は本文にはない。

【三】1　b　2　d　3　(1)　a　(2)　e　4　c　5　e　6　(1)　d　(2)　a　7　c

〈解説〉1　「あたむ」は敵視する、憎むの意。漢字をあてると「仇む」である。男を憎んでいる女が根も葉もない噂を流したという文脈である。　2　ここは根も葉もない噂を立てられた男がとった行動である。「心を遣る」で、「気晴らしをする。慰める」の意味。　3　(1)　「ながす」は、「違へながす」で別の方に流す、という意味と、「長洲」という地名の二つを掛けている。　(2)　自分の受けた苦しみ、つらいことを人形(ひとがた)に移しかえて水に流す厄払いのこと。　4　「涙ぞ袖の潮と満ちける」は、袖がびっしょりとなるほど涙を流したということ。和歌の前に、「憂かりし京のみ恋しくなりゆきければ」とある。あれほど苦しかった京のことばかり恋しく思い起こされて、心のなかで歌を詠んだのである。cで「恋人」とあるのは、歌をおくりあっている京の女性のこと。a「都にいた折の口惜しさが込み上げて」、b「都での良い出来事ばかりが思い出され」、d「慣れない土地では心細さが募る」、e「自分がつれないことをした女」の「良さが改めて実感でき」などは本文にない。5「さなむありし」を直訳すれば、「このようであった」ということ。長洲の浜での暮らしぶりと、歌の内容はこのようでしたと、手紙に書いたのである。a「理由を弁解した」、b「思慕の情を訴えた」、c「本当の理由を明かした」、d「噂の内容に反論した」などは、いずれも該当する行動や心情は文脈にない。6 (1) 傍線部⑥は「『罷り申し』ということをした人」のこと。「まかる」は「おいとまする。退出する」の意味だが、「まかりまうし」は「別れの挨拶。暇乞い」の意味の名詞。それにサ行変格活用動詞の「す」がついている。体言の「人」に続く過去の助動詞は「き」の連体形「し」。過去の助動詞「き」はサ変動詞の未然形に後ろにつく。(2) 傍線部⑥は直訳としては「いとまごいをした人(女性)」である。文章の前半で男が心を慰めに長洲の浜に旅に出るといい、女は自分も一緒に行きたいものだ、と取り交わした関係を押さえておく。7 a「女が摂津には行けない理由を詠んだ和歌」、b「摂津の国にいる女と懇ろに」、d「女から男の薄情な様子を嘆く詰問の和歌」、e「契り合った女とともに摂津の国に」などが本文と無関係。

【四】1 e 2 c 3 ③ d ④ a 4 b 5 e 6 b 7 d

〈解説〉1「有下リ上書シテ請レフ去二ラント佞臣一ヲ者上」となる。「者」から「有」に返る文は「～する者があった」という慣用表現である。「上書」の内容は「請去佞臣」(おもねりへつらう臣下を除き去ってもらいたい)である。2「陽」は動詞で、偽ると同じく「イツハる」と読む。敵を破るため「うわべだけそう見せかける」「別の行動を見せる」という意味。「願はくは陽り怒りて以て之を試みん」となる。「(臣下であるわたしが)願いますのは、(陛下が)わざと怒った様子を見せて群臣達をお試しください」という意味になる。3 ③「したがう」

の意味の「順」には、「従順」「順応」などの熟語がある。④この「方」は、その場所に向かう意で、ちょうど今最中のことをいう。ここでは、皇帝が今まさに真心をもって天下を治めようとしている抱負が述べられている。「まさニ」と読む字は、他に「将」「当」「応」などがある。4 空欄を含む文章を見ると「徭を軽くし賦を[A]べし。廉吏を選用して、民の衣食をして[B]有らしめば、自ら盗を為さず。」とある。「民の労役を軽くして税を[A]するべきである。清廉な役人を選んで用いて、人民の衣食を[B]すれば、自然と盗みをしないようになる」と訳す。以上から[A]には軽くする意味、[B]には多くする意味が入る。5 傍線部⑤の「商旅(旅をする商人)野宿」は、ここでは良い状況になることを述べている。街道、街が安全になって商人が安心して野宿できるという意味である。aの「夜間は物騒になり」、bの「野宿せずとも」、cの「法を厳しく」、「流浪して野宿するしかなくなった」、dの「人通りが絶えて」が文脈と合致しない。6 傍線部⑥の前で、「君依於國、國依於民」と、君主は国に、国は国民によって成り立つのだという相互の関係を説いている。その関係の上に傍線部⑥を含む文で、「国民から残酷に取り立てて、皇帝の費用とするのは、結局、皇帝を満たしても人民が滅んでしまうだろう。」と述べている。aの「役人が肥え太る」、cの「軍役を課し」「戦争に赴かせる」、dの「国家の建造物を造る」、eの「国に忠誠を誓わせる」は合致しない。7 本文全体で、国は民により成り立っているのだから、厳罰ではなく、清廉潔白な役人を選び、民の暮らしにゆとりを与えることが大切だと述べている。君主の政策のマイナス面はどこにも書かれていないので、abcは誤り。e「皇帝の名声も上がる」ことは文脈と比較すれば国の発展に無関係であるとわかる。

【五】1 d　2 (1) c　(2) e　(3) b　(4) c

〈解説〉1 「牛耳を執る」は、同盟を結ぶときに、リーダーが牛の耳をとってその血を啜って誓い合ったという故事からで、現代でも集団を思い通りに率いる意で、「牛耳る」と使う。2 (1) 「小倉百人一首」は藤原定家が選んだ秀歌集。「金槐和歌集」は鎌倉幕府三代将軍源実朝の和歌集。「万葉集」は奈良時代の成立で、勅撰ではない。「古今和歌集」は平安時代の最初の勅撰和歌集。 (2) 三好達治の第一詩集『測量船』には、二行詩「雪」等が収められている。 (3) bは『大和物語』の説明である。『うつほ物語』は、平安時代中期の成立で作者未詳であるが、二十巻から成る長編の作り物語である。内容は「琴(きん)の秘曲伝授と左大将の娘貴宮(あてみや)をめぐる求婚物語。物語史としては、『竹取物語』より写実性が強く、後の『源氏物語』の先駆けとなるという位置付け。 (4) 『城の崎にて』は白樺派の志賀直哉の作品で、梶井基次郎の作品は『檸檬』である。

【中学校】

【一】 1 (1) d (2) a 2 (1) a (2) b (3) e

〈解説〉学習指導要領に関する問題の対策としては指導要領本文の趣旨、意図の理解に努め、文や語句の内容を確実に理解できるよう精読しておこう。 1 「B 書くこと」の領域の指導事項の内容の(1)は、○題材の設定、情報の収集、内容の検討 ○構成の検討 ○考えの形成、記述 ○推敲 ○共有、で構成されている。空欄アを含む(1)は、「題材の設定、情報の収集、内容の検討」である。第1学年では、集めた材料を整理し、第2学年では、多様な方法で集めた材料を整理し、第3学年では、集めた材料の客観性や信頼性を確認し、伝えたいことを明確にすることが示されている。空欄イを含む(2)は、「指導計画の作成と内容の取扱い」の指導計画作成上の配慮事項である。主体的・対話的で深い学びは、1単位時間の授業の中で全てが実現されるものではない。単元など内容や時間のまとまりの中で、学習の見通しを立て、学習したことを振り返る等といった視点で授業改善を進めることが求められている。 2 (1) 「より広い視野」を持ち自分の意見を形成するため、〔知識及び技能〕の(3)「オ　自分の生き方や社会との関わり方を支える読書の意義と効用について理解すること。」などとの関連を図り、日常の読書活動と結び付くようにする例が示されている。　(2)・(3)　解答参照。

【高等学校】

【一】1　(1)　b　(2)　c　(3)　a　2　(1)　e　(2)　a

〈解説〉学習指導要領に関する対策としては本文の趣旨、意図の理解に努め、文や語句の内容を確実に理解できるよう精読しておこう。　1　(1)　「内容の取扱い」に示された「A　話すこと・聞くこと」の授業時数は、共通必履修科目の現代の国語では「20～30単位時間程度」、「B　書くこと」が「30～40単位時間程度」、「C　読むこと」が「10～20単位時間程度」である。　(2)　選択科目「論理国語」は「思考力・判断力・表現力等」の創造的・論理的思考の側面の力を育成する科目である。本文はその目標の(2)で、「創造的に考える力」とは、他者の考えと自分の考えを吟味したり検討したりすることを通して、自分で新しい考えを生み出す力のことである。　(3)　「国語表現」は、「思考力、判断力、表現力等」の他者とのコミュニケーションの側面の力を育成する科目である。本文はその目標の(1)で、学校生活、身近な社会生活で、高校生が、他者と関わる現実の社会において必要な国語の知識や技能について理解し、それを適切に使うことができるようにすることを示している。　2　(1)　本資料の「現代の国語」の「表現の技法」では、中学校第1学年のオを踏まえて、比喩、例示、言い換えなど実社会の様々な場面で用いられる表現の技法や直接的な述べ方や婉曲的な述べ方について理解し、文章の中で適切に使うことが示されている。　(2)　「精査・解釈」とは、作品や文章の内容や形式に着目して読み、目的に応じて意味付けたり考えたり評価したりすることなどである。

二〇二二年度　実施問題

【中高共通】

【一】次の1～4の問いに答えなさい。

1　次の(1)～(4)の傍線部の漢字と同じ漢字を含むものを、以下のa～eの中からそれぞれ一つ選びなさい。

(1)　昼夜ケンコウで突貫工事を行った。
　a　ケンヤクを旨とした質素な生活を送る。
　b　投手が塁上の走者をケンセイする。
　c　今回の出来事は世に広くケンデンされた。
　d　設立のためのケンパク書を出す。
　e　選手と監督をケンニンする。

(2)　創立百周年を記念して、ソウゴンな式典が催された。
　a　会社のソウム課に、扶養書類を提出する。
　b　友達の話に、思わずソウゴウを崩してしまった。
　c　ソウショ体で文字を書く。
　d　夏の間は軽井沢のベッソウで暮らす。
　e　冬はカンソウするので、風邪に注意が必要だ。

(3)　相手の油断をついて、背後からキシュウをかける。

a　歌舞伎のシュウメイ披露公演が行われた。
b　皆に推されて、派閥のリョウシュウになった。
c　英語のシュウジ法について、高校で学ぶ。
d　大きな銀行の頭取にシュウニンする。
e　引退試合に勝って、ユウシュウの美を飾った。

(4)　キカク外のサイズの封筒を使う。
a　人工衛星のキドウを制御する。
b　キキ歌謡の研究を行う。
c　昨日はカイキ月食が見られる日だった。
d　会社のキソクに従って取り扱う。
e　俳句を作る上でのポイントの一つは、適切なキゴを用いることだ。

2　次の(1)・(2)の問いに答えなさい。

(1)　読み方の間違っている熟語を、次のa～eの中から一つ選びなさい。
a　思惟《しい》　b　充填《じゅうてん》　c　誤謬《ごびゅう》　d　巷間《こうかん》　e　批准《ひすい》

(2)　「毀」という漢字の総画数として適切なものを、次のa～eの中から一つ選びなさい。
a　十画　b　十一画　c　十二画　d　十三画　e　十四画

3　次の(1)・(2)の問いに答えなさい。

(1)　四字熟語とその意味として適切でないものを、次のa～eの中から一つ選びなさい。
a　一日千秋　→　一日が千年に思えるほど待ち遠しい気持ち。

b　会者定離　→　会う者は必ず別れる運命にあること。
c　自家撞着　→　自分自身の意見に最後まで固執すること。
d　一朝一夕　→　きわめて短い時間。
e　虚心坦懐　→　何のわだかまりもなく、さっぱりした心。

(2)　慣用句の使い方として適切でないものを、次のa～eの中から一つ選びなさい。

a　仕事がきつくて、少し働いただけで顎を出した。
b　追い詰められた彼は、尻をまくって逃げ出した。
c　余りに内容が難しすぎて、自分の手に余る課題だった。
d　あれだけ一生懸命働いたのに、雀の涙ほどの退職金しか出なかった。
e　彼は辣腕の刑事で、解決した難事件は十指に余る。

4　次の(1)・(2)の問いに答えなさい。

(1)　次の各文に含まれる「よう」について、推量の用法で使われている助動詞「よう」を、次のa～eの中から一つ選びなさい。

a　私も彼にならって、絵を描いてみよう。
b　彼の心情は、容易に理解されよう。
c　君もみんなと一緒に、サッカーの練習をしよう。
d　問題がやさしすぎたようで、みんな点がいい。
e　毎日、英語の学習を継続的にしよう。

(2)　次の各文に含まれる「さえ」について、類推の用法で使われている副助詞「さえ」を、次のa～eの中から一つ選びなさい。

a　あのミスさえなければ勝てていただろう。
b　コーヒーさえあればよい。
c　この薬さえ飲めば治る。
d　風の上に雨さえ降り出した。
e　水さえのどを通らない。

（☆☆☆☆◎◎◎）

【二】次の文章を読んで、以下の問いに答えなさい。

　論理は道具だという立場を「論理の道具説」と呼ぼう。道具は、自然界に道具として前もって存在するのではなく、人間(やそのほかの動物)によって道具として使われて初めて存在するものなので、論理の道具説は「論理は人間の発明だ」という主張を裏づける立場だといっていいだろう。

　論理の道具説と対になるのが「論理の相対論」である。それは、「色々なトピックについて色々な論理がある」という立場であり、異なるトピックには異なる論理が必要とされうる可能性を示唆するのみならず、そのような可能性は多くの場合避けられない現実だと主張する。目的によって道具を使い分けるのはあたりまえだ。シャツにボタンをつけるという目的達成のためには裁縫針という道具がいるし、釣り鐘をつくという目的達成のためには撞木《しゅもく》という道具がいる。①釣り鐘をつくのに裁縫針を使ったり、ボタンをつけるのに撞木を使うのは喜劇以外の何物でもないが、その喜劇性は、目的に応じて適切な道具を選ぶという必要性が背景になくては成立しない。道具のこの目的相対性と論理の道具説から、論理の相対論が自然に帰結する。トピックがちがえば、それを論じるために使うべき論理もちがうというわけだ。

たとえば、曖昧さを擁するトピックについては多値論理を使うべきだが、そうでないトピックについては古典的な二値論理でいいといえるかもしれない。［②］、ティーカップや惑星などマクロなものを語るのにふつうに使う論理は、電子や光子などミクロなものを語るのに量子力学で使うには向いていない、という人もいる。道具の目的相対性は否定できないので、論理の道具説を受け入れるかぎり、論理の相対論は否めない。

だが、論理の相対論で終わるのではなく、そこからある特定のさらなる主張を導き出そうとする誘惑は強い。その主張とは、「論理の非リアリズム」とでも呼べる主張である。③プラクティカルな目的を達成するための道具として使われるのが論理の役割で、目的によって使われる論理が変わるのだとすれば、論理性はリアリティーに内在する特徴ではなく、わたしたちがリアリティーに対処する仕方の特徴でしかないということになる。すなわち、リアリティーそのものが論理的だとか論理的でないとかいうのは無意味であって、④わたしたちがリアリティーに向かい合う際に使う道具に論理性は属するのだ、という主張が論理の相対論から帰結するというわけである。

この論理の非リアリズムによると、論理学は、リアリティーを正しく記述するにはこれこれの文を(論理的)真理としてあつかうべきだといっているのではなく、何々の目的達成のためにはこれこれの文を(論理的)真理としてあつかうべきだといっているのである。論理学はリアリティーについての学問ではなく、わたしたちとリアリティーのあいだの関係についての学問だというのである。とすると、わたしたちがいなければ、わたしたちとリアリティーのあいだの関係もないので、論理学の主題がなくなる。この意味で論理学の主題はわたしたちに依存するので、非リアリズムなのである。ノコギリがリアリティーの一部としてあらかじめ存在していたのではなく、あらかじめ存在していたリアリティーに対処するために人間が発明した人工物にすぎないように、論理もまた人間の発明の産物としての人工物にすぎないというわけだ(いったん発明されればノコギリは存在しリアリティーの一部になるのと同じように、発明された論理がリアリティーの一部になっている、ということを非リアリズムは否定するわけではないことに注意しよう)。
⑥論理の非リアリズムは受け入れるべきだろうか。もっと正確にいうと、論理の相対論から論理の非リアリズムは本当に帰結するのだろうか(帰結するならば、論理の相対論は抵抗しがたいので、論理の非リアリズムを受け入れないわけにはいかなくなる)。まず、じっさいの道具について考えることからはじめよう。
ノコギリが人間の発明品だということは否定できない。人間がいなかったら、ノコギリは存在していなかっただろう(人間以外の宇宙人もふくめて、宇宙のどこにもノコギリの発明者がいなかったらノコギリは存在していなかっただろう)。ということは、ノコギリは、人間のような発明者を除いた、発明者とは独立のリアリティーとは無関係だということなのだろうか。もちろん、そんなことはない。林に生えている樫の木を切り倒すためにノコギリを使うのはいいが、コンニャクを使うのは⑦おかどちがいだということは、誰もがみんな知っている。ノコギリもコンニャクも人間の発明品だが、人間とは独立のリアリティーに存在する樫の木への関わり方に大きなちがいがある。ノコギリをノコギリとしてきちんと使えば林の樫の木を切り倒すことはできるが、コンニャクをコンニャクとしてきちんと使って林の樫の木を切り倒すことはできない(ノコギリ歯の形状にカットを入れたうえで冷凍して使うのは、コンニャクとして使っていることにはならないし、たとえそのように使ったとしても林の樫の木を切り倒すことはできまい)。そして、⑧この事実は人間の自由にはならない。いくら頑張って(通常の温度で通常の形状の)コンニャクを使っても樫の木は切り倒せない。コンニャクと樫の木には、そういう、わたしたちにはどうにもならない関係がある。それに対して、ノコギリと樫の木にはまったく別の関係があり、そのおかげでノコギリは樫の木を切り倒すといった目的にかなった道具になっている。

この関係が、ノコギリの道具としての有用性を裏づけている。

　この裏づけがあるようなふうに道具を作ることができるのが、人間の知能なのである。そうするために人間は、樫の木を切り倒すという行為について正しい理解を求め、その理解にもとづいてノコギリという道具を作りだす。ノコギリは人間の発明品だが、いかなる材料でいかなる形状に作れば道具として有用なノコギリになるかは人間の意のままにはならない。そこが道具作りのむずかしさであり楽しさでもある。つまり、樫の木を切るなどの目的のためにノコギリを発明するのは人間の自由だが、そうして発明されたノコギリが、その目的達成のための道具として有用かどうかは、人間の自由にはならない。［⑨］が決めることである。切るという目的にかんがみて樫の木の性質に見合ったデザインによって作られなければ、ノコギリは道具として有用ではありえない。この意味で、ノコギリのデザインは樫の木のリアリティーにマッチする必要がある。一般に、道具の有用性はリアリティーへの適切な対応を要求する。これを「道具の対応説」と呼ぼう。

　道具の対応説のかなめは、わたしたちが自由に定める目的のためにわたしたちが自由に作る道具だが、その有用性はわたしたちの自由にはならない、ということである。コンニャクが樫の木を切るための道具として有効であれとわたしたちがいくら望んでも、それは叶わない。道具の有用性がリアリティーによって制約されるという、道具一般についてのこの論点は、道具としてみなされた論理にも当てはまる。すなわち、トピックによって変わる道具としての論理は、トピックについてのリアリティー次第で有用だったり有用でなかったりする。(中略)この意味で、論理性はリアリティーの内在的な特徴だといえる。すなわち、論理の相対論から論理の非リアリズムは帰結しない。それどころか、論理の道具説から、道具の対応説を介して、論理のリアリズムが紛れもなく帰結するのである。


(八木沢敬「『論理』を分析する」による。一部省略等がある)

1　傍線部①「釣り鐘をつくのに裁縫針を使ったり、ボタンをつけるのに撞木を使うのは喜劇以外の何物でもない」とあるが、その理由として最も適切なものを、次のa～eの中から一つ選びなさい。

a　道具は、その目的に応じて理にかなった使い分けが必要で、目的を取り違えて裁縫針や撞木を使うのは目的達成からは程遠く滑稽であるから。

b　道具は、本来、達成すべき目的に応じて使い方の工夫が求められ、裁縫針や撞木を工夫なく用いるのは安易な発想でしかなく論外であるから。

c　道具は、その目的達成に向けてより最適な選択をする必要があり、何の意図もなく裁縫針と撞木を持ってくるのは甚だ迷惑な冗談であるから。

d　道具は、そもそも目的達成のために複数の種類から選択可能で、ここでは裁縫針と撞木の使用だけを前提としていること自体がおかしいから。

e　道具は、目的達成の必要性から苦心して発明されたもので、裁縫針と撞木を間違って使うのはもとの発明者のことを侮辱するものであるから。

2　文章中の ② に当てはまる言葉として最も適切なものを、次のa～eの中から一つ選びなさい。

a　したがって　　b　ただし　　c　また　　d　すなわち　　e　だが

3　傍線部③「プラクティカル」は、「実際的。実用的。」という意味であるが、カタカナ語とその意味として適切でないものを、次のa～eの中から一つ選びなさい。

a　アイロニー　……皮肉。あてこすり。

b　プリミティブ　……原始的なさま。素朴なさま。

c　ラジカル　……根本的。急進的。

d　カオス　　……混沌。大混乱。
e　オプティミズム……厭世主義。悲観論。

4　傍線部④「わたしたちがリアリティーに向かい合う際に使う道具に論理性は属する」とあるが、筆者がこのように述べるのはなぜか。その説明として最も適切なものを、次のa～eの中から一つ選びなさい。
a　わたしたちは目の前のリアリティーに対応する時、意図的に論理を取捨選択しており、その論理性は論理を使うわたしたちの技量に依存する特徴であるから。
b　わたしたちは目の前のリアリティーに対処する時、その目的達成に適った論理を使い分けており、その論理性はリアリティーへの対処方法の特徴であるから。
c　わたしたちは目の前のリアリティーと向き合う時、解決に必要な論理を選択しており、その論理性はリアリティーと論理の両方に包摂される特徴であるから。
d　わたしたちは異なるリアリティーと出会った時、無意識に論理を選別しており、その論理性はわたしたちの都合で使う論理を支える本質的な特徴であるから。
e　わたしたちは異なるリアリティーに対峙する時、その距離を保ち俯瞰的に論理を選んでおり、その論理性はリアリティーの中には存在しない特徴であるから。

5　傍線部⑤「真理」と同じ組み立てで構成されている熟語を、次のa～eの中から一つ選びなさい。
a　悲哀　b　往還　c　世論　d　無恥　e　合掌

6　傍線部⑥「論理の非リアリズム」について、ここでの「論理学」と「リアリティー」の関係の説明として最も適切なものを、次のa～eの中から一つ選びなさい。
a　論理学はリアリティーと無縁な人工物にすぎず、わたしたちが働きを統御している。

b　論理学はリアリティーの実像として存在し、わたしたちと一定の距離を保っている。
c　論理学はわたしたちのすぐそばに存在しており、リアリティーとは壁を隔てている。
d　論理学はわたしたちとリアリティーに挟まれており、双方から完全に独立している。
e　論理学はわたしたちとリアリティーとのあいだにあり、わたしたちに依存している。

7　傍線部⑦「おかどちがいだ」の文章中における意味として最も適切なものを、次のa～eの中から一つ選びなさい。
a　役不足だ　b　ぶしつけだ　c　非常識だ　d　見当ちがいだ　e　奇抜だ

8　傍線部⑧「この事実」とあるが、その内容として最も適切なものを、次のa～eの中から一つ選びなさい。
a　道具の価値は、人間とは独立のリアリティーにある対象との距離感で決まること。
b　道具の機能は、人間とは独立のリアリティーにある対象への関わり方で決まること。
c　道具の価値は、対象となる独立のリアリティーの特徴への正しい理解で決まること。
d　道具の機能は、技術の進歩が対象との関わりを超えた域まで到達したかで決まること。
e　道具の機能は、対象との関係よりも発明する側の人間の試行錯誤によって決まること。

9　文章中の ⑨ に当てはまる言葉として最も適切なものを、次のa～eの中から一つ選びなさい。
a　使用する人にかんするリアリティー　b　ノコギリにかんするリアリティー
c　樫の木にかんするリアリティー　d　ノコギリの性質に見合ったデザイン
e　樫の木の性質に見合ったデザイン

10　本文の論の展開や表現上の工夫についての説明として最も適切なものを、次のa～eの中から一つ選びなさい。

a　結論の明示から始まり、本論では逐一その論拠となる具体的な個別の事例を挙げながら詳しく説明し、最後に再び同様の結論を強く主張している。

b　一つの立場の紹介から始め、関連する他の立場や考え方についても例を挙げながら自身の見解を述べつつ、最後は別の立場を援用することで論の方向性を示している。

c　最初に筆者と異なる第一の立場を示して、それを含む第二、第三の立場についても反証によって全否定し、最後は第四の立場として新しい提案を行っている。

d　批判的な視点から既存の主たる立場や考えについて懐疑的に捉え直すことで論を展開し、最後に、今後、議論すべき点や方向性を提起する形で読者に呼びかけている。

e　序論と本論において比喩を多用することにより、難解な理論や専門用語への読者の抵抗感を和らげ、最後に示す筆者独自の結論への賛同を促している。

11　本文の内容に合致するものとして最も適切なものを、次のa～eの中から一つ選びなさい。

a　論理は人工的に発明された道具であるからこそ、論理の非リアリズムをそのまま受け入れる態度を保つことで、論理学という学問における主題もより明確になる。

b　論理は人間の発明であってもリアリティーに内在するため、それを使いこなすには対象を客観的に分析し、わたしたちのあいだへと引き寄せる工夫が求められる。

c　論理が人間によって発明された道具だとしても、論理性はあくまで対象のリアリティーに内在する性質であるため、その有用性も対象との関係により制限される。

d　論理と道具には類似点が多いからこそ、実際に道具が使われている対象との関係性を相対的に捉えて共通点を見つければ、論理学において新たな発見につながる。

e　論理の道具説だけでなく、新たに道具の対応説も受け入れて論理のリアリズムを追究する意義について再考しないと、論理の実体は不明瞭なものになりかねない。

（☆☆☆◎◎◎）

【三】次の文章は『今鏡』中の一節である。これを読んで、以下の問いに答えなさい。

村上の御時、枇杷の大納言延光《のぶみつ》、蔵人の頭にて、御覚えにおはしけるに、少しも御気色たがひたる事もおはせで過ぎ給ひけるに、心よからぬ御気色の見えければ、怪しく恐れ思ほして、籠り居給へりける程に、召しありければ、急ぎ参りておはしけるに、「①年頃はおろかならず頼みて過しつるに、くち惜しき事は、藤原の雅《まさ》材《き》といふ学生《がくしやう》の作りたる文の、②いとほしみあるべかりけるをば、など蔵人になるべき由をば奏せざりけるぞ。いと頼むかひなく」と仰せられければ、③ことわり申す限りなくて、やがて仰せ下されけるに、御倉の小舎人《ことねり》、家を尋ねかねて、通ふ所ありと聞きつけて、その所に到りて、蔵人になりたる由告げければ、その家主《いへあるじ》の娘の男、所の雑色なりけるが、蔵人に望みかけたる折ふしにて、わがなりぬると喜びて、禄など饗応せむ料に、俄かに親しきゆかりども呼びて、営みける間に、小舎人「雑色殿にはおはせず、秀才殿のなら④せ給へるなり」といひければ、怪しくなりて、家主「いかなる事ぞ」と尋ねけるに、雑色が女《め》の姉か妹かなる、女房のまかなひなどしけるを、この秀才忍びて通ひつゝ、局に住み渡りけるを、「かゝる人こそおはすれ」と家の女どもいひければ、「よもそれは蔵人になるべきものにはあらじ。⑤ひがごとならむ」といひければ、小舎人「その人なり」といひけるに、雑色も家主も、恥ぢがましくなりて、「かゝる者の通ふより、⑥かゝる事は出で来るなり」とて、夜のうちに、その局の忍び夫を追ひ出してけり。その事をいかでか⑦雲の上まで聞し召しつけけむ、

「 A 事かな。さては出で仕うまつらむに、装ひのしかるべきも叶ひ難くやあらむ」とて、内蔵寮《くらづかさ》に仰せられて、内蔵頭整へて、さまざまの天の羽衣賜はりてぞ参り仕へける。⑧その作りたりける詩は、釋奠《せきてん》とかに「鶴九つの皐《さは》に鳴く」といふ題の序を書きたりけるとぞ。詞をば覚え侍らず。その心は「廻り翔けらむ事を、蓬が島にのぞめば、霞の袂いまだ逢はず。ひく人やあると、浅茅が山に思へば、霜の上毛徒《いたづら》に老いにたり」といふ心なり。

（『今鏡』昔話第九「葦たづ」による）


大納言延光＝醍醐帝の孫、保明親王の子。

所の雑色＝蔵人所に所属する雑色のこと。

禄＝ご祝儀。

内蔵寮＝中務省に属し、供進の服などをつかさどる。

釋奠＝毎年二月と八月に大学寮で行われる孔子の祭典。

鶴九つの皐に鳴く＝『詩経』小雅にある「鶴鳴」の詩に由来する。「鶴鳴」には「鶴鳴于九皐」の句があり、「曲がれる沢に鶴が鳴く」の意。

蓬が島＝蓬莱山。三神山の一。中国の伝説で、東海中にあって仙人が住み、不老不死の地とされる霊山。

霞の袂いまだ逢はず＝仙人に逢い得ない。

1 傍線部①「年頃」、⑤「ひがごと」のここでの意味として最も適切なものを、以下のa～eの中からそれぞれ一つ選びなさい。

①「年頃」
a　現在のところ　b　過去には　c　最近は　d　時々は　e　長年の間
⑤「ひがごと」
a　間違い　b　ねたみ　c　意地悪　d　うぬぼれ　e　ひねくれ

2　傍線部②「いとほしみあるべかりけるをば」の解釈として最も適切なものを、次のa～eの中から一つ選びなさい。
a　素直で気が利く性格であるにも関わらず
b　文章が大変難解でよく理解もできないのに
c　貧困にあえぐ生活をしているにも関わらず
d　格調が高く家の筋目も高貴であるのに
e　目をかけてもよいほどの出来栄えなのに

3　傍線部③「ことわり申す限りなくて」とあるが、誰のどのような状態のことを言っているのか。その説明として最も適切なものを、次のa～eの中から一つ選びなさい。
a　藤原雅材が宮中で決定した人事に異を唱えるような状況にはなかったこと。
b　大納言延光が天皇に弁解を申し上げるときもなかったこと。
c　藤原雅材が大納言延光に事情を説明するひまもなかったこと。
d　大納言延光が蟄居していた事情を小舎人に説明するような状況にはなかったこと。
e　藤原雅材が天皇から直接言葉を賜るような機会がなかったこと。

4　傍線部④「せ」の文法的な説明として正しいものを、次のa～eの中から一つ選びなさい。

a　使役の助動詞「す」の連用形
b　サ行変格活用動詞「す」の未然形
c　過去の助動詞「き」の未然形
d　尊敬の助動詞「す」の連用形
e　四段活用動詞「ならす」の已然形活用語尾

5　傍線部⑥「か丶る事」はどのようなことを指しているのか。説明として最も適切なものを、次のa～eの中から一つ選びなさい。
a　藤原雅材がいつの間にか家主の局に棲みついていたこと。
b　家主や雑色が枇杷の大納言延光に思わぬ恥をかかされたこと。
c　蔵人所の雑色が自分が蔵人になったと思いこんでしまったこと。
d　藤原雅材がこっそりと雑色の姉妹のもとに通っていたこと。
e　怒った家主が忍んで通っていた男を局から追い出したこと。

6　傍線部⑦「雲の上」がここで指しているものとして最も適切なものを、次のa～eの中から一つ選びなさい。
a　蔵人の頭　b　公卿　c　帝　d　雑色　e　大納言

7　文章中の［A］に入る語句として最も適切なものを、次のa～eの中から一つ選びなさい。
a　うれしき　b　いとほしき　c　をかしき　d　うるはしき　e　ありがたき

8　傍線部⑧「その作りたりける詩」について述べたものとして最も適切なものを、次のa～eの中から一つ選びなさい。

a　深い沢で鳴く鶴のように、自分も自由に空を飛び回り、やりたいことを気ままに続けていくことができればという希望が込められている。
b　自らを鶴にたとえ、名君に出逢うこともないまま、無為に時間だけが過ぎ老いていってしまうという現状に対するむなしさが込められている。
c　その昔、東方の海に存在したという蓬莱山では、不思議な力を持つ仙人に出逢うと望みが叶うという伝説に対する憧れが込められている。
d　叶いもしない大きな望みを抱いて時を過ごしているうちに、自分の容貌はいたずらに衰えてしまったという後悔の念が込められている。
e　奥深い沢で鶴がいくら鳴いても、誰の耳にも届かないだろうけれども、それでも構わないという達観した気持ちが込められている。

9　本文の内容に合致するものとして最も適切なものを、次のa～eの中から一つ選びなさい。
a　枇杷の大納言延光は蔵人の頭として村上天皇の信頼も厚かったが、優れた人物をきちんと見極められなくて天皇の怒りを買い、蟄居を命じられてしまった。
b　御倉の小舎人は、蔵人所の雑色の家を探し当てたのだが、家主の娘の夫である雑色に蔵人の任命について正しい情報を伝えられず、家主を怒らせてしまった。
c　家主も蔵人所の雑色も、蔵人に任命された喜びのあまり、親しい縁者を大勢集めて盛大に披露のための宴を催し、客からご祝儀をもらった。
d　藤原雅材はその才を村上天皇に見いだされたが、蔵人に任命され出仕する際、困窮した状態に置かれたので、いろいろと立派な衣服を賜ることとなった。

e　藤原雅材は、中国の故事になぞらえ自分の才をひそかに自負していたので、いつか必ず天皇に詩文の才能を認められて出仕する日がくるとじっと我慢していた。

（☆☆☆◎◎◎）

【四】次の漢文を読んで、以下の問いに答えなさい。ただし、設問の都合上、文字を改め、送り仮名・返り点を省いた箇所がある。

子列子窮ス。容貌ニ有リ二飢色一。客ニ有リ下言フ二之ヲ於鄭《てい》ノ子陽ニ一者上。曰ク、

「列御寇ハ①蓋有道之士也。居リテ二君之國ニ一而窮ス。君無カラン二乃チ爲スレ不レ好マレ士ヲ乎ト。」②鄭子陽卽令官遺之粟。

子列子見二使者ヲ一、③再拜而辭。使者去ル。子列子入ル。其ノ妻望ンデレ之ヲ而拊《う》チテレ心《むね》ヲ曰ク、「妾聞ク、爲レバ二有道者之妻子ト一、皆得ト二佚《いっ》樂《らく》ヲ一。今ハ有リ二飢色一。④君過而遺先生食、先生不レ受ケ。⑤豈不命邪。」

子列子笑ヒテ謂ヒテレ之ニ曰ク、「［A］ハ非ザル二自ラ知ルレニ［B］ヲ也。以テシテ二人之言ヲ一

而遺《おく》ル二我ニ粟一ヲ。至ツテ二其ノ罪レスルニ我ヲ也、又且ニレ以テセント二人之言一ヲ。此レ吾ノ

所二-以不ルレ受ケ也ト。」

其レ⑥卒民果タシテ作《おこ》シテレ難ヲ而殺セリ二子陽一ヲ。

（『荘子』譲王第二十八による）

子列子＝列子にさらに子を加えて尊崇の意を示した呼称。
鄭子陽＝鄭の宰相。鄭は春秋時代の国。
粟＝穀物。

1　傍線部①「蓋」、⑥「卒」の読みとして最も適切なものを、以下のａ～ｅの中からそれぞれ一つ選びなさい。

①「蓋」
ａ　がいして　ｂ　すなはち　ｃ　そもそも　ｄ　けだし　ｅ　いはゆる

⑥「卒」
ａ　ことごとく　ｂ　すべての　ｃ　つひに　ｄ　やはり　ｅ　さいごは

2　文章中の［Ａ］および［Ｂ］に入る語句の組み合わせとして最も適切なものを、次のａ～ｅの中から一つ選びなさい。

ａ　Ａ…官　Ｂ…客
ｂ　Ａ…妾　Ｂ…民

c　A…子　B…客
d　A…皆　B…子
e　A…君　B…我

3　傍線部②「鄭子陽卽令官遺之粟」の書き下し文として最も適切なものを、次のa～eの中から一つ選びなさい。

a　鄭子陽卽ち官をして之に粟を遺らしむ
b　鄭子陽卽ち官を遺はし之に粟せんとす
c　鄭子陽卽ち官に之の粟を遺らしむ
d　鄭子陽卽ち官を遺はし之の粟をあたへしめん
e　鄭子陽卽ち官に之の粟を遺らしめんとす

4　傍線部③「再拜而辭」の解釈として最も適切なものを、次のa～eの中から一つ選びなさい。

a　二度も依頼をされたが結局断った。　b　丁寧な礼を尽くして辞退した。
c　二度も命を受けたので謹んで拝聴した。　d　丁寧な応対をして辞去した。
e　何度もお願いをして帰ってもらった。

5　傍線部④「君過而遺先生食」の「過」はどのような意味で用いられているか。最も適切なものを、次のa～eの中から一つ選びなさい。

a　自分の過失を認める　b　過分なものを提供する　c　能力以上の評価をする
d　優れた人材を登用する　e　気がつかず見過ごす

6　傍線部⑤「豈不命邪」と述べられている理由として最も適切なものを、次のa～eの中から一つ選びなさい。

a　鄭の子陽は一国の宰相まで務める人物であるのに、最初から子列子の人柄を評価しようとしなかったから。

b　時流を読んで適切な行動をしていかないと、命などいくつあっても足りないのに、子列子はそれがわかっていないから。

c　鄭の子陽からせっかく認めてもらう絶好の機会だったのに、子列子がためらっているうちに、その機会を失ったから。

d　鄭の国の政治に参画するせっかくの機会を逃してしまったのに、子列子が使者に対してゆとりを持った対応をしているから。

e　道を体得した人の妻や子であれば、みんな安楽に暮していけると聞いていたのに、実際は困窮した生活をしているから。

7　本文の内容に合致するものとして最も適切なものを、次のa～eの中から一つ選びなさい。

a　子列子は賢人であるにもかかわらず、政治の実権をとる鄭の子陽が列子を礼遇しないのは何故なのかと民衆に批判されたので、子陽は非を認めて列子に謝罪した。

b　列御寇は有道の士であり、その名声はあたりに鳴り響いていたので、列御寇を鄭の国の宰相に登用すべきであると遊説者が子陽に進言した。

c　子列子の妻は夫の振る舞いを批判し、鄭の宰相である子陽の心遣いに感謝すべきと諭したが、列子は妻の考えは浅薄であると一笑に付した。

d　子列子は、他者の言動に判断を左右される人は、自分に罪を問う場合でもきっと同じような振る舞いをするだろうと宰相たる者のあり方を問題にした。

e　鄭の子陽は一国の政治を預かる宰相の身でありながら、人材の登用に難があり他者の言説を受け入れなかったので、結果的に民衆の反乱を招き殺されてしまった。

（☆☆☆◎◎◎）

【五】次の1～5の問いに答えなさい。

1　故事成語とその説明として適切でないものを、次のa～eの中から一つ選びなさい。

a　鼓腹撃壌　→昔、尭帝が民情視察に出かけたとき、老人が腹鼓を打ち、地面を踏み鳴らして歌い、帝の恩徳に気づかないほど平和な暮らしをしていたという故事から、天下が良く治まって、人民が平和な生活を楽しむさま。

b　宋襄の仁　→春秋時代、宋の襄公が楚と戦ったとき、敵の準備が整わないうちに攻撃しようという進言を取り上げなかったため、結局破れてしまったという故事から、無益の情けのこと。

c　舟に刻みて剣を求む　→舟を切り刻んでその中から剣を探し出すという姿勢より、あり得ないことについて見通しもないのに必死になる非計画性のこと。

d　蟷螂の斧　→蟷螂が前足を振り上げて車輪に立ち向かっていく姿から、自分の実力も考えずに強敵に立ち向かっていくこと。身の程知らずの無謀さ。

e　病膏肓に入る　→春秋時代、晋の景公が重病となり、秦の名医に治療を頼んだところ、病魔が恐れて針や薬の届かない膏肓に逃げ込んだという故事から、不治の病にかかること。

2　次の説明に該当する作品として適切なものを、以下のa～eの中から一つ選びなさい。

平安時代中期から後期にかけて成立した、最初の仮名文による歴史物語。三十巻の正編と十巻の続編から成り、正史である六国史の最後『三代実録』の後を継ぐ形で、宇多天皇即位から堀河天皇に至る十五代、約二百年に及ぶ貴族社会の歴史を宮廷史として編年体で記した。全編を通して藤原道長をたたえる点に重きが置かれている。

a　将門記　b　増鏡　c　栄花物語　d　大鏡　e　水鏡

3　次の説明に該当する作家として適切なものを、以下のa～eの中から一つ選びなさい。

秋田県生まれのプロレタリア作家。没落した農家に生まれ、一家で北海道に移住したのち、苦学の末に小樽高等商業学校を出て銀行に勤める。十代から雑誌に小説を投稿していたが、左翼思想に出会ってから労働運動に関わるようになり、小説を次々と発表した。特に、昭和四年に発表された『蟹工船』は有名であり、北洋で操業する蟹工船の労働者が、非人間的な扱いに抵抗して連帯する内容は、国際的にも高く評価された。

a　徳永直　b　小林多喜二　c　葉山嘉樹　d　中野重治　e　黒島伝治

4　説話文学作品に関する説明として誤っているものを、次のa～eの中から一つ選びなさい。

a　『沙石集』は、鎌倉時代中期、一二八三年に成立した。編者は、無住である。仏教説話集であるが、それまでの説話編者が取材しなかった、尾張や関東、東海道など、独自に取材した地方の説話が多い。中世社会の庶民、地方の様子が記されている。

b　『十訓抄』は、鎌倉時代中期、一二五二年に成立した。編者は未詳であるが、六波羅二臈左衛門入道との説もある。十の教訓に基づき、規範とすべき説話を集めたもの。啓蒙・教化の意図が強く、日常での生き方を平易に説く実用的・教養的性格をもつ。

c　『発心集』は、鎌倉時代初期、一二一二年以降の成立と推定される。編者は鴨長明である。高僧から無名の出家者まで、さまざまな出家・遁世・往生譚が収められた仏教説話集であるが、奇跡や霊験をただ感嘆をもって語るのではなく、出家・往生に伴う生々しい「心」の問題を扱うことに主眼が置かれている。

d 『今昔物語集』は、平安時代後期、一一二〇年以降に成立した。編者は未詳である。日本の世俗説話集であり、百九十七話中、百四十八話が「(これも今は昔」で始まる。各話はその内容によって「仏教説話」、「仏教・世俗混合説話」、「世俗説話」の三種類に大別できる。

e 『古今著聞集』は、鎌倉時代中期、一二五四年に成立した。編者は橘成季である。七百余りの説話が内容によって分類され、さらにそれぞれが時代順に配列されている。王朝時代を懐古しようとする一方、鎌倉時代の卑俗な内容の説話も含む。

5 明治時代の文学の流れに関する説明として誤っているものを、次のa～eの中から一つ選びなさい。

a 明治初年ごろの小説界では、仮名垣魯文の『当世書生気質』などが文明開化の世相を描き出したことに加え、自由民権運動の高まりから政治小説も多く発表された。矢野龍渓の『安愚楽鍋』、東海散士の『佳人之奇遇』などが有名である。

b 二葉亭四迷は写実主義の立場から『浮雲』を書き、ドイツ留学から帰国した森鷗外は『舞姫』を著して、当時の知識人の苦悩を描き出した。また、二葉亭四迷は『浮雲』や『あひびき』などで言文一致体を試み、後の文学者に大きな影響を与えた。

c 明治二十年代には、硯友社の尾崎紅葉が登場し、晩年に発表した『金色夜叉』は男女の愛を通俗的な立場から描きベストセラーとなった。幸田露伴は『五重塔』などで東洋的な理想主義を示して紅葉と並び称され、紅露時代を築いた。

d 徳冨蘆花と国木田独歩は、ともにキリスト教の影響を受け、徳富蘇峰の主宰した民友社から作家として出発した。蘆花は『自然と人生』で、独歩は『武蔵野』で人間と自然の関わりをとらえた。

e 明治三十九年に発表された島崎藤村の『破戒』は、日本における自然主義文学の最初の作品であった。

その翌年に発表された田山花袋の『蒲団』は、自らの女弟子に対する恋心を赤裸々に告白した作品で、日本の自然主義の方向を決定づけた。

（☆☆☆◎◎◎）

【中学校】

【一】次の1・2の問いに答えなさい。

1　次の(1)と(2)は、平成二十九年三月告示の中学校学習指導要領国語における「第2　各学年の目標及び内容」の第1学年及び第3学年の「1　目標」に示されている事柄である。［ア］・［イ］に該当するものを、以下のa～eの中からそれぞれ一つ選びなさい。

(1)　社会生活に必要な国語の知識や技能を身に付けるとともに、［ア］ことができるようにする。

a　言葉による見方・考え方を働かせ、その特質を理解する
b　言語感覚を豊かにして国語を尊重する態度を養う
c　自分の思いや考えを広げたり深めたりする
d　我が国の言語文化に親しんだり理解したりする
e　言語活動を通して、論理的に考える力や想像力を養う

(2)　言葉がもつ価値を認識するとともに、読書を通して自己を向上させ、我が国の言語文化に関わり、［イ］。

a　思いや考えを伝え合おうとする態度を養う
b　論理的に考える力や共感したり豊かに想像したりする力を養う
c　互いの立場や考えを尊重して話し合うことができるようにする

d　国語を尊重してその能力の向上を図ることができるようにする
e　実社会への生かし方を考えようとする態度を養う

2　次の(1)～(3)は、『中学校学習指導要領解説　国語編』(平成二十九年七月)に示されている「内容」に関する問題である。それぞれの問いに答えなさい。

(1)　次の文章は、第3学年の内容　1〔知識及び技能〕(1)　言葉の特徴や使い方に関する事項「語彙」に関する解説の一部である。文章中の［ウ］に該当するものを、以下のa～eの中から一つ選びなさい。

和語、漢語、外来語の中の和語とは古くから日本で使われてきた語を、漢語とは漢字の音を使った語を、外来語とは中国語以外の外国語から日本語に入ってきた語を指す。話や文章で表現する際に、［ウ］などして、微妙な言葉の違いについて知り、語感を磨くことが重要である。

a　語句の由来に注意して和語、漢語、外来語の使い分けを考える
b　国際的な視野に立って和語、漢語、外来語を適切に使う
c　機を捉えて和語、漢語、外来語の使い分けを考える
d　学習の目的に合わせて和語、漢語、外来語を適切に使う
e　既習内容を踏まえて和語、漢語、外来語の使い分けを考える

(2)　次の文章は、第2学年の内容　2〔思考力、判断力、表現力等〕A　話すこと・聞くことの「話題の設定、情報の収集、内容の検討」に関する解説の一部である。文章中の［エ］に該当するものを、以下のa～eの中から一つ選びなさい。

異なる立場や考えを想定するとは、自分とは異なる立場や考えの聞き手がいることを踏まえ、［エ］ことである。社会生活の中の出来事や事象は、様々な価値観や文化を背景にしており、自分の考えを伝

える際には、異なる立場や考えをもつ聞き手の存在を意識することが重要である。
a　聞き手から反論されたり意見を求められたりすることを具体的に予想する
b　どのような状況で話したり聞いたり話し合ったりするのかを具体的に考える
c　聞き手との信頼性などを確認しながら伝え合う内容を分かりやすく示す
d　状況に応じて言葉を選び、自分の考えが分かりやすく伝わる話し方を工夫する
e　設定した話題や検討した内容が、それらに合っているかどうかを判断する

(3)　次の文章は、第1学年の内容　2〔思考力、判断力、表現力等〕B　書くことの「構成の検討」に関する解説の一部である。文章中の［オ］に該当するものを、以下のa～eの中から一つ選びなさい。

小学校第3学年及び第4学年のイの「書く内容の中心を明確に」すること、第5学年及び第6学年のイを受けて、書く内容の中心が明確になるように、文章の構成や展開を考えることを示している。第1学年では、［オ］ことに重点を置いている。
書く内容の中心が明確になるようにするには、内容の中心としたい事柄が際立つように構成や展開を考える必要がある。このことによって、それに付随する事柄も整理される。

a　根拠の適切さを考える　　b　伝えたいことを明確にする　　c　事実と意見を区別する
d　表現の仕方を工夫する　　e　段落の役割などを意識する

（☆☆☆◎◎◎）

【高等学校】

【一】次の1・2の問いに答えなさい。
1　次の(1)と(2)は、平成三十年三月告示の高等学校学習指導要領国語における「第1款　目標」に示されてい

る事柄である。[ア]と[イ]に該当するものを、以下のa～eの中からそれぞれ一つ選びなさい。

(1) 生涯にわたる社会生活に必要な国語について、その特質を理解し[ア]ことができるようにする。

a 効果的に表現する　b 適切に使う　c 深く学ぶ　d 論理的に述べる

e 主体的に活用する

(2) 生涯にわたる社会生活における[イ]を伸ばす。

a 他者との関わりの中で理解し合う力を高め、思考力や想像力

b 他者との関わりの中で伝え合う力を高め、理解力や表現力

c 他者との関わりの中で学び合う力を高め、思考力や想像力

d 他者との関わりの中で伝え合う力を高め、思考力や想像力

e 他者との関わりの中で学び合う力を高め、思考力や表現力

2 次の(1)～(3)は、『高等学校学習指導要領解説　国語編』(平成三十年七月)における「第1章　総説」の「第4節　国語科の内容」と「第5節　国語科の科目編成」に関する問題である。それぞれの問いに答えなさい。ただし、(1)と(2)は「第4節　国語科の内容」、(3)は「第5節　国語科の科目編成」に示されている事柄である。

(1) 次の文は、「2〔知識及び技能〕の内容」(3)我が国の言語文化に関する事項の「言葉の由来や変化、多様性」に関する解説の一部である。文中の[ウ]に該当するものを、以下のa～eの中から一つ選びなさい。

今回の改訂では、中学校書写との接続を意識して、共通必履修科目「言語文化」において、[ウ]について理解を深めることを新設している。

a　文字の変化　b　言葉の変化　c　文体の変化　d　地域文化の多様性
e　文字文化の特徴

(2)　次の文は、「3〔思考力、判断力、表現力等〕の内容」の「B　書くこと」の「題材の設定、情報の収集、内容の検討」に関する解説の一部である。文中の［エ］に該当するものを、以下のa～eの中から一つ選びなさい。

「題材の設定」については、「現代の国語」では、実社会の中から、「言語文化」では、自分の知識や体験の中から、「論理国語」では、［エ］について、「文学国語」では、文学的な文章を書くために、「国語表現」では、実社会の問題や自分に関わる事柄の中から集めることを示し、発達の段階や科目の性格に応じて題材を決める範囲を広げている。

a　日常の言語生活と結び付いた事物
b　学術的な学習の基盤となる事実や事象
c　自分の思いや考えを伝えるために必要な情報
d　社会的な話題に対する多様な考え方や異なる価値観
e　実社会や学術的な学習の基礎に関する事柄

(3)　次の文章は、「1　科目の編成」に関する解説の一部である。文章中の［オ］に該当するものを、以下のa～eの中から一つ選びなさい。

「現代の国語」は、［オ］科目として、〔知識及び技能〕における「(1)言葉の特徴や使い方に関する事項」、「(2)情報の扱い方に関する事項」、「(3)我が国の言語文化に関する事項」、〔思考力、判断力、表現力等〕における「A　話すこと・聞くこと」、「B　書くこと」、「C　読むこと」の領域から内容を構成した科目である。

「言語文化」は、上代から近現代に受け継がれてきた我が国の言語文化への理解を深める科目として、〔知識及び技能〕における「(1)言葉の特徴や使い方に関する事項」、「(2)我が国の言語文化に関する事項」、〔思考力、判断力、表現力等〕における「A　書くこと」、「B　読むこと」の領域から内容を構成した科目である。

a　実社会における我が国の伝統的な言語文化への理解を深める
b　実社会において必要となる感性・情緒をはぐくむことを重視する
c　実社会において求められる総合的な言語能力を育成する
d　実社会における国語による諸活動に必要な資質・能力を育成する
e　実社会において必要となる論理的・批判的能力の育成を重視した

(☆☆☆◎◎◎)

解答・解説

【中高共通】

【一】 1 (1) e (2) d (3) a (4) d 2 (1) e (2) d 3 (1) c (2) b 4 (1) b (2) e

〈解説〉1 (1) 問題は「兼行」であり、a「倹約」、b「牽制」、c「喧伝」、d「建白」、e「兼任」である。(2) 問題は「荘厳」であり、a「総務」、b「相好」、c「草書」、d「別荘」、e「乾燥」である。(3) 問題は「奇襲」であり、a「襲名」、b「領袖」、c「修辞」、d「就任」、e「有終」である。(4) 問題は「規格」であり、a「軌道」、b「記紀」、c「皆既」、d「規則」、e「季語」である。2 (1)「批准」の読みは「ひじゅん」である。(2)「毀」の左上は「臼」ではなく「臼」だという点に注意する。「毀(キ)」は「こわす・こわれる」「やぶる・やぶれる」などの意味をもち、「毀損」「毀壊」などの熟語がある。3 (1)「自家撞着」の意味は、「同じ人の言動や文章に食い違いがあること」。「自家」とは「自分自身」。「撞着」は、「突き当たること」。(2)「尻をまくる」の意味は、「居直って反抗的な態度をとること」。4 (1) dの「よう」は推定の意を表すが、これは助動詞「ようだ」の一部である。(2) 副助詞の「さえ」の用法には、類推、限定、添加などがある。a～cは限定、dは添加の用法である。

【二】 1 a 2 c 3 e 4 b 5 c 6 e 7 d 8 b 9 c 10 b 11 c

〈解説〉1 具体例が表すところを問う問題。傍線部①の前に「目的によって道具を使い分けるのはあたりまえだ」とある。 2 空欄は「たとえば」に続く、具体例が列挙される箇所にある。並列される具体例を結ぶのにふさわしい接続詞を選べばよい。 3 eの「オプティミズム」は「楽天主義。楽観論。」という意味。この対義語は「ペシミズム」である。 4 傍線部④の内容は前の「すなわち」に続く箇所である。この接続詞の前の内容に着目したい。筆者は、論理性をリアリティーに対してではなく、リアリティーに対処する仕方に対して見出している。 5 「真理」も「世論」も、上の字が下の字を修飾している。 6 傍線部⑥の前の段落で「論理の非リアリズム」が詳述されている。冒頭から二文目の「論理学はリアリティーについての学問ではなく、わたしたちとリアリティーのあいだの関係についての学問だというのである」という転換を押さえ、各選択肢を確認する。 7 「おかどちがい」は、「見当ちがい」という意味。「御門違い」と表記し、訪ねる家を間違えることからいう。 8 具体例が表すところを捉えなければならない。「ノコギリもコンニャクも～、人間とは独立のリアリティーに存在する樫の木への関わり方に大きなちがいがある」という箇所に着目し、さらに一般化する必要がある。 9 人間の自由になるものと、ならないものがあるのである。この自由にならないものは何に依存しているかを捉える必要がある。空欄⑨の後の「切るという目的にかんがみて樫の木の性質に見合ったデザインによって作られなければ、ノコギリは道具として有用ではありえない」という箇所に着目する。 10 本文の大きな特徴は具体例が豊富なことである。また論理展開は直線的であり、aのような結論の再確認は見られない。 11 本文の末尾で示されているように、筆者の主張の主眼は、論理の道具説から、論理のリアリズムが導き出されることである。論理の有用性に、対象のリアリティーが制約を加える点をおさえなければならない。

【三】 1 ① e ② a 2 e 3 b 4 d 5 c 6 c 7 b 8 b 9 d

〈解説〉1　「年頃」は「これまでの長年の間」、「年来」という意味で、現代語とは意味が異なり注意が必要である。　2　「いとほしみ」は、愛情や同情を意味する語である。　3　「ことわり申す限りなくて」の「ことわり」は「弁解すること」を意味している。村上天皇から「なぜ文才のある藤原雅材を蔵人に推挙しなかったのか」という批判を大納言延光が受けている場面なので、それに対する弁解を申し上げるのは、大納言延光になる。つまり、村上天皇直々にこのような内達を示され、臣下としてはそれにとやかく言う暇もなく、その通り藤原雅材を蔵人に補任することになるわけである。したがって、bの「大納言延光が天皇に弁解を申し上げるときもな」く、藤原雅材は蔵人になったのである。「申す」という謙譲語からも、動作の主体は村上天皇ではなく、大納言延光だとわかる。　4　「せ給ふ」の形では、「せ」は使役、ないしは尊敬の意を表すことが考えられる。ここは、家主の娘婿である雑色が、自分が蔵人になると勘違いしたので、小舎人がそれを訂正した場面である。本来、蔵人になる雅材に対して尊敬表現が用いられていると見るべきである。　5　傍線部⑥は、直前に「恥ぢがましくなりて」とあるように、恥ずかしい内容を指している。そして直後に夫(雅材)を追い出したとあるように、雑色と家主はそれが雅材に原因があると考えているのである。　6　「雲の上」とは、宮中、内裏、あるいはそこにいる者を指す表現である。　7　雅材を蔵人に任命することができなかった事態に対して、村上天皇が述べた言葉である。同情の意味を表す「いとほし」が適切である。　8　傍線部⑧の二文後の「その心は」以下で詩の内容が詳述されている。雅材の境遇と詩の内容が合致している点に注意する。　9　dの内容は、傍線部⑧の直前の内容に合致する。またeの雅材が「自分の才をひそかに自負し」「じっと我慢していた」という内容は、「徒に老いにたり」という詩の内容と食い違う。

【四】1　①　d　⑥　c　2　e　3　a　4　b　5　a　6　e　7　d

〈解説〉1　①　「蓋」は「けだ(し)」と読み、推量の意を表す。　⑥　「卒」には動詞と副詞がある。ここでは直後に「作」「殺」という動詞があるので副詞になり、読みは「つひ(に)」となる。 2 空欄A・Bを含む部分は、自分の妻の発言を受けて子列子がそれに答える場面である。空欄A・Bを含む文の直後の一文に、人の言葉に従って、私に穀物を送ったにすぎないとある。つまりここでは、君(鄭の子陽)の言動について述べているのである。 3 「令二AB一」は、「AをしてB(せ)しむ」と読み、使役の意味を表す。ここは、「客」の言を容れた鄭の子陽が、役人をして穀物を贈らせたという意味になる。 4 「再拜」(再拝)とは、二度おじぎをすることで、敬意や謝意などの深いことを表すしぐさである。この後に続く部分で、子列子の妻が、夫を恨んで非難する場面が出て来るが、そこを踏まえれば「辞」の意味は、鄭の子陽の申し出を断る(辞退する)となる。 5 「君過ちとして先生に食を遺るも」と書き下し、「君(鄭の子陽)が自分の過ちを反省して、先生(子列子)に穀物を贈ったのに」という意味になる。 6 「豈(あ)に不命(ふめい)なるや」と書き下す。「豈」は反語の意を表し「(私は)何と不運なことでしょう」という意味になる。傍線部⑤の前の「爲有道者之妻子、皆得佚樂」に示されている内容がそれに当たる。にもかかわらず「今有飢色」というのである。食料を固辞し貧しい生活を続けることに疑念を呈しているのである。 7 dの内容は、本文末尾近くの子列子の発言内容に合致する。自分に利益があろうが、他人の言葉に左右される鄭の子陽の姿勢を問題視している。

【五】1 c 2 c 3 b 4 d 5 a

〈解説〉1 「舟に刻みて剣を求む」とは、時勢が移り変わっていることを知らずに、かたくなに旧を守ることのたとえである。川を渡る途中、舟から剣を落としてしまった楚の人が、あとで捜すための目印として舟のへりに傷をつけ、やがて舟が向こう岸に着くと、傷をつけた所から水に入って剣を捜したという故事による。

2 『栄花物語』と同様に『大鏡』も藤原道長を描いているが、こちらは藤原全盛期を批判的に叙述している。

3 選択肢の作家はいずれもプロレタリア作家である。各代表作は以下の通り。a 『太陽のない街』。

c『海に生くる人々』。d『村の家』『歌のわかれ』。e『渦巻ける烏の群』。4 dの『今昔物語集』は内容を「天竺」「震旦」「本朝」の三部に大別している。5 aの説明では、作者名に誤りがある。『当世書生気質』は坪内逍遙の作、『安愚楽鍋』は仮名垣魯文の作である。

【中学校】

【一】1 (1) d (2) a 2 (1) c (2) a (3) e

〈解説〉1 (1) 各学年の(1)の「知識及び技能」に関する目標で、各学年共通である。(2) 第3学年の(3)の「学びに向かう力、人間性等」に関する目標である。各学年・各項目の間の有機的なつながりを意識することが大切である。2 (1) 言葉の特徴や使い方に関する指導事項のイでは、「理解したり表現したりするために必要な語句の量を増し、慣用句や四字熟語などについて理解を深め、話や文章の中で使うとともに、和語、漢語、外来語などを使い分けることを通して、語感を磨き語彙を豊かにすること。」と示されている。学習指導要領の「内容」は、項目ごとに学年が上がるにつれて漸次高度な内容が付け加わる構成となっている。学年ごとの説明の違いを意識しておきたい。(2)「話すこと・聞くこと」の指導事項の「話題の設定、情報の収集、内容の検討」の第2学年「ア 目的や場面に応じて、社会生活の中から話題を決め、異なる立場や考えを想定しながら集めた材料を整理し、伝え合う内容を検討すること。」についての解説である。

【高等学校】

【一】1 (1) b (2) d 2 (1) a (2) e (3) d

〈解説〉1 高等学校国語科の目標は、小学校・中学校の目標を受けたものである。それらとの内容の違いを押さえておく必要がある。例えば、高等学校の目標における「生涯にわたる社会生活」という記述は、小学校目標の「日常生活」、中学校目標の「社会生活」が発展したものである。(1)のアに該当する文言は、小学校・中学校・高等学校に共通する文言である。(2)のイに該当する文言の一部である「他者」は、小学校・中学校では「人」と示されている。

2　高等学校国語科の学習指導要領では、六つの科目の違いを把握しそれぞれの特徴を理解しておくことが大切である。共通必履修科目は「現代の国語」、「言語文化」で、選択科目は「論理国語」、「文学国語」、「国語表現」、「古典探究」である。(1)「言語文化」は、上代から近現代に受け継がれてきた我が国の言語文化への理解を深める科目として新設された。「言語文化」では、「我が国の言語文化に関する事項」の「言葉の由来や変化、多様性」に関して、時間の経過や地域の文化的特徴による文字や言葉の変化について理解を深めることが示されている。中学校学習指導要領の中学書写で、我が国の伝統的な文字文化を継承し、これからの社会に役立つ様々な文字文化に関する「知識及び技能」について理解し、文字を効果的に書くことができる力を育成することが示されており、「言語文化」では、それを受けている。(2)「論理国語」は、主として「思考力・判断力・表現力等」の創造的・論理的思考の側面の力を育成するため、実社会において必要となる、論理的に書いたり批判的に読んだりする力の育成を重視した科目として新設された。

二〇二一年度　実施問題

【中高共通】

【一】次の1～5の問いに答えなさい。

1　次の(1)～(4)の傍線部の漢字と同じ漢字を含むものを、次のa～eの中からそれぞれ一つ選びなさい。

(1)　十年ぶりに訪れた故郷はすっかり昔とは変わっていて、隔世のカンを禁じ得なかった。

a　大事な会議で初歩的な読み間違いをし、カンガンの至りだった。
b　この地区では、祭りの最後に餅まきをするのがカンシュウとなっている。
c　正月の休みで、鮮魚市場もすっかりカンサンとしている。
d　自らが決断したことならば、失敗してもカンジュしなければならない。
e　英語の得意な友人にカンカされて、来月から英会話を習うことになった。

(2)　センキョウシとして異国に赴く。

a　以前、長野で冬季五輪の開会がセンゲンされたことがあった。
b　最終まで残ったものの、代表メンバーのセンに漏れてしまった。
c　社長にセンケンの明があったため、会社が大きく発展した。
d　状況が思わしくないため、センセンを縮小し防御に徹する。
e　何年もかけて開発した製品で、ようやくセンバイ特許がとれた。

(3)　この言葉をコウギに解釈すると、その事象もあてはまるようだ。

a　彼のためには、これまでも何かとベンギを図ってきた。
b　昨日、おごそかに姉の結婚のギが執り行われた。
c　総会で、ギチョウが開会の挨拶を行った。
d　社会人としてのギムは、きちんと果たすべきだ。
e　大事な場面でギダを打って、走者を進塁させる。

(4)　彼は大きな成功を収めたことによってグウゾウ化された。
a　転職したら、前の会社よりもタイグウが良くなった。
b　イギリス行きの飛行機で、グウゼン、彼と一緒になった。
c　新年に皇居に参賀に赴き、トウグウ御所も見てきた。
d　そのグウワには、生きる上で大切な教訓が含まれている。
e　私の座右の銘は、イチグウを照らすという言葉だ。

2　次の(1)・(2)の問いに答えなさい。
(1)　読み方の間違っている熟語を、次のa～eの中から一つ選びなさい。
a　頒布《はんぷ》　b　正鵠《せいこく》　c　邂逅《かいこう》　d　妄執《もうしつ》　e　収斂《しゅうれん》
(2)　「考」という字を構成する部首「耂」の名称として正しいものを、次のa～eの中から一つ選びなさい。
a　ひとあし　b　あみがしら　c　おいかんむり　d　かくしがまえ　e　ふしづくり

3　次の(1)～(3)の問いに答えなさい。
(1)　四字熟語とその意味の組み合わせとして適切でないものを、次のa～eの中から一つ選びなさい。
a　一衣帯水　→　一本の川が帯のように続くように、とても長い時間が経過すること。

b　偕老同穴　→　生きては共に老い、死んでは同じ穴に葬られることから、夫婦の仲が良いこと。
c　剛毅朴訥　→　意志が強く、素朴で言葉に飾り気がないこと。
d　有為転変　→　世の中の移り変わりが激しく、万物が変化してやまないこと。
e　荒唐無稽　→　現実離れしていて、根も葉もないでたらめなこと。

(2)　慣用句の使い方として適切でないものを、次のa～eの中から一つ選びなさい。

a　専務は、社長になるチャンスを爪を研いで待ち構えている。
b　あまりに高額の買い物をしてしまったため、借金で首が回らない。
c　普段からあまり親しくないので、彼には気が置けない。
d　あれだけ一生懸命働いたのに、雀の涙ほどの退職金しか出なかった。
e　会議で誰も発言しなかったので、まず私が口を切った。

(3)　故事成語とその説明の組み合わせとして適切でないものを、次のa～eの中から一つ選びなさい。

a　曲学阿世　→　真理を曲げて、権力者にこびたり、世間にへつらったりして人気をとろうとすること。
b　燕雀安くんぞ鴻鵠の志を知らんや　→　小人物には、大人物の遠大な心はわかるものではないということ。
c　蛍雪の功　→　蛍の光や雪明かりを灯火の代わりにするような苦労のもと学問をし、立派になること。
d　青は藍より出でて藍より青し　→　弟子が師匠よりも優れることのたとえ。
e　屋下に屋を架す　→　屋根の下にもう一つ屋根を作るような、慎重にも慎重を期すことのたとえ。

4　次の(1)・(2)の問いに答えなさい。

(1)　次にあげる文に含まれる活用した「れる・られる」について、自発の意味であるものを、次のa～eの中から一つ選びなさい。

a　年配の方が自転車に乗って、よく買い物に来られる。

b　故郷で一人暮らしをしている母のことが案じられる。

c　小さいころ、よく祖母にその土地に伝わる昔話を聞かされた。

d　クラスのみんなの信頼が得られれば、文化祭は成功したも同然だ。

e　彼のような実直な人が言う話なら、初めて聞くことでも信じられる。

(2)　次にあげる文に含まれる「から」について、原因・理由の用法で用いられている格助詞であるものを、次のa～eの中から一つ選びなさい。

a　両親は先週から旅行に行っています。

b　雨が降るから体育祭は中止だ。

c　暗くなってきたから家に帰ろう。

d　試験の不安からよく眠れなかった。

e　昨日外国から帰国したばかりです。

5　次の(1)～(4)の問いに答えなさい。

(1)　次の説明に該当する作品名を、あとのa～eの中から一つ選びなさい。

平安時代後期に成立した日記文学で、作者は菅原孝標女。作者の少女時代から約四十年間の人生を回想してつづった女性の内省的な生活記録である。物語にあこがれていた少女が十三歳の時、父の任地上総国を旅立ち、上京するところから晩年に至るまでの内容が語られている。

a　讃岐典侍日記　b　更級日記　c　十六夜日記　d　蜻蛉日記　e　和泉式部日記

(2)　次の説明に該当する歌人名を、あとのa～eの中から一つ選びなさい。
旅と酒と自然を読んだ彷徨の歌人であり、大学卒業と同じ年に出版した第一歌集『海の声』、青春の抒情歌として名高い第三歌集『別離』等が有名である。

a　若山牧水　b　窪田空穂　c　佐々木信綱　d　島木赤彦　e　会津八一

(3)　平安時代の作品に関する説明として誤っているものを、次のa～eの中から一つ選びなさい。
a　『大鏡』は、平安後期、一一〇〇年前後に成立したと考えられる、作者未詳の歴史物語である。藤原氏による摂関政治の裏面史を批判的に描きだした。また「鏡物」の先駆けとして、のちの歴史物語に大きな影響を与えた。
b　『竹取物語』は、平安前期に成立したと考えられる、現存最古の作り物語である。内容は「かぐや姫の生い立ち」、「五人の貴公子の求婚と失敗」、「帝の求婚とかぐや姫の昇天」という三つの部分に分けることができる。
c　『源氏物語』は、平安中期に成立した、紫式部による大長編物語である。「桐壺」の巻から「夢浮橋」の巻に至る五十四帖からなる。日本の古典文学の最高峰とされ、これ以降の古典作品にも大きな影響を与えた。
d　『伊勢物語』は、平安前期に成立したと考えられる、作者未詳の歌物語で、各章段は、散文と和歌からなる。現存する最古の歌物語で、『源氏物語』をはじめとして、中世・近世の演劇・詩歌などにまで影響を与えた。
e　『今昔物語集』は、平安後期に成立した編者未詳の説話集である。収録千余話すべてが「今は昔」で書き起こされている。十項目の徳目を主題に立て、和漢の教訓的説話を各項目の例話として幼少者向けに編成したものである。

(4) 大正時代の文学の流れに関する説明として誤っているものを、次のa～eの中から一つ選びなさい。

a 明治末に創刊された「白樺」からは、武者小路実篤、志賀直哉、有島武郎らが文壇に登場した。武者小路は『お目出たき人』『友情』、志賀は『和解』『暗夜行路』、有島は『カインの末裔』『或る女』などの小説が有名である。

b 自然主義に対立する立場をとる余裕派の文豪として名高い夏目漱石は、大正期には『こころ』『道草』『明暗』などの作品を発表した。一方で、歴史小説を多く発表した森鷗外は、同時期に『山椒大夫』『高瀬舟』などの作品を著した。

c 明治末期から大正初期にかけての詩壇を代表したのは北原白秋と三木露風であるが、彼らのあとを受けて口語自由詩を確立し近代詩を完成させたのが、高村光太郎と萩原朔太郎である。光太郎は『道程』を、朔太郎は『春と修羅』を発表した。

d 大正五年に創刊された第四次「新思潮」によった芥川龍之介、久米正雄、菊池寛らは新思潮派と呼ばれ、理知的な作風を残した。中でも芥川は、古典を素材にした『羅生門』『鼻』『地獄変』『枯野抄』などの優れた短編を多く発表した。

e 大正時代には、プロレタリア文学と新感覚派の文学運動とが展開され、関東大震災後には、横光利一が『日輪』『蠅』を発表した。また、横光とともに「文芸時代」を創刊した川端康成は、『伊豆の踊子』を発表し、清新な感性が注目された。

(☆☆☆◎◎◎)

【二】次の文章を読んで、あとの問いに答えなさい。

哲学は、科学とは異なる知のあり方をしている。古代のアテネでソクラテスがソフィストの知識の妥当性を問い質したように、哲学は既存の知識の再検討を主な任務としている。それは、社会に存在している常識や知識や技術を、人間の根本的な価値に照らし合わせてあらためて検討することである。哲学は社会に既に存在している知識に対して、距離をとって判断する「メタ」の立場をとる。その意味で、哲学はもっとも素朴であると同時に、もっとも高次の視点から世界を捉える学問である。その際に哲学がとるべき視点は、いかなる専門家からでもない、いかなる職業や役割からでもない、ひとりの人間ないし市民からの視点である。哲学という学問がもっとも一般的であり、特定の分野に拘束されないという特徴はここから来ている。

［①］、一九世紀になって哲学が大学の一専門分野として講壇化されてからは、哲学は他の科学と同じく一種の専門科学であろうとしてきた。西洋という文脈で言えば、講壇化は、哲学の専門家を生み出し、彼らが哲学を市民に教育するというスタンスを生み出した。専門家であり教える側であるという大学人としての立場は、哲学者のアイデンティティにすらなっていった。

一八世紀の②啓蒙主義の時代の哲学と、一九世紀以降の現在までの講壇化した哲学の大きな違いは二つあるように思われる。ひとつは、後者が、専門用語を駆使するようになり、難解になり、それ以前の理論についての知識なくしては理解できなくなったことである。古代ギリシャの哲学でも、あるいは、啓蒙時代の哲学、たとえば、ルソーやロック、アダム・スミスでもいいが、平易な日常の言葉で書かれ、ある程度の教養のある人間ならばその内容を理解するのに前もっての知識はいらない。どの哲学者でもその根本的思想をきちんと把握するのは容易ではないとしても、一八世紀の啓蒙主義の哲学者の著作を読むのに事前の知識はいらない。これに対して、一九世紀以降の哲学は、専門化し、それを理解するのには長い専門知識の集積を要求するようになった。二〇世紀の二つの現代哲学の潮流、分析哲学と現象学も同じである。それぞれの潮流の専門用語は特殊な意味を帯び、哲学者の間でもそれを共有できなくなっている。互いに互いの理論的前提が受け入れられずに、学派によって没交渉となる時代が続いた。これは学問としては精緻化を意味するが、哲学という学問の役割を考えたときには、③入ってはならない隘路に踏み込んでしまったのではないだろうか。

もうひとつの違いは対話的な側面の消失である。古代哲学の対話篇についてはいうまでもないだろう。一八世紀までの近代哲学は、対話を内容としている著作がじつに多い。著名な哲学者の著作集の多くに、「対話」あるいは往復の「書簡」と題された作品が含まれている。ルソー、ダランベール、ディドロ、ヴォルテール、ロック、バークリー、ヒューム、ゲーテ、ライプニッツなどをあげれば十分であろう。その書簡の多くは、教養のある一般人との対話である。デカルトのエリザベト王女との書簡集は読み応えのある哲学的な対話である。しかし、一九世紀、とくに二〇世紀以降は、対話や書簡は、完成された哲学論文と比較して二次的で資料的な意味しか持たないと考えられるようになり、ましてや一般人との対話など大学の講義で行えばよい程度の扱いになってしまった。

これは、大学を中心とした近代的な知の編成に、哲学も飲み込まれたことを意味している。しかしこれにより、私たちは④重大な、失うべきではない知的な営みを蔑ろにしてきたのではないだろうか。自然科学の実証主義的な研究手続きが定着するにつれて、真理は専門家だけによって見出され、一般の人にはただ教育されるだけのものになってしまった。理論を検証し反証するという科学的な過程のなかには非専門家が入り込む余地はなく、専門家同士の対話で[⑤]、[⑥]追試過程の一部となるだけである。知の専門化は、対話を無用のものとした。そうした専門知をバックにした政府や行政の振る舞いは、一般人に耳を貸さない問答無用のものとなっていくのは当然であろう。

本書において考察し、復権させたいのは対話とそれによる思考である。対話は全体性を復元する協同作業である。ここでいう全体性とは、各分野に分断される前の知の全体性であり、ただ専門性によってではなく、人間が人間としてつながる全体性である。社会の全体性ということで誤解をしてほしくないのは、それが画一性や均一性を意味しないことである。⑦対話的な全体性とはむしろ個人の差異化を意味する。対話は、独立の存在の間でしか成り立たず、異なった考えの間でしか成り立たない。しかしそれらの独立の存在は、対話というひとつの事業に関与している。これが対話による人間の結びつきの特徴である。対話は、振る舞いを管理し、画一化することなく、人々を共通のテーマによって架橋し共同させる。

荘子による逸話に、目、鼻、耳、口の七孔が無い帝として、渾沌が登場する。他の帝たちが渾沌の恩に報いるため、渾沌の顔に七つの孔をあけたところ、渾沌は死んでしまったという、あの有名な話である。これは、全体的なものに分類的な秩序(目鼻口などの感覚的分類)を無理に与えると、その全体の命が失われることを示唆したものと解釈できるだろう。⑧「科」学は、渾沌に目口を開けてしまったのではないだろうか。⑨哲学における対話の伝統は、渾沌を蘇らせるためのものである。

現代の岐路において、良い方向に私たちの人生と社会を向かわせるには、専門化による分断を、対話によって縫い合わせる必要がある。あらゆる現代の知の中に対話を組み込み、社会の分断と人間と自然の分断を克服しなければならない。こうした根本に交流を有した知こそが、真の意味での教養と呼ばれることになるだろう。

(河野哲也『人は語り続けるとき、考えていない　対話と思考の哲学』による)

1　文章中の ① に当てはまる言葉として最も適切なものを、次のa～eの中から一つ選びなさい。

a　しかしながら　　b　すなわち　　c　このようにして　　d　そのうえ　　e　いずれにしても

2　傍線部②「啓蒙」と同じ組み立てで構成されている熟語を、次のa～eの中から一つ選びなさい。
a　思考　b　鎮火　c　往復　d　切望　e　雷鳴

3　傍線部③「入ってはならない隘路に踏み込んでしまった」とあるが、その内容の説明として最も適切なものを、次のa～eの中から一つ選びなさい。
a　哲学の学派が没交渉となり、専門知識の集積が必要になったということ。
b　哲学が学問として精緻になり、市民からの視点と離れたものになったということ。
c　哲学の学派が没交渉となり、二つの現代哲学の潮流が生み出されたということ。
d　哲学の学派が没交渉となり、教養のある人間が少なくなってしまったということ。
e　哲学が学問として精緻になり、啓蒙主義の理解に専門知識が必要になったということ。

4　傍線部④「重大な、失うべきではない知的な営み」とあるが、その内容の説明として最も適切なものを、次のa～eの中から一つ選びなさい。
a　様々な人の書簡集を読み応えのある哲学的な対話であるとみなすこと。
b　教養のある一般人が著名な哲学者と対話を行っていくということ。
c　一般人が他者との対話を行いながら真理を見出していくということ。
d　自然科学の実証主義的な研究手続きを定着させるということ。
e　一八世紀までの哲学と二〇世紀以降の哲学を区別して考えるということ。

5　文章中の［⑤］・［⑥］に当てはまる言葉の組み合わせとして、最も適切なものを、次のa～eの中から一つ選びなさい。
a　⑤　しか　⑥　せいぜい　b　⑤　さえ　⑥　とうてい　c　⑤　しか　⑥　ようやく

d　⑤　すら　⑥　とうてい　e　⑤　さえ　⑥　せいぜい

6　傍線部⑦「対話的な全体性とはむしろ個人の差異化を意味する」とあるが、その内容の説明として最も適切なものを、次のa～eの中から一つ選びなさい。

a　対話的な全体性は、分断された知に基づいて人間の独立性を確立するものだということ。
b　対話的な全体性は、それぞれの自由な考えを保証することを目的とするものだということ。
c　対話的な全体性は、知の全体性に多様性を生み出すことができるものだということ。
d　対話的な全体性は、異なる見解同士の対話による人間のつながりに基づくものだということ。
e　対話的な全体性は、それぞれの人間が持つテーマから共通性を見出すものだということ。

7　傍線部⑧「『科』学」の文章中における意味として、最も適切なものを、次のa～eの中から一つ選びなさい。

a　世界をまとめていくもの。　b　真理を発見していくもの。　c　対象を区分していくもの。
d　生活を便利にしていくもの。　e　実験で実証していくもの。

8　傍線部⑨「哲学における対話の伝統は、渾沌を蘇らせるためのものである」とあるが、その内容として最も適切なものを、次のa～eの中から一つ選びなさい。

a　古来より続く哲学の対話は、近代の科学によって築き上げられた専門性を取り戻すためにあるということ。
b　古来より続く哲学の対話は、荘子の中で語られている渾沌という人物を再評価するためにあるということ。
c　古来より続く哲学の対話は、渾沌の逸話のように科学が知を分断していることを明らかにするためにあるということ。

d　古来より続く哲学の対話は、分類的な秩序を与えると全体の命が失われてしまうことを示すためにあるということ。

e　古来より続く哲学の対話は、専門化によって生じた人間や社会の様々な分断を克服するためにあるということ。

9　本文の文章構成についての説明として最も適切なものを、次のa～eの中から一つ選びなさい。

a　哲学の知のあり方とその変容について言及してから、現代の哲学の問題点を指摘し、最後に、それを踏まえた筆者の主張を、比喩的な話を交えながら述べている。

b　哲学と科学の関係について詳述し、哲学の本質が対話にあることを述べてから、対話の消失によって起こる社会の問題点と対応方法について説明している。

c　哲学が他の学問と異なる点を述べた後、哲学の優れた特徴が失われる過程を歴史的な流れに沿って説明し、最後に比喩的な話を交えながら、哲学の復権を主張している。

d　哲学に関わる専門性と一般性の問題に言及してから、哲学が難解になった理由を述べ、最後に平易な哲学に戻す方法として、対話の重要性に触れている。

e　哲学のあり方に関わる歴史的な変化を二つの視点から述べた上で、両者の共通点と相違点を詳述し、最後に比喩的な話を交えながら、筆者の主張を述べている。

10　本文の内容に合致するものを、次のa～eの中から一つ選びなさい。

a　哲学の知のあり方と科学の知のあり方は、根本的に相容れないものである。

b　哲学における対話の消失は、近代的な知の編成に巻き込まれたことと関係する。

c　対話によって復元される全体性は、専門性と人間性を結びつけることができる。

d　哲学は、啓蒙主義の時代に、教養のある一般人との対話を通して発展してきた。

e　平易な言葉で説明することが、哲学にとって最も重要なことである。

（☆☆☆◎◎◎）

【三】次の文章は『建礼門院右京大夫集』中の一節で、作者が建礼門院を大原の寂光院にたずねたときの感慨を述べている部分である。これを読んで、あとの問いに答えなさい。

女院、大原におはしますとばかりは聞きまゐらすれど、さるべき人に知られでは参るべきやうもなかりしを、①深き心をしるべにて、②わりなくて尋ねまゐるに、やうやう近づくままに、山道のけしきより、まづ涙は先立ちて言ふ方なきに、御庵のさま、御住まひ、ことがら、すべて目も当てられず。昔の御有様③見まゐらせざらむだに、大方のことがら、いかがことも④なのめならむ。　A　、夢うつつとも言ふ方なし。秋深き山おろし、近き梢に響きあひて、懸樋の水のおとづれ、鹿の声、虫の音、いづくものことなれど、例なき悲しさなり。⑤都ぞ春の錦を裁ち重ねて候ひし人々、六十余人ありしかど、見忘るるさまに衰へはてたる墨染めの姿して、僅かに三四人ばかりぞ候はるる。その人々にも、「さてもや」とばかりぞ、我も人も言ひ出でたりし、むせぶ涙におぼほれて、すべて言も続けられず。

今や夢昔や夢とまよはれていかに思へどうつつとぞなき

B
仰ぎ見し昔の雲の上の月かかる深山の影ぞかなしき

花のにほひ、月の光にたとへても、一方《ひとかた》には飽かざりし御面影、あらぬかとのみたどらるるに、かかる御事を見ながら、何の思ひ出なき都へとて、さればなにとて帰るらむと、⑥うとましく心憂し。

山深くとどめおきつるわが心⑦やがて住むべきしるべとをなれ

（『建礼門院右京大夫集』による）

女院＝建礼門院徳子。平清盛の女で安徳天皇の母。
さるべき人＝女院に縁のある人物。
あらぬかとのみ＝別人ではないかとばかり。

1 傍線部②「わりなくて」、④「なのめならむ」、⑦「やがて」のここでの意味として最も適切なものを、あとのa～eの中からそれぞれ一つ選びなさい。

②「わりなくて」
a 無理に　b ひっそりと　c 我慢して　d 短い時間　e 少しずつ

④「なのめならむ」
a 注意深くしよう　b 再考してほしい　c いい加減に思うだろうか
d 熟慮しているだろうか　e つらく思うに違いない

⑦「やがて」
a そのうちに　b すぐさま　c きっと　d 安心して　e そのまま

2 傍線部①「深き心をしるべにて」の意味として最も適切なものを、次のa～eの中から一つ選びなさい。
a 仏の慈悲の深さだけを私の心のよりどころとして
b 女院を深くお慕い申し上げるわが心をたよりとして
c 私を思ってくださる深いお気持ちをよりどころにして
d 仏に帰依する私の心の深さをたよりとして
e 世をはかなむ女院の隠遁生活をよりどころとして

3　傍線部③「見まゐらせざらむだに」の説明として正しいものを、次のａ～ｅの中から一つ選びなさい。
ａ　動詞＋動詞＋助動詞＋動詞＋副助詞
ｂ　動詞＋補助動詞＋動詞＋助動詞＋接続助詞
ｃ　動詞＋動詞＋助動詞＋接続助詞
ｄ　動詞＋補助動詞＋助動詞＋助動詞＋副助詞
ｅ　動詞＋動詞＋助動詞＋助動詞＋助動詞＋接続助詞

4　空欄部Ａに入る言葉として最も適切なものを、次のａ～ｅの中から一つ選びなさい。
ａ　いかでか　　ｂ　されば　　ｃ　たとへば　　ｄ　されど　　ｅ　まして

5　傍線部⑤「都ぞ春の錦を裁ち重ねて候ひし人々」とは、どのような人々のことか。その説明として最も適切なものを、次のａ～ｅの中から一つ選びなさい。
ａ　安徳天皇のお側近くで、数々のきらびやかな歌を詠んでいた歌人たち
ｂ　女院のお側近くで、美しい着物を着重ねてお仕えし、はべっていた女房たち
ｃ　安徳天皇のお側近くで、美しい自然に囲まれてお仕えしていた侍従たち
ｄ　女院のお側近くで、我が世の春を謳歌していた平家一門の公卿たち
ｅ　安徳天皇のお側近くで、高級な着物を着飾っていた一門の武将たち

6　傍線部⑥「うとましく心憂し」とあるが、作者は何についてこのように述べているのか。その内容として最も適切なものを、次のａ～ｅの中から一つ選びなさい。
ａ　都に帰る自分自身　　ｂ　春の錦に象徴される都　　ｃ　零落した平家一門
ｄ　移ろいゆく景色　　ｅ　盛者必衰というさだめ

7　傍線部Bの和歌「仰ぎ見し昔の雲の上の月かかる深山の影ぞかなしき」における「雲の上」と「月」は比喩表現になっている。これらが例えているものの組み合わせとして最も適切なものを、次のa～eの中から一つ選びなさい。

a　「雲の上」…女院　「月」…女房
b　「雲の上」…安徳天皇　「月」…平家一門
c　「雲の上」…平家一門　「月」…女房
d　「雲の上」…宮中　「月」…女院
e　「雲の上」…安徳天皇　「月」…右京大夫

8　本文の内容に合致するものを、次のa～eの中から一つ選びなさい。

a　作者は、大原の寂光院に住まう建礼門院のわびしい生活を見て、亡き安徳天皇の御霊を弔うだけの女院の日常に、世の中の無常を感じ取っている。
b　作者は、あれほど権勢を誇った平家一門が今は滅びてしまったことを思い出し、盛者必衰のことわりを寂光院の生活と重ね合わせている。
c　作者は、女院の大原での暮らしぶりを見るにつけ、わびしい今が夢なのか、華やかなりし昔が夢なのか、歌を詠み感慨にふけっている。
d　作者は、建礼門院の在りし日を懐かしく思い出しながら、年老いた今はすっかり別人のように容姿が衰えてしまったことを嘆かわしく見ている。
e　作者は、鹿の声や虫の音に囲まれて暮らしている建礼門院の様子を見て、ともに女院に拝謁したお供の女房たちと涙を流して悲しんでいる。

(☆☆☆◎◎◎)

【四】次の文章を読んで、あとの問いに答えなさい。ただし、設問の都合上、訓点を省いた部分がある。

楚王使ム二景鯉ヲシテ如カ一レ秦ニ。客謂ツテ二秦王ニ一曰ク、景鯉ハ、楚王ノ所ナリ二甚ダ愛スル一。王不レ如カ二留メテレ之ヲ以テ市《あきな》ハンニハ一レ地ヲ。楚王聴カバ、則チ不シテレ用ヒレ兵ヲ而得ンレ地ヲ。楚王不レ聴カバ、則チ殺シテ二景鯉ヲ一、①更與不如景鯉者市。是レ②便計也ト。秦王乃チ留ム二景鯉ヲ一。景鯉使メテ三人ヲシテ説カ二秦王ニ一曰ク、臣③見ル下王之權輕ニ二天下一、而地不レ可レ得也。④臣之來リテ使ヒスル也、聞ケリ三［A］皆且ニ二ト割キテレ地ヲ以テ事ヘント一レ［B］ニ。⑤所二以然一者、以テナリ三秦ノ與レ楚爲ルヲ二昆弟ノ國一。今大王留ムレ臣ヲ。是レ示ス二天下ニ無キヲ一レ楚也。齊魏有《ま》タ何ゾ重ンゼン二於孤國ヲ一也。楚知ラバ二秦之孤ナルヲ一、不シテレ與ヘレ地ヲ、而外結ビテレ交ハリヲ以テ圖ラン。則チ⑥社稷必ズ危フカラン。不トレ如レ出サンニハレ臣ヲ。秦王乃チ出スレ之ヲ。

（『戦国策』による）

市＝あきなう。取引をする。

楚・秦・齊・魏＝国名。

1　傍線部①「更與不如景鯉者市」の書き下し文として適切なものを、次のa～eの中から一つ選びなさい。

a　更《さら》に景鯉に與《あた》へざるがごときは市ふ者なり。

b　更《あらた》めて景鯉に如かざる者と市へ。

c　更《か》へつて景鯉に如かざる者に與へ市ふ。

d　更に景鯉と市ふ者には與へざるがごとし。

e　更めて景鯉に與ふる者は市はざるがごとし。

2　傍線部②「便計」の意味として最も適切なものを、次のa～eの中から一つ選びなさい。

a　巧妙なはかりごと　b　素早いはかりごと　c　実行しやすいはかりごと

d　油断させるはかりごと　e　取り入るはかりごと

3　傍線部③「見㆘王之權輕㆓天下㆒、而地不㆖可㆑得也」の解釈として最も適切なものを、次のa～eの中から一つ選びなさい。

a　秦王の権威で天下の諸侯を軽んじすぎると、かえって他国の反乱を招くのではないでしょうか。

b　秦王の権威が天下の諸侯に軽んぜられますので、土地をむやみに望んではならないと思われます。

c　秦王の権威が天下の諸侯に軽んぜられすぎると、秦の領土が他国に奪われるのではないかと思われます。

d　秦王の権威が天下の諸侯に軽んぜられ、恐らくご所望の土地は手に入らないと思われます。
e　秦王の権威で天下の諸侯を軽んじると、割譲されるべき土地すら手に入らなくなるのではないでしょうか。

4　傍線部④「臣」とは誰のことか。最も適切なものを、次のa～eの中から一つ選びなさい。
a　齊や魏の使い　b　景鯉が秦王を説得するように頼んだ人　c　客　d　秦王の側近
e　景鯉

5　空欄部AおよびBに入る国名の組み合わせとして正しいものを、次のa～eの中から一つ選びなさい。
a　A　秦　B　齊魏　b　A　齊魏　B　楚　c　A　齊魏　B　秦
d　A　楚　B　齊魏　e　A　楚　B　秦

6　傍線部⑤「所以然者」に該当する部分は、本文中のどこになるか。該当する部分として正しいものを、次のa～eの中から一つ選びなさい。
a　景鯉楚王所甚愛　b　不用兵而得地　c　秦王乃留景鯉　d　秦與楚爲昆弟國
e　示天下無楚也

7　傍線部⑥「社稷」の意味として最も適切なものを、次のa～eの中から一つ選びなさい。
a　国家　b　臣下の財産　c　国王の権威　d　法律　e　他国との同盟

8　本文の内容に合致するものを、次のa～eの中から一つ選びなさい。
a　秦王は、景鯉が楚王の寵臣であるがゆえに、これを人質として、秦に有利な条件で楚の国と講和を結ぶことができた。
b　楚王は、景鯉を秦に派遣し、楚と同盟をくむことが秦にとって安全であることを説明させ、楚に対する圧力を軽減することに成功した。

c　秦の客は、景鯉は将来、秦に災いをもたらす恐れがあるので、むしろ、その命を奪うことが秦の安泰につながることを上奏した。

d　秦王は、客の上奏と景鯉の言い分とを熟慮し、どちらの説を採ることが秦の将来にとって最も良いかを考えた結果、客の進言に従った。

e　景鯉は、秦が楚を疎かにするようなふるまいを見せれば、秦は孤立し、楚をかえって他国側に走らせ、同盟を結ばせることになりかねないと諭した。

（☆☆☆◎◎◎）

【中学校】

【一】次の1・2の問いに答えなさい。

1　次の(1)と(2)は、平成二十九年三月告示の中学校学習指導要領国語における「第2　各学年の目標及び内容」の第2学年の「1　目標」及び「第3　指導計画の作成と内容の取扱い」に示されている事柄である。［ア］・［イ］に該当するものを、あとのa～eの中からそれぞれ一つ選びなさい。

(1)　論理的に考える力や共感したり想像したりする力を養い、［ア］、自分の思いや考えを広げたり深めたりすることができるようにする。

a　社会生活における多様な考えや価値観を想定しながら

b　社会生活に必要な国語の知識や技能を身に付け

c　社会生活に必要な国語についての理解を深め

d　社会生活に求められる言語能力の向上を図り

e　社会生活における人との関わりの中で伝え合う力を高め

(2)　第2の各学年の内容の〔思考力、判断力、表現力等〕の「A話すこと・聞くこと」に関する指導については、第1学年及び第2学年では年間15～25単位時間程度、第3学年では年間10～20単位時間程度を配当すること。その際、［イ］などして、指導の効果を高めるよう工夫すること。

a　「B書くこと」や「C読むこと」との連携を図る

b　学校図書館などの積極的な利活用をすすめる

c　音声言語のための教材を積極的に活用する

d　ICT機器を積極的に用いる

e　情報通信ネットワークを活用する機会を設ける

2　次の(1)～(3)は、『中学校学習指導要領解説　国語編』(平成二十九年七月)に示されている「内容」に関する問題である。それぞれの問いに答えなさい。

(1)　次の文は、第3学年の内容2〔思考力、判断力、表現力等〕B　書くことの「言語活動例」に関する解説の一部である。文章中の［ウ］に該当するものを、あとのa～eの中から一つ選びなさい。

第3学年では、生徒の視野が一層広がるように、書く対象に対する書き手の主観だけでなく、［ウ］活動を例示している。

a　客観的に物事を捉えながら自分の考えを書く

b　目的に応じた表現をしているか確かめながら自分の考えを書く

c　信頼性の高い情報を根拠として自分の考えを書く

d　対象に対して客観的に批評を加えながら自分の考えを書く

e　具体的な事例を根拠にして自分の考えを書く

(2)　次の文は、第2学年の内容1〔知識及び技能〕(2)情報の扱い方に関する事項「情報と情報との関係」に関する解説の一部である。文章中の[エ]に該当するものを、あとのa～eの中から一つ選びなさい。

第1学年のアを受けて、意見と根拠の関係に加え、具体と抽象の関係について理解することを示している。第1学年の学習を踏まえて、意見と根拠との関係を理解するとともに、[エ]ことが求められる。具体とは、物事などを明確な形や内容で示したものであり、抽象とは、いくつかの事物や表象に共通する要素を抜き出して示したものである。例えば、具体は例示の際など、抽象は共通する要素を抽出してまとめる際など、状況や必要に応じて使い分けられていることを理解することが重要である。

a　具体と抽象との関係を理解し、自分で判断したり考えをまとめたりする
b　それらがどのように結び付いているかを捉えたり整理したりする
c　自分の意見を述べたりする際には、意見を支える根拠を明らかにする
d　判断や考えを示す意見を裏付けるためのより適切な根拠の在り方を理解する
e　意見を裏付ける根拠の在り方を理解しながら自分の思考を明確にする

(3)　次の文は、第1学年の内容2〔思考力、判断力、表現力等〕A　話すこと・聞くことの「話合いの進め方の検討、考えの形成、共有(話し合うこと)」に関する解説の一部である。文章中の[オ]に該当するものを、あとのa～eの中から一つ選びなさい。

話題や展開を捉えながら話し合うためには、[オ]といった、目指している到達点を常に意識する必要がある。多くの発言によって考えを広げていく段階や、出された発言の内容を整理しながら考えをまとめる段階など、話合いにおけるいずれの段階においても、話題を意識しながらその経過を捉えて話し

たり聞いたりすることが求められる。

a　その場の状況を捉えて話し合っているか
b　何についてどのような目的で話し合っているか
c　合意形成に向けてどのように話し合っているか
d　互いの立場や考えを尊重して話し合っているか
e　互いの考えを結び付けて、建設的に話し合っているか

（☆☆☆◎◎◎）

【高等学校】

【一】次の1・2の問いに答えなさい。

1　次の(1)～(3)は、平成三十年三月告示の高等学校学習指導要領国語における「第1　現代の国語」の「1　目標」、「第2　言語文化」の「1　目標」及び「第3　論理国語」の「3　内容の取扱い」に示されている事柄である。［ア］～［ウ］に該当するものを、あとのa～eの中からそれぞれ一つずつ選びなさい。ただし、(1)は「現代の国語」、(2)は「言語文化」、(3)は「論理国語」に示されている事柄である。

(1)　［ア］国語の知識や技能を身に付けるようにする。

a　日常生活を営む際に求められる　　b　社会生活を営む上で必要になる　　c　実社会に必要な
d　現代社会に求められる　　e　情報化社会で必要になる

(2)　生涯にわたる社会生活に必要な国語の知識や技能を身に付けるとともに、［イ］ことができるようにする。

a　我が国の言語文化に対する理解を深める　　b　言葉がもつ価値への認識を深める
c　言葉を通して他者や社会に関わろうとする　　d　他者との関わりの中で伝え合う力を高める
e　我が国の言語文化の担い手としての自覚をもつ

(3)　内容の〔思考力、判断力、表現力等〕における授業時数については、次の事項に配慮するものとする。
ア　「A書くこと」に関する指導については、50～60単位時間程度を配当するものとし、計画的に指導すること。
イ　「B読むこと」に関する指導については、［ウ］単位時間程度を配当するものとし、計画的に指導すること。

a　40～50　　b　50～60　　c　60～70　　d　70～80　　e　80～90

2　次の(1)と(2)は、『高等学校学習指導要領解説　国語編』(平成三十年七月)に示されている「第1章　総説」の「第4節　国語科の内容」に関する問題である。それぞれの問いに答えなさい。

(1)　次の文は、「2〔知識及び技能〕の内容」(2)情報の扱い方に関する事項の「情報と情報との関係」に関する解説の一部である。文章中の［エ］に該当するものを、あとのa～eの中から一つ選びなさい。

各領域における「思考力、判断力、表現力等」を育成する上では、話や文章に含まれている情報と情報との関係を捉えて理解したり、［エ］話や文章で表現したりすることが重要になる。

a　自分のもつ情報と情報との関係を明確にして
b　主張と論拠など情報と情報との関係を明らかにしながら
c　情報の妥当性や信頼性について吟味しながら
d　取り出した情報の重要度や抽象度などに検討を加えながら

e　個別の情報と一般化された情報との関係に留意して

(2)　次の文は、「3〔思考力、判断力、表現力等〕の内容」の「A　話すこと・聞くこと」の「○構造と内容の把握、精査・解釈、考えの形成、共有(聞くこと)」に関する解説の一部である。文章中の［オ］に該当するものを、あとのa～eの中から一つ選びなさい。

聞き取ったことを比較したり評価したりするためには、［オ］ことが前提となる。そのため、「話題の設定、情報の収集」の段階から、聞き手としてどのような立場に立ち、何を聞こうとするのかを意識することなどが重要である。

a　自分の立場や考え方との違いを明らかにしておく
b　話題について理解し、自分の考えをまとめている
c　話を聞く際の視点を明確にしておく
d　聞き手自身が話題に対して一定の立場や考えをもっている
e　論点を明確にして自分の考えと比較しながら聞く

(☆☆☆◎◎◎)

解答・解説

【中高共通】

【一】1 (1) e (2) a (3) d (4) b 2 (1) d (2) c 3 (1) a (2) c
(3) e 4 (1) b (2) d 5 (1) b (2) a (3) e (4) c

〈解説〉1 (1) 問題は「感」であり、a「汗顔」、b「慣習」、c「閑散」、d「甘受」、e「感化」である。 (2) 問題は「宣教師(使)」であり、a「宣言」、b「選」、c「先見」、d「戦線」、e「専売」である。 (3) 問題は「広義」であり、a「便宜」、b「儀」、c「議長」、d「義務」、e「犠打」である。 (4) 問題は「偶像」であり、a「待遇」、b「偶然」、c「東宮」、d「寓話」、e「一隅」である。 2 (1) dの読みは「もうしゅう」で、意味は「物事に執着すること」。 (2) 「おいかんむり」の漢字には他に「老」「者」などがある。 3 (1) a「一衣帯水」の意味は、「細い川のような隔たりがあるだけで、距離や関係が非常に近いこと」。 (2) c「気が置けない」の意味は、「遠慮せずに打ち解けられる」。 (3) e「屋下に屋を架す」は、無駄なことをすることのたとえ。 4 (1) aは尊敬、cは受身、d・eは可能。 (2) aは開始時点を表す格助詞、b・cは接続助詞、eは場所の起点を表す格助詞。 5 (1) aは平安時代後期成立で、作者は藤原長子。cは鎌倉時代後期成立で、作者は阿仏尼。dは平安時代中期成立で、作者は藤原道綱母。eは平安時代中期成立。 (2) bは歌人・国文学者で、代表作は『まひる野』など。cは歌人・国文学者で、代表作は『思草』など。dは歌人で、代表作は『切火』など。eは歌人・美術史家で、代表作は『南京新唱』など。 (3) 「十項目の徳目を主題に立て～幼少者向けに編成したもの」は『今昔物語集』ではなく『十訓抄』の説明である。 (4) 萩原朔太郎の詩集は『月に吠える』など。『春と修羅』は宮沢賢治の詩集である。

【二】1　a　2　b　3　b　4　c　5　e　6　d　7　c　8　e　9　a

10　b

〈解説〉1　空欄①の直前に「哲学という学問がもっとも一般的であり、特定の分野に拘束されない」とあり、直後に「一九世紀になって～他の科学と同じく一種の専門科学であろうとしてきた」とある。空欄①の前後で逆の内容になっているので、逆接の接続詞を入れる。　2　「啓蒙」は「蒙を啓く」であり、下の字が上の字の目的語になっている熟語。これと同じ組み立てなのが「鎮火(火を鎮める)」である。　3　本来の哲学は「平易な日常の言葉」で書かれ「ある程度の教養のある人間」なら理解できるものだったが、「精緻化」するに伴い「長い専門知識の集積」が必要になってしまったことをおさえる。　4　傍線部④の直後の「(対話を失ったことで)真理は専門家だけによって見出され、一般の人にはただ教育されるだけのものになってしまった」に注目する。　5　精緻化の進んだ科学に非専門家の対話が入る余地はなく、専門家の対話(さえ／すら)大した意味を持たない、という文脈に合うものを探す。　6　傍線部⑦のあとの「対話による人間の結びつき」は「異なった考えの間でしか成り立たない」に注目する。　7　「科」は、「教科」「学科」のように物事を系統的に分類することを意味する。傍線部⑧を含む段落と次の段落に「分類」「分断」とあるのにも注意する。　8　傍線部⑨のあとに「専門化による分断を、対話によって縫い合わせる」とあることに注目する。　9　本文は一八世紀以前と一九世紀以後では哲学のあり方が変容したこと(専門化・対話の消失)を述べ、最後に「専門化による分断を、対話によって縫い合わせる」重要性を、「渾沌」の故事を比喩に用いて主張している。　10　本来は対話を重視していた哲学が「近代的な知の編成」に飲み込まれて対話を失ったことが、第四・第五段落で述べられている。

【三】1 ②a ④c ⑦e 2 b 3 d 4 e 5 b 6 a 7 d
8 c

〈解説〉1 ③「わりなし」には「無理だ。くやしい。どうしようもない。」の意味がある。④「なのめなり」には「いい加減だ。ひととおりだ。」という意味がある。「なのめならむ」は「いい加減であろうか(いや、そうではない)」と解釈する。⑦ ここでの「やがて」は「そのまま」という意味である。2 作者から女院に対する「深い心」である。3 「見/まゐらせ/ざら/む/だに」の「まゐらせ」は補助動詞「参らす」の未然形。「だに」は副助詞。4 空欄Aを含む二文は、「昔の女院の御様子を拝見していない者でさえ、今の御様子をどうしていい加減に思うだろうか。まして(昔の女院の御様子を知っている作者には)、夢とも現実とも言いようがない」と解釈する。5 傍線部⑤を含む文に、「かっては都で美しく着飾って女院にお仕えしていた女房が六十人余りもいたが、今はみすぼらしい出家姿で三四人がお仕えしているだけ。」とある。6 「うとましく心憂し」は「つらく悲しい」という意味。女院の有様を見ながら、何の思い出もない都に帰るのが「うとましく心憂し」なのである。7 「雲の上」は宮中をたとえる常套句。かつて宮中で月のように輝いていた女院が、今は寂れた山里にいることの悲しさを歌っている。8 「夢うつつとも言ふ方なし」、「今や夢昔や夢とまよはれて〜」に注目する。

【四】1 b 2 a 3 d 4 e 5 c 6 d 7 a 8 e

〈解説〉1 傍線部①の直前に「楚の王が聞き入れなかった場合は、景鯉を殺して」とあり、これに続く文を考える。この場合は「あらためて景鯉ほどでない者と取引せよ」が適切。2 「王不如留之以市地。〜則不用兵而得地」(景鯉を人質にすれば戦わずに領土が手に入る)から、「巧妙」と考える。3 「王の権天下に軽くして、地を得べからざるを見るなり」と書き下す。4 ここでの「臣」は家来が主君に対して用いる一人称で、話者である景鯉のこと。　5・6　「齊や魏が土地を割譲して秦に従っていたのは、秦と楚が兄弟関係にあったからである。しかし秦が楚を無視するなら、齊や魏は孤立した秦を重んじないだろう」というのが景鯉の発言の大意である。　7　もともと「社」は土地の神、「稷」は穀物の神を意味する。そこから転じて「社稷」が国家を表すようになった。　8　景鯉は「秦が孤立すれば楚は土地を与えるどころか、諸国と同盟を結んで秦を危うくする」と述べている。

【中学校】

【一】　1　(1)　e　(2)　c　2　(1)　a　(2)　d　(3)　b

〈解説〉国語科の目標の3つの柱の中で「思考力、判断力、表現力等」について、「社会生活における人との関わりの中で伝え合う力を高め、思考力や想像力を養う。」と示されている。これは、国語で正確に理解し適切に表現する上で共に必要となる資質・能力のことで、具体的には「A話すこと・聞くこと」、「B書くこと」、「C読むこと」に関する「思考力、判断力、表現力等」のことである。　2　第3学年では、言語活動例として、「ア　関心のある事柄について批評するなど、自分の考えを書く活動。」「イ　情報を編集して文章にまとめるなど、伝えたいことを整理して書く活動。」の2つが示されている。　(2)　第1学年のアは、「原因と結果、意見と根拠など 情報と情報との関係について理解すること。」で、第2学年のアは「意見と根拠、具体と抽象など情報と情報との関係について理解すること。」、第3学年のアは「具体と抽象など情報と情報との関係について理解を深めること。」である。

【高等学校】

【一】1 (1) c (2) a (3) e 2 (1) a (2) d

〈解説〉1 高等学校の全ての生徒に履修させる共通必履修科目は「現代の国語」及び「言語文化」で、「論理国語」は、「文学国語」、「国語表現」、「古典探究」とともに選択科目である。「現代の国語」は、実社会における国語による諸活動に必要な資質・能力を育成する科目。「言語文化」は、上代から近現代に受け継がれてきた我が国の言語文化への理解を深める科目。「論理国語」は、実社会において必要となる、論理的に書いたり批判的に読んだりする力の育成を重視した科目として設置されている。 2 (1) 話や文章に含まれている情報の扱い方に関する事項の中の情報と情報との関係について述べられた箇所である。 (2) ここでは、話の展開や論点などに注意しながら聞き取り、聞き取った内容や構成、論理の展開、表現の仕方を評価したりして、自分の考えを形成することを示している。

二〇二〇年度　実施問題

【中高共通】

【一】次の1～5の問いに答えなさい。

1　次の(1)～(4)の傍線部の漢字と同じ漢字であるものを、あとのa～eの中からそれぞれ一つ選びなさい。

(1)　彼の人柄をホショウする。

a　内科検診でX線をショウシャした。
b　裁判のショウニンとして出廷する。
c　休日にムショウの奉仕活動をする。
d　結婚式に友人をショウタイする。
e　会社の実権をショウアクした。

(2)　運動部のコモンになる。

a　市内の老人ホームをイモンする。
b　新会社のモンショウを考案する。
c　厳しい練習にクモンの表情を浮かべる。
d　モンバツにとらわれない人事を行う。
e　手紙のモンゴンをよく吟味する。

(3)　教育制度のエンカクについて調べる。

a　畑の作物をシュウカクする。
b　時間のカンカクをあけて薬をのむ。
c　新しい機械は仕事にヘンカクをもたらした。
d　違反にはゲンカクに対応する。
e　陰であれこれとカクサクする。

(4)　彼の作品はシュッショクのできばえだ。
a　病院で医師にショクシンをしてもらう。
b　自分のショクセキを全うする。
c　ウナギのヨウショク事業を始める。
d　新事業にショクシが動いた。
e　試験に合格しキショクを満面にたたえた。

2　次の(1)・(2)の問いに答えなさい。

(1)　ふりがなの間違っている熟語を、次のa～eの中から一つ選びなさい。
a　訥弁《のうべん》　b　蹉跌《さてつ》　c　反芻《はんすう》　d　乾坤《けんこん》　e　忽然《こつぜん》

(2)　「耕」という字を構成する部首「耒」の名称として正しいものを、次のa～eの中から一つ選びなさい。
a　しょくへん　b　すきへん　c　いのこへん　d　のごめへん　e　むじなへん

3　次の(1)～(3)の問いに答えなさい。

(1)　次の四字熟語とその意味の組み合わせとして適切でないものを、次のa～eの中から一つ選びなさい。
a　付和雷同　→　自分の考えを持たず、すぐ周りに同調すること。

b　比翼連理　→　深い愛で結ばれた夫婦のきずなのこと。
c　余裕綽綽　→　ゆとりがあって、ゆったりとしていること。
d　博覧強記　→　広く書物を読んで、多くのことを記憶していること。
e　大山鳴動　→　大きなことが起こる時は、必ずその予兆があること。

(2)　慣用句の使い方として適切でないものを、次のa～eの中から一つ選びなさい。
a　目の前の出来事に呆然として、手をこまねくばかりだった。
b　都心は地価が高く、猫の額ほどの土地しか買えなかった。
c　彼は、多くの聴衆の前で堂に入ったあいさつを行った。
d　私は子供の頃、目から鼻へ抜けるほど足が速かった。
e　まな板の鯉と同じで、ここは状況に身をゆだねるしかない。

(3)　次の故事成語とその説明の組み合わせとして適切でないものを、a～eの中から一つ選びなさい。
a　鼎の軽重を問う　→　人の実力や権威を疑い、軽視することのたとえ。
b　愚公山を移す　→　絶えず努力を怠らなければ、成功することのたとえ。
c　奇貨居くべし　→　普通でないものは、積極的に使わないことのたとえ。
d　瓜田に履を納れず　→　人に疑われるようなことはしないことのたとえ。
e　遼東の豕　→　つまらないものを、自分一人で得意になっていることのたとえ。

4　次の(1)・(2)の問いに答えなさい。
(1)　次の各文の助動詞「ようだ」について、推定の用法で使われているものを、次のa～eの中から一つ選びなさい。

a　先にお知らせしたような次第で会議を行います。
b　試験に失敗して、苦虫を噛み潰したような顔をする。
c　チャイムが鳴ったので、玄関に誰かが来たような気がする。
d　この川には、ホタルのような生き物が生息しています。
e　子供が他県に就職し、家の中は火の消えたような寂しさだ。

(2)　次の各文の傍線部「と」について、順接確定条件の用法で使われている接続助詞であるものを、次のa～eの中から一つ選びなさい。
a　春が来ると桜が咲く。
b　すぐに取りかからないと宿題が夜までに終わらない。
c　子どもと遊園地で遊ぶ。
d　仕事で疲れていようと家事を頑張る。
e　おはようと言った。

5　次の(1)～(4)の問いに答えなさい。
(1)　次の説明に該当する作品として適切なものを、あとのa～eの中から一つ選びなさい。
平安後期に成立した短編物語集で、十編の短編と一つの断章から成り、蝶よりも毛虫を愛する「虫めづる姫君」、好色の貴公子が本来の目的を忘れて姫の手助けを行う「貝合」などを収める。作者については、「逢坂越えぬ権中納言」の作者が小式部という名の女房であること以外はわかっていない。
a　狭衣物語　b　浜松中納言物語　c　とりかへばや物語　d　堤中納言物語
e　住吉物語

(2) 次の説明に該当する詩人として適切な人物名を、あとのa～eの中から一つ選びなさい。

おもに明治から大正時代にかけて活躍した詩人で、福岡県柳川市の出身である。与謝野鉄幹の招きで新詩社に入り、雑誌「明星」に詩や短歌を発表したが、明治四十一年、新詩社を脱退し、木下杢太郎や吉井勇らとパンの会を起こした。当時、文壇を支配していた自然主義に対抗する耽美派文学の先駆者となった。有名な作品に、明治四十二年刊行の第一詩集『邪宗門』、明治四十四年刊行の第二詩集『思ひ出』などがある。

a　高村光太郎　　b　三好達治　　c　萩原朔太郎　　d　室生犀星　　e　北原白秋

(3) 軍記物語に関する説明として誤っているものを、次のa～eの中から一つ選びなさい。

a 『平家物語』は鎌倉前期に成立した作者未詳の軍記物語。三部構成の全十二巻から成り、藤原氏を中心とする貴族勢力を圧倒した平家一門の栄枯盛衰を描いている。琵琶法師によって語られ、軍記物語中の傑作とされている。

b 『保元物語』は十三世紀に成立した作者未詳の軍記物語。三巻から成り、鳥羽法皇崩御の後、皇室・貴族・源平の武士が敵味方に分かれて戦った保元の乱の経緯が記されている。鎮西八郎源為朝を英雄化し、当時の武士の倫理や美意識が生々しく描かれている。

c 『太平記』は室町時代中期に成立した作者未詳の軍記物語。全四十巻から成り、南北朝の動乱期から室町幕府の安定期までなどが語られている。特に足利義満時代の室町幕府最盛期の太平の様子に力点が置かれている。

d 『将門記』は十世紀半ばに成立した作者未詳の軍記物語。承平・天慶の頃に関東で起こった平将門の乱を描いている。記録性が強く朝廷に対する反乱の内容を変体漢文で記しており、軍記物語の先駆け的な作品となった。

e　『義経記』は室町時代に成立した作者未詳の軍記物語。八巻から成り源義経の生涯を描いている。牛若丸と呼ばれた幼少期と、平家追討後に兄の頼朝に疎まれ、奥州平泉で果てるまでが主な内容であり、義経は理想化される形で描かれている。

(4)　昭和時代の文学に関する説明として誤っているものを、次のa～eの中から一つ選びなさい。

a　大正期の終わりに創刊された「文芸時代」の同人、横光利一や川端康成らが活躍し、新感覚派と称された。特に、川端康成は『雪国』『古都』など精力的に小説を発表し、のちにノーベル文学賞を受賞した。

b　新感覚派の後を継ぎ新興芸術派と呼ばれた世代には、菊池寛や梶井基次郎らがいる。菊池寛は「文芸春秋」を創刊し、のちに芥川賞と直木賞を設立した。梶井基次郎は『冬の日』や『檸檬』を発表した。

c　世の中が落ち着きを取り戻してきた昭和二十年代後半になると、日常的な感覚にたって作品を作ろうとする若い世代が登場し、第三の新人と呼ばれた。主な作家には、安岡章太郎や吉行淳之介、遠藤周作らがいる。

d　昭和三十年代には、山崎正和、別役実らが新しい傾向の戯曲を発表、四十年代には、寺山修司、唐十郎らが登場し、従来の通念にとらわれない新しいスタイルの演劇を提唱した。

e　昭和六十二年に刊行された俵万智の『サラダ記念日』は口語による短歌の可能性を実証し、多くの一般読者を短歌の世界に引き込んだ。また、創作された短歌のいくつかは、中学校の国語教科書にも掲載された。

(☆☆☆◎◎◎)

【二】次の文章を読んで、あとの問いに答えなさい。

「おれがお前の家へ行ってやる」
「僕が君の家へ行く」
「わたしがあなたの家へうかがいます」
「わたくしがあなた様のお宅へ参上いたします」

という①四つの文章の内容はまったく同じものであり、話し手が相手につたえようとしている情報は同一である。しかし異なるのは、話し手と聞き手との人間関係の差異から生ずるところの話し手の「感情の表現の仕方」であり、相手と自分との身分や親密さの違いにふさわしい「訴え方の技術」である。しかもある社会形態の下では、このようないい方の区別を厳守することが人間の社会的行動を順調にする、とするならば、右のようないい方の区別はきわめて大切な、場合によっては論理的な正しさ以上に基礎的なものとされるであろう。わが国で、やっと基本的な単語をつぶやくことができるようになった幼児がつぎの段階にすすんで完全な文章をしゃべるようになるとき、②母親が一番に気をつかい、うるさくいうのはこのようないい方の問題である。

人間関係における上下、貴賤などのこまかい差別が社会のなかに存在するかしないか、は言語がきめるものではなくて社会構造そのものから決定される。言語にとっては存在する必要な差異をうまく表現することが、その本来の機能の一つである。このような人間関係の差異の存在が、ある社会形態のもとで望ましいか、望ましくないかは別として、もしそのような差異が存在するとすれば、その差異をうまく表現できる言語体系は、それができない言語体系より、より合理的であり、したがってまた③ある意味において、より論理的であるということもできる。しかし、どのような差異が重要なものとされるかは国により、また時代によって異なってくる。雪と氷の自然環境のなかに住んでいる④エスキモー人の言葉のなかには「白」をあらわすのに十数通りの異なった表現があるという。かつて魚肉を主な動物性蛋白質の補給源としていた日本民族の言葉のなかには、魚の成長の時期によって異なった名前をつける、という微妙な区別をもっていた。その反面、家畜の肉についての微妙な区別はほとんど気づかれずにいたので、本来の日本語にはそれらを区別する名称はない。家畜の肉を主にとっていた欧米の言語ではこれと逆のことが起っている。

（　⑤　）、存在する必要な差異を表現するということは記号の論理性の一つに入れてもいいかもしれないが、それぞれの国語は自己の文化や生活様式のなかから、それぞれに必要な差異を見いだしているのだから、それらを一つの規準からみて、どれがより合理的だとか論理的だときめることはもともと不可能であろう。

さらに、日常の言語は人間同士のコミュニケーションということを最大の目的としている以上、（　⑥　）が一つの大切な目標とされる。そこでたとえば「⑦象は鼻がながい」というような表現は、象が主語なのか鼻が主語なのかはっきりしないから、このままではその論理的構造が明示されていない、いわば非論理的な文章である、という人もある。しかしこの文の論理的構造をはっきりと文章にあらわして

「すべての x について、もしその x が象であるならば、y なるものが存在し、その y は鼻であり、x は y を所有しており、この y は長い」

といえばいいかもしれない。しかし日常の言語によるコミュニケーションでは、たとえば動物園で象をはじめてみた小学生が、父親にむかってこのような文章で話しかけたとすれば、その子供は論理的であるといって感心されるまえに社会人としての常識をうたがわれるにきまっている。常識（すなわち共通にもっている情報）でわかっているものはいちいち言明のなかに入れないで、いわば暗黙のうちの了解事項として省略し、できるだけ短い記号の組み合せで、できるだけ多くの情報をつたえることが日常言語の合理性の一つである。

要するに日常言語も一つの言語体系として通用する以上、（　⑧　）を否定しては成立することすら不可能で

ある。しかし反面において日常言語は、これを用いて他人に情報を伝達したり、それと同時に自分の内的な感情をも表わしたり、または相手の気分に変化を与え、説得したりおどしたりする、というような非常に多くの、しかも目的の異なった働きをもっている。このような異なった多くの目的をできるだけ十分に実現し、しかも全体としての調和をやぶらないようにするためには一つ一つの要求は多少の非本質的な譲歩をしなければならない。その結果として日常言語のなかに働いている論理は⑨粉飾され、ある場合には背景におしやられることもある。しかしそれは決して否定されたのではない。

「論理学」というものはこのような粉飾や他の目的にたいする譲歩を一切きりすてて、純粋に論理的な構造とその働きだけを明示しようとする一つの学問である。その意味において日常の言語と論理学とは、重なり合う部分をもつとともにくいちがう領域をもっている。このような、日常言語と論理学との間の微妙な関係を理解することはきわめて重要である。

（沢田允茂『現代論理学入門』）

1　傍線部①「四つの文章の内容はまったく同じものであり、話し手が相手につたえようとしている情報は同一である」とは、どういうことか。最も適切なものを、次のa～eの中から一つ選びなさい。

a　四つの文章は、話し手と聞き手との関係を考慮すると、内容や情報が同じになるということ。
b　四つの文章は、社会構造から生じる差異を考えなければ、内容や情報が同じになるということ。
c　四つの文章は、話し手の感情表現に注目すると、内容や情報が同じになるということ。
d　四つの文章は、話し手の訴え方の技術を問題にすれば、内容や情報が同じになるということ。
e　四つの文章は、社会形態を重要な物とみなすと、内容や情報が同じになるということ。

2　傍線部②「母親が一番に気をつかい、うるさくいうのはこのようないい方の問題である」について、その理由として最も適切なものを、次のa～eの中から一つ選びなさい。

a　基本的な単語よりも話し手と聞き手の感情を重視した社会形態においては、適切な言い方をすることが望まれるから。

b　完全な文章を話せない幼児にとっては、直接感情を表現するために適切な言い方をすることが望まれるから。

c　人間関係の差異を重視する社会形態においては、社会的行動を順調にするための適切な言い方をすることが望まれるから。

d　日本の社会構造と他の言語にはない日本語の望ましい特徴を守っていくために、適切な言い方をすることが望まれるから。

e　論理的な正しさが軽視される社会形態にあっては、言葉の技術として適切な言い方をすることが望まれるから。

3　傍線部③「ある意味において」を文脈に即して言い換えた表現として最も適切なものを、次のa～eの中から一つ選びなさい。

a　人間関係における差異の存在を望ましいと考えるならば

b　合理的であることは体系的であることだと考えるならば

c　ある社会形態を他の社会形態と比較した場合には

d　社会形態と人間関係を合理的に捉えた場合には

e　人間関係の差異を的確に表現できるという点では

4　傍線部④「エスキモー人の言葉のなかには『白』をあらわすのに十数通りの異なった表現がある」につい

て、エスキモー人の言葉の「白」を筆者はどのように捉えているのか。最も適切なものを、次のa～eの中から一つ選びなさい。

a　エスキモー人における「白」の多様さは、エスキモー人が雪と氷の自然環境の中に住んでいることによるものなので、言語体系とは関係がない。

b　エスキモー人における「白」の多様さは、エスキモー人の文化や生活様式によるものなので、このことだけで論理的だということはできない。

c　エスキモー人における「白」の多様さは、エスキモー人の鋭敏な感覚によるものなので、存在する必要な差異をうまく表現することとは関係がない。

d　エスキモー人における「白」の多様さは、エスキモー人の社会構造によるものなので、言語の論理的構造によるものだということはできない。

e　エスキモー人における「白」の多様さは、エスキモー人の言語の合理性によるものなので、彼らの住む自然環境とは関係がない。

5　文章中の（　⑤　）に当てはまる言葉として最も適切なものを、次のa～eの中から一つ選びなさい。

a　しかし　　b　したがって　　c　なぜなら　　d　また　　e　それに

6　文章中の（　⑥　）に当てはまる言葉として最も適切なものを、次のa～eの中から一つ選びなさい。

a　できるだけ短い時間のなかで多くの情報を伝えるということ

b　できるだけ社会人としての常識を疑われないようにすること

c　できるだけ相手の立場になって言葉を発するということ

d　できるだけ言語体系に則って言葉を使うということ

e　できるだけ言語の論理的構造を見せないようにすること

7　傍線部⑦「象は鼻がながい」について、筆者がこの例文を通して言いたいことは何か。最も適切なものを、次のa～eの中から一つ選びなさい。

a　主語がはっきりしないのは、社会人としての常識を重んじた結果であるということ。

b　主語がはっきりしないのは、日本語における文法上の特徴であるということ。

c　日常の言語は言語体系としては通用するが、省略が多く分かりにくいということ。

d　日常の言語表現は合理性を重んじるので、論理的構造が見えにくいということ。

e　日常の言語表現は、暗黙の了解に基づいているため、論理は必要ないということ。

8　文章中の（　⑧　）に当てはまる言葉として最も適切なものを、次のa～eの中から一つ選びなさい。

a　差異　　b　常識　　c　論理　　d　情報　　e　了解事項

9　傍線部⑨「粉飾」の意味として最も適切なものを、次のa～eの中から一つ選びなさい。

a　見失うこと

b　乱れもつれること

c　見かけをよくすること

d　こなごなに砕くこと

e　祭り上げること

10　本文の文章構成についての説明として最も適切なものを、次のa～eの中から一つ選びなさい。

a　言語に関して、三つの視点とそれぞれの具体例を示し、日常言語の論理的構造を詳述した後に、論理学と言語体系との関係について一つの結論を導き出している。

b　言語に関して、三つの視点を提示しながらそれぞれの具体例を詳しく考察し、最後に論理学と日常言語との区別について論理に対する筆者の考えを述べている。

c　言語に関して、具体例を示しながら一般論に反論するかたちで論を進め、論理学と日常言語の領域について最終的な結論は読み手にゆだねている。

d　言語に関して、二つの視点から具体的な例を示して言語を論理的に論じることについて述べた後、論理学と日常言語との関係について筆者の考えを述べている。

e　言語に関して、一つの視点を提示しながら具体例を示し、日常言語の論理の特徴を考察した後、論理学と言語体系との重なりについて筆者の考えを述べている。

11　本文の内容に合致するものを、次のa～eの中から一つ選びなさい。

a　言語体系は社会形態によって決まり言語の論理とは関係がない。

b　人間関係は社会形態の問題であり言語の論理とは関係がない。

c　いちばん論理的な言語は歴史や社会形態に左右されない言語である。

d　論理学は日常言語の論理的構造を排除した純粋な働きを対象とする。

e　日常言語における合理性は論理学の論理とは異なるものである。

(☆☆☆◎◎◎)

【三】次の文章は、藤原清輔による歌学書『袋草紙』の一部である。本文を読んで、あとの問いに答えなさい。

堀河院、中宮の御方に渡らしめ給ひて、蔵人永実《ながざね》をもつて御所に在る薫物《たきもの》の火桶申して参れと仰せ有るに、①参りて申し出だすに、周防内侍、絵書きたる小さき火桶をさし出づとて、

②かすみこめたるきり火桶かな

永実③程なくこれを取りて、

④花やさき紅葉やすらんおぼつかな

範永《のりなが》の孫、清家《きよいへ》の子にて、新蔵人にて⑤心にくく思ひて、ふる物にてこれを試みるに、尤も興有る事なり。後に主上聞こし食《め》して、仰せられて云はく、「⑥永実ならずは我が恥ならまし」と云々。伊勢大輔が、「こは⑦えもいはぬ花の色かな」といひしに劣らず覚えし事なり。

予、先年かくの如き事に逢へり。関白殿の近衛御所の女房の車寄《くるまよせ》の前に、人々五、六人女房と言談す。而して事の次《ついで》有りて薫物を一嚢《ふくろ》出ださる。人々競ひてこれを取る。越中守顕成《あきなり》取りてこれを見るに、已に薫物に非ず。人々これを咲《わら》ひて分散す。翌日にまた同じ所に人々候せらる。この日は予も候す。然る間、女房の中より書状を送れり。開きてこれを見るに、歌有り。「薫物に心遅さのほどはみえにき」と云々。元の句覚えざるなり。人々興違《きょうたが》ひておのおの譲れり。今予心中に案ずる様、「⑧昨日この所に御坐《おはしま》しけん人々の御沙汰なり」とて逃げんと欲す。而れども見譲るべき人なし。黙止《もだ》さば予が恥の由存ずるの間、虚薫物《そらだきもの》と云ふ事有りかしと覚悟す。仍りて須臾《しゅゆ》に廻《めぐ》らし思ふの処に、形の如く篇に成して詠じて云はく、

玉だれのみすのうちより出でしかば　A　たれも知りにき

北の政所聞こし召して、御感極まりなくて実《まこと》の薫物一嚢を⑨下し給ひて、今に筥《はこ》の中に納む。和歌の躰《てい》たらく異躰《いてい》なりといへども、時に臨みて面目有り。世以て美談となす。仍りて暫く書き置く所なり。後日改め棄つべし。そもそもこの度空《そら》薫物の句多々出来す。仍りてこの歌いよいよ悪しき歌に成るか。堪へ難し。

（『袋草紙』より）

火桶…桐などの木で作った丸火鉢。内側を真鍮で張り、胴に彩色した絵を描いたりした。

範永…藤原範永。平安時代中期から後期にかけての歌人。清家はその子。

ふる物…中宮に仕える古参女房である周防内侍のこと。

伊勢大輔…平安中期の女流歌人。「くちなしにちしほやちしほ染めてけり」と詠みかけられた際に、「こはえもいはぬ花の色かな」と答えたという逸話がある。

関白殿…藤原忠通。

1　傍線部③「程なく」、⑤「心にくく」、⑦「えもいはぬ」のここでの意味として最も適切なものを、あとのa～eの中からそれぞれ一つ選びなさい。

③「程なく」
a　簡単に　b　そっと　c　すぐに　d　思わず　e　丁寧に

⑤「心にくく」
a　いぶかしく不審な様子だと　b　期待から関心がそそられると
c　なまいきで憎らしい人物だと　d　立派で近寄りがたいと
e　若くて頼りないと

⑦「えもいはぬ」
a　言葉にすることもできない　b　言葉や絵で表すまでもない
c　声に出して話すことは滅多にない　d　立派な衣服で着飾る必要などない
e　つつましく出しゃばることのない

2　傍線部①「参りて申し出だす」、⑨「下し給ひて」の主語の組み合わせとして正しいものを、次のa～eの中から一つ選びなさい。

a　①　堀河院　⑨　予

b ① 中宮 ⑨ 顕成
c ① 永実 ⑨ 女房
d ① 堀河院 ⑨ 女房
e ① 永実 ⑨ 北の政所

3 傍線部④「花やさき紅葉やすらんおぼつかな」は、傍線部②「かすみこめたるきり火桶かな」に上の句を付けたものである。傍線部②と④の意図を説明したものとして最も適切なものを、次のa～eの中から一つ選びなさい。

a 桐火桶から立ちこめる煙を春霞に見立てた②に対し、火桶に描かれた桜に着目し、その優美さが紅葉にあるか怪しいものですと秋と比べて春を賛美する歌で応じた。

b 春霞が描かれた見事な火桶ですよと語りかけた②に対し、桜が咲いてすぐに紅葉するのがおかしいように、桐(切り)火桶だなんておかしいですねと冗談で応じた。

c 桐(秋霧)火桶に煙(春霞)がかかるのは何故ですかと尋ねた②に対し、それは巡る季節について桜が先か紅葉が先かと問うのと同じで答えがありませんと応じた。

d 見事な火桶が春霞の絵で隠れていますと詠み掛けた②に対し、桜の美しさに紅葉が見劣りするとは思えないように、桐と春霞の優劣はつけがたいものですと応じた。

e 春霞が描かれた桐(秋霧)火桶とは妙ですねと問いかけた②に対し、霞の奥では桜が咲いているのか紅葉しているのか、春と秋が一緒でよくわかりませんと応じた。

4 傍線部⑥「永実ならずは我が恥ならまし」の解釈として最も適切なものを、次のa～eの中から一つ選びなさい。

a 永実が使者でなかったら、私が恥をかくところだった

b　新蔵人が永実に決まらなければ、私の恥になるだろう
c　永実ならば、私に恥をかかせることはまずないだろう
d　永実に頼むよりは、私の恥ということにした方がよい
e　範永の孫が永実ではなく、私であることが恥ずかしい

5　傍線部⑧「昨日この所に御坐しけん人々の御沙汰なり」とあるが、どういうことか。説明として最も適切なものを、次のa～eの中から一つ選びなさい。
a　前日に女房達をからかった者達が罰せられることになり、このままだと自分も巻き込まれそうだということ。
b　前日に薫物を奪おうとして失敗した顕成の様子を見ていた者達が、顕成を告発しようとしているということ。
c　自分が呼び出されたのは、前日に女房達と話していた者達と間違えられたためであると気づいたということ。
d　薫物が偽物だったのは、前日に顕成以外の人々が一つしか無い袋の中身を皆で分け合ったためだということ。
e　前日に同じ場所に集まっていた当人達が始末をつけるべきことで、不在だった自分は関係がないということ。

6　文章中の［A］にはどのような語句が入れば、文脈上歌の意味が正しく通るか。最も適切なものを、次のa～eの中から一つ選びなさい。
a　おぼつかなくも　　b　こころおそさは　　c　そらだきものと　　d　たきもののかを

e　ぬれにしそでに

7　本文の内容に合致するものを、次のa〜eの中から一つ選びなさい。

a　堀河院は古参女房の周防の内侍を使って、永実の実力を試そうとした。

b　清輔自身も、薫物の火桶を高貴な身分の方から受け取ったことがある。

c　清輔の歌に感動した北の政所は、薫物を大事に箱にしまうことにした。

d　清輔の歌は歌体は異様だが、当意即妙の歌として世間でも認められた。

e　清輔は、すでに詠み古されていた題材で歌を返したことを恥じている。

8　『袋草紙』は平安時代末期に成立した歌学書であるが、これよりも前に成立した作品を、次のa〜eの中から一つ選びなさい。

a　『無名抄』　b　『建礼門院右京大夫集』　c　『俊頼髄脳』　d　『金槐和歌集』　e　『近代秀歌』

（☆☆☆◎◎◎）

【四】次の文章を読んで、あとの問いに答えなさい。ただし、設問の都合上、訓点を省いた部分がある。

貞観十三年、褚《ちょ》遂《すゐ》良《りやう》為リ二諫議大夫ト一、兼ネテ知タリ二起居注ニ一。太宗問ヒテ曰ク、卿比《このごろ》知タリ二起居ニ一、書スルヤ二何等ノ事ヲ一。①大抵人君ハ得ルヤ二観見スルコトヲ一不ヤ。朕欲スルレ見ント二此ノ注記ヲ一者ハ、②将却観所為得失、以為警誡耳。遂良曰ク、今之起居ハ、古之左右史ニシテ、以テ記ス二人君ノ言行ヲ。善悪必ズ書シ、③庶幾人主ノ不ランコトヲ為サ非法ヲ。不ト聞カ帝王ノ躬自ラ観ルヲ史ヲ。太宗曰ク、Ａ有ラバ不善、Ｂ必ズ記録スル耶ト。遂良對ヘテ曰ク、臣聞ク、④守道不如守官。臣職當ル載筆ニ。⑤何不書之。黄門侍郎劉《りう》洎《き》進ミテ曰ク、人君有ルハ過失、如ク日月之蝕ノ、人皆見ル之ヲ。設《たと》ヒ令ムトモ遂良ヲシテ不ラ記セ、天下之人皆⑥記セント之ヲ矣。

（『貞観政要』巻第七　論文史第二十八）

諫議大夫…天子の過ちを諫める官。
起居注……天子の左右にいて、その言行を記すことをつかさどる官。
知…………つかさどる。
警誡………戒めとする。
載筆………記録を書き記す。
黄門侍郎…天子の侍従。

1　傍線部①「大抵」の意味として最も適切なものを、次のa～eの中から一つ選びなさい。

a　厳密には　　b　限られた　　c　特別な　　d　たとえ　　e　およそ

2　傍線部②「将却観所為得失、以為警誡耳」の書き下し文として最も適切なものを、次のa～eの中から一つ選びなさい。

a　將に却つて爲す所の得失を觀、以て警誡と爲さんとするのみ。
b　將に却きて得失の所爲とするを觀、警誡のみと爲すを以てす。
c　將に却きて得失の爲す所を觀、警誡のみの爲に以てす。
d　將に却つて得失の爲す所を觀んとするは、以て警誡の爲のみ。
e　將に得失の所爲と觀るを却け、警誡と爲すを以てするのみ。

3　傍線部③「庶幾」は漢文特有のよみをする熟語である。そのよみ方として正しいものを、次のa～eの中から一つ選びなさい。

a　なかんづく　b　そぞろなり　c　こひねがふ　d　おもへらく　e　ゆゑんなり

4　文章中の[A]および[B]に入る人物呼称として正しいものの組み合わせを、次のa～eの中から一つ選びなさい。

a　A　臣　B　人
b　A　朕　B　卿
c　A　人　B　臣
d　A　臣　B　黄門侍郎
e　A　卿　B　人

5　傍線部④「守道不如守官」の句法として最も適切なものを、次のa～eの中から一つ選びなさい。

a　反語形　b　受身形　c　願望形　d　比較形　e　抑揚形

6　傍線部⑤「何不書之」の解釈として最も適切なものを、次のa～eの中から一つ選びなさい。

a　どうして自分の職責に必要ないことを書くことがあるでしょうか。

b　どうして昔の左右史がしたようなことを書いてはならないのでしょうか。
c　どうして天子の良くない行為を記録しないことがありましょうか。
d　どうして自分が起居注に就いたことを書いてはいけないのでしょうか。
e　どうして天子が自分の言行を書かせないようにするのでしょうか。

7　傍線部⑥「記」と同じ意味を表す言葉として最も適切なものを、次のa～eの中から一つ選びなさい。
a　記紀　b　記帳　c　記述　d　記念　e　記憶

8　本文の内容に合致するものを、次のa～eの中から一つ選びなさい。
a　太宗は、褚遂良を起居注に抜擢し、正しく公平な政治を行わせるとともに、人民の言行も善悪を問わず、すべて正確に記録に残させた。
b　太宗は、起居注である褚遂良に、自分が行った政治の善し悪しを見ることで自分自身の戒めにしたいから、記録の閲覧をしたいと言った。
c　褚遂良は、天子の言行の記録は何人たりといえども閲覧することはできず、ましてや天子が都合のよいことだけを見るのはもってのほかだと断った。
d　黄門侍郎の劉洎は、天体に日食や月食があるように、天子も人間であるのだから、むしろ過失があるのは人として当たり前なのだと諭した。
e　黄門侍郎の劉洎は、たとえ天子が都合の悪いことを褚遂良に記録させなかったとしても、天下の万民はそうした不正を見抜くはずだと忠告した。

(☆☆☆◎◎◎)

【中学校】

【一】次の1・2の問いに答えなさい。

1　次の(1)と(2)は、平成二十九年三月告示の中学校学習指導要領　国語　における「第2　各学年の目標及び内容」の第1学年の「2　内容」及び「第3　指導計画の作成と内容の取扱い」に示されている事柄である。［ア］・［イ］に該当するものを、あとのa～eの中からそれぞれ一つ選びなさい。

(1)　音読に必要な文語のきまりや訓読の仕方を知り、古文や漢文を音読し、［ア］。

a　言葉の特徴や使い方を学びながら、古典の世界を楽しむこと
b　古典特有のリズムに親しみながら、音読の基本的技能を身につけること
c　古典特有のリズムを通して、古典の世界に親しむこと
d　言葉がもつ価値に気づくとともに、様々な種類の古典作品に親しむこと
e　古典作品を読むことを通して、比喩、反復などの表現技法を学ぶこと

(2)　第2の各学年の内容の〔思考力、判断力、表現力等〕の「B書くこと」に関する指導については、第1学年及び第2学年では年間30～40単位時間程度、第3学年では年間20～30単位時間程度を配当すること。その際、［イ］こと。

a　コンピュータを活用する機会を設ける
b　他教科等との関連を積極的に図る
c　実用的な文章が書けるようにする
d　文章を書く時間を生徒の必要に応じて保証する
e　実際に文章を書く活動を重視する

2　次の(1)～(3)は、『中学校学習指導要領解説　国語編』(平成二十九年七月)に示されている「内容」に関する問題である。それぞれの問いに答えなさい。

(1)　次の文章は、第3学年の内容　2〔思考力、判断力、表現力等〕A　話すこと・聞くことの「構成の検討、考えの形成(話すこと)」に関する解説の一部である。文章中の［ウ］に該当するものを、あとのa～eの中から一つ選びなさい。

多様な考えをもつ相手を説得するためには、第2学年で取り上げた自分の考えに対する根拠の適切さを考えることに加え、話し手(自分)の考えについて、聞き手(相手)が納得できるように、［ウ］必要がある。

a　論理の展開を考えながら、話の組立てを工夫する
b　話の全体を俯瞰しながら、論理の展開を考える
c　論理の展開を考えながら、具体的な事例を根拠として示す
d　場の状況に応じて言葉を選びながら、論理の展開を考える
e　論理の展開を考えながら、伝え方を工夫する

(2)　次の文章は、第2学年の内容　2〔思考力、判断力、表現力等〕C　読むことの「精査・解釈」に関する解説の一部である。文章中の［エ］に該当するものを、あとのa～eの中から一つ選びなさい。

また、文学的な文章において、登場人物の言動の意味などについて考えて、内容を解釈することを求めている。登場人物の言動の意味などについて考えるとは、［エ］考えることである。

a　登場人物の言葉や行動が、作品の主題にどのように関わっているかを
b　登場人物の言葉や行動を評価し、文章に表れているものの見方や考え方について

c　文章を批判的に読みながら、登場人物の言葉や行動の意味を

d　登場人物の言葉や行動が、話の展開などにどのように関わっているかを

e　文章を読んで理解したことに基づいて、登場人物の言葉や行動の意味について

(3)　次の文章は、第1学年の内容　1〔知識及び技能〕(3)我が国の言語文化に関する事項「書写」に関する解説の一部である。文章中の［オ］に該当するものを、あとのa～eの中から一つ選びなさい。

行書は、中学校で初めて指導する内容である。小学校における書く速さや点画のつながりについての学習を踏まえ、中学校では、［オ］ことが求められる。そこで、第1学年では、楷書よりも速く書くことのできる行書の基礎的な書き方を指導する。

a　身近な文字を行書で書くことの意味を理解し、学習や生活の中で役立てる

b　社会生活や日常生活に必要な書写の能力を養い、主体的に書けるようにする

c　身近な文字についての理解を深め、日常生活の中で速く正しく書く

d　社会生活における言語活動に必要な書写の能力を養うため、速く書く

e　行書の特徴を伝統的な文字文化と関連させて理解し、学習や生活の中で書く

(☆☆☆◎◎◎)

【高等学校】

【一】次の1・2の問いに答えなさい。

1　次の(1)～(3)は、平成三十年三月告示の高等学校学習指導要領　国語　における「第1款　目標」、「現代の国語」の「2　内容」及び「言語文化」の「3　内容の取扱い」に示されている事柄である。［ア］～［ウ］に該当するものを、あとのa～eの中からそれぞれ一つずつ選びなさい。ただし、(1)は「第1款

目標」、(2)は「現代の国語」、(3)は「言語文化」に示されている事柄である。

(1)　言葉のもつ価値への認識を深めるとともに、言語感覚を磨き、我が国の言語文化の担い手としての自覚をもち、［ア］。

a　国語の特質を理解して適切に使うことのできる資質を高める

b　国語で表現された内容や事柄を的確に理解する資質・能力を身につける

c　生涯にわたり国語を尊重してその能力の向上を図る態度を養う

d　「言葉による見方・考え方」を働かせながら人間性を豊かにする

e　他者や社会と関わりながら自他の存在について理解を深める

(2)　引用の仕方や出典の示し方、それらの［イ］こと。

a　必要性について理解を深め使う

b　効果について理解を深め情報の信頼性を高める

c　必要性を理解し実の場で活用する

d　効果について理解を深め実社会で用いる

e　必要性を理解し考えを深める

(3)　「B読むこと」の近代以降の文章に関する指導については、20単位時間程度を配当するものとし、計画的に指導すること。その際、我が国の伝統と文化に関する近代以降の論理的な文章や［ウ］などして、我が国の言語文化への理解を深めるよう指導を工夫すること。

a　古典について書かれた解説や評論、随筆などを読む

b　古典を翻案したり素材にしたりした小説や物語、詩歌などを用いる

c　古典を題材とした近現代までの文学的な文章を教材とする
d　古典に関する説明文や解説文を資料とする
e　古典に関連する近代以降の文学的な文章を活用する

2　次の(1)と(2)は、『高等学校学習指導要領解説　国語編』(平成三十年七月)における「第1章　総説」の「第4節　国語科の内容」に関する問題である。それぞれの問いに答えなさい。

(1)　次の文章は、「2〔知識及び技能〕の内容」(1)の「○言葉の働き」に関する解説の一部である。文章中の［エ］に該当するものを、あとのa～eの中から一つ選びなさい。

言語が共通にもつ言葉の働きに関する事項である。自分が用いている言葉の働きを客観的に捉えることとは、国語科で育成を目指す資質・能力の重要な要素である。言葉がもつ働きに改めて気付くことで、生徒は言葉を自覚的に用いることができるようになる。このため、言葉の働きを「［エ］」を除く全ての科目に新設した。

a　言語文化　　b　論理国語　　c　文学国語　　d　国語表現　　e　古典探究

(2)　次の文章は、「3〔思考力、判断力、表現力等〕の内容」の「C読むこと」の「○構造と内容の把握」に関する解説の一部である。文章中の［オ］に該当するものを、あとのa～eの中から一つ選びなさい。

叙述に基づいて、文章がどのような構造になっているか、どのような内容が書かれているのかを把握することを示している。「構造と内容の把握」とは、［オ］ことである。

a　文章の種類を踏まえた上で、内容と構成を的確に捉える
b　叙述を基に、文章の構成や展開を捉えたり、内容を理解したりする
c　論理の展開などについて叙述を基に的確に捉え、要旨や要点を把握する

d　内容や構成、展開、描写の仕方などを的確に捉える
e　論理の展開などを的確に捉え、論点を明確にしながら要旨を把握する

（☆☆☆◎◎◎）

解答・解説

【中高共通】

【一】1 (1) b (2) a (3) c (4) e 2 (1) a (2) b 3 (1) e (2) d (3) c 4 (1) c (2) a 5 (1) d (2) e (3) c (4) b

〈解説〉1 (1) 問題は「保証」であり、a「照射」、b「証人」、c「無償」、d「招待」、e「掌握」である。(2) 問題は「顧問」であり、a「慰問」、b「紋章」、c「苦悶」、d「門閥」、e「文言」である。(3) 問題は「沿革」であり、a「収穫」、b「間隔」、c「変革」、d「厳格」、e「画策」である。(4) 問題は「出色」であり、a「触診」、b「職責」、c「養殖」、d「食指」、e「喜色」である。2 (1) aの読みは「とつべん」で、意味は「話し方が滑らかでないこと」。「のうべん」と読むのは「能弁」と書き、意味は「話し方が巧みなこと」。(2)「すきへん」の漢字には他に「耗」などがある。3 (1) e「大山鳴動」の意味は「騒ぎが大きいわりに、結果は意外に小さいこと」。(2) d「目から鼻へ抜ける」の意味は「非常に賢いこと。また、抜け目がないこと」。(3) c「奇貨居くべし」の意味は「機会は逃さず利用しなければならないこと」。

4 (1) aは婉曲な断定、b・eは比喩、dは例示の用法。(2) bは順接仮定条件の接続助詞、cは動作の相手を示す格助詞、dは逆接仮定条件の接続助詞、eは引用を示す格助詞。5 (1) aの作者は六条斎院宣旨とする説が有力。bの作者は菅原孝標の娘という通説がある。cは平安時代後期に成立し、兄妹が性別を入れ替えて育てられる物語で、作者は不明。eは鎌倉時代前期に成立した継子いじめの物語。(2) aは彫刻家・画家でもあり、代表作は『道程』『智恵子抄』など。bは翻訳家、文芸評論家でもあり、代表作は『測量船』。cは「日本近代詩の父」とされ、代表作は『月に吠える』『純情小曲集』など。dは小説家でもあり、代表作は『抒情小曲集』『性に目覚める頃』などである。(3) 『太平記』は二代将軍足利義詮の時代までを扱っており、義満時代は扱っていない。(4) 新興芸術派はプロレタリア文学に対抗して起こった反マルクス主義の文学で、川端康成や井伏鱒二らが参加している。

【二】1 b 2 c 3 e 4 b 5 b 6 a 7 d 8 c 9 c 10 d 11 e

〈解説〉1 四つの文章が伝える内容や情報は「人間関係の差異」から生じる表現の仕方を除けばまったく同じであり、その「人間関係における～差別」は「社会構造」によって決定されることが、傍線部①を含む段落の次の段落で示されている。2 傍線部②を含む段落の中ごろに「ある社会形態の下では、このようないい方の区別を厳守することが人間の社会的行動を順調にする」とある。3 傍線部③の前に「このような人間関係の差異～が存在するとすれば、その差異をうまく表現できる言語体系は～より合理的」とある。4 傍線部④を含む段落の次の段落に、エスキモーにおける「白」や日本人における魚の名前の多様さは「自己の文化や生活様式のなかから、それぞれに必要な差異を見いだしている」のであって、「どれがより合理的だとか論理的だときめることはもともと不可能であろう」とある。5 空欄⑤の前の段落で、日本語や欧米の言語に差異があることが述べられ、直後で「存在する必要な差異を表現するということは記号の論理性の一つに入れてもいいかもしれない」と受けているため、順接の接続詞が入る。　6　空欄⑥を含む段落の末尾に「できるだけ短い記号の組み合せで、できるだけ多くの情報をつたえることが日常言語の合理性の一つ」とある。　7　合理性が重視される日常の言語表現においては、論理的構造が明示されないことが示されている。　8　日常言語の中で論理は粉飾されたり背景におしやられたりするが、決して否定されていないことが、空欄⑧を含む段落の末尾で示される。　9　「粉飾」とは「物事のうわべをとりつくろって立派に見せかけること」を意味する。　10　「言語にとっては存在する必要な差異をうまく表現することが、その本来の機能の一つであること」と、「できるだけ短い記号の組み合せで、できるだけ多くの情報をつたえることが日常言語の合理性の一つであること」を述べた上で、最後の段落で「日常言語と論理学との間の微妙な関係」について論じている。　11　最後の段落で「日常の言語と論理学とは、重なり合う部分をもつとともにくいちがう領域をもっている」と述べている。

【三】1　③　c　⑤　b　⑦　a　2　e　3　e　4　a　5　e　6　c　7　d
8　c

〈解説〉1　③「程なく」は「間もなく」の意味。　⑤「心にくし」は様々な意味があるが、ここでは「心がひかれる」の意味。　⑦「えもいはず」は「言いようもない」の意味。　2　①は堀川院に火桶を持ってくるよう命じられた人物が主語なので、永実。⑨は歌に感動して薫物を下賜してきた北の政所が主語。　3　上の句、下の句とも「春と秋の区別が曖昧である」というテーマが同じである。　4　助動詞「まし」は反実仮想の意味で「～だったら～だろう」と訳す。　5　傍線部⑧を含む段落の中ほどに「この日(翌日)は予(清輔)も候す。」とあるところから、前日(偽の薫物が出された日)には清輔がいなかったことがうかがえる。「沙汰」

は「処置すること、始末をつけること」の意味。 6 「虚薫物(そらだきもの)」とは、どこからともなくにおってくるように香をたくこと。「(虚)そら」が「嘘(うそ)」に通じることに気づいた清輔が「美しい御簾の中から出てくる香りなのだから、虚薫物=偽物であることは誰にもわかります」と詠んだのである。 7 最後の段落の中ほどに「和歌の躰たらく異躰なりといへども、時に臨みて面目有り。」とある。 8 成立年代は『俊頼髄脳』『袋草紙』『近代秀歌』『無名抄』『金槐和歌集』『建礼門院右京大夫集』の順。ただし、『無名抄』は成立年代について諸説あり『金槐和歌集』と年代が前後する場合もある。

【四】 1 e 2 a 3 c 4 b 5 d 6 c 7 e 8 b

〈解説〉 1 「大抵」は「だいたい、おおかた」の意味。 2 「將」は再読文字で「まさニ~(セ)ントす」と読む。傍線部②は「なぜ注記を見たかというと、自分自身の戒めとするためである」の意で、直前の「朕欲見此注記者」(私(皇帝)がこの注記を見たいと思うのは)の理由となっている。 3 「庶機」は「ぜひに望む、こいねがう」という意味。 4 問題の箇所は太宗が褚遂良に語りかける部分で、A に不善な行為があったならば、B は必ず記録するのか、という意である。文の前半で、太宗は自らを「朕」、褚遂良を「卿」と呼んでいることに着目する。 5 「A不如B」は「AはBにしかず(AはBに及ばない・Bの方がよい)」という意味の比較の表現である。 6 褚遂良が太宗の問いに答えて自分の考えを述べている箇所である。ここでの「何~」は「なにをか~せんや」という反語表現で「書かないだろうか(いや、書かないわけがない)」という意味。褚遂良は「どうしてこれ(不善=天子のよくない行い)を書かないことがありましょうか、いや、書かせていただきます」と述べているのである。 7 傍線部⑥を含む「天下之人皆記之矣」は「褚遂良が記録しなくても、天下の人が皆記憶しています」という意である。 8 四文目に「朕此の注記を見んと欲す」とあり、太宗が褚遂良に記録の閲覧を求めていることがわかる。

【中学校】

【一】1 (1) c (2) e 2 (1) a (2) d (3) d

〈解説〉1 (1)は、我が国の言語文化に関する事項である。ここでは、小学校における読み聞かせや音読、暗唱などによる伝統的な言語文化に関する学習を踏まえ、古文や漢文を音読し、古典の世界に親しむことを示している。(2)は「B書くこと」に関する配慮事項で、「B書くこと」に関する指導について、指導計画に適切に位置付け、確実に実施するよう、学年ごとに配当する年間の授業時数を示している。2 (1) 第2学年の「構成の検討、考えの形成(話すこと)」の「イ 自分の立場や考えを明確にし、相手を説得できるように論理の展開などを考えて、話の構成を工夫すること。」を受けて、第3学年では、相手を説得できるように論理の展開などを考えることに重点が置かれている。(2) 第1学年の「精査・解釈」の「ウ 目的に応じて必要な情報に着目して要約したり、場面と場面、場面と描写などを結び付けたりして、内容を解釈すること。」を受けて、第2学年では、目的に応じて適切な情報を得たり、登場人物の言動の意味などについて考えたりして、内容を解釈することを示しており、説明的な文章では、目的に応じて複数の情報を整理しながら適切な情報を得て、内容を解釈することを求めている。(3) 第1学年の書写に関する事項の中で、「(イ)漢字の行書の基礎的な書き方を理解して、身近な文字を行書で書くこと。」が示されている。

【高等学校】

【一】1 (1) c (2) a (3) e 2 (1) e (2) b

〈解説〉1 (1)「学びに向かう力、人間性等」に関する目標である。(2) 情報を取り出したり活用したりする際に行う整理の仕方やそのための具体的な手段についての「知識及び技能」を、言語活動の中で使うことができるようにすることが重要である。「現代の国語」では、情報の整理に関する知識、技能で、推論の仕方を理解し使うこと、情報の妥当性や信頼性の吟味の仕方について理解を深め使うこと、引用の仕方や出典の示し方、それらの必要性について理解を深め使うこと、が示されている。　(3)　「言語文化」では、「B読むこと」の教材は、古典及び近代以降の文章とし、日本漢文、近代以降の文語文や漢詩文などを含め、日本の言語文化への理解を深める学習として役立つよう、日本の伝統と文化や古典に関連する近代以降の文章を取り上げることとしている。　2　(1)　「古典探究」は、共通必履修科目「言語文化」の伝統的な言語文化に関する理解をより深めるため、古典を主体的に読み深め、伝統と文化の基盤としての古典の重要性を理解し、意義や価値について探究する資質・能力の育成を重視して新設された選択科目である。　(2)　「構造と内容の把握」に関しては、「読むこと」の領域を設けていない「国語表現」を除く全科目で示されている。実用的な文章について、「現代の国語」では、要点を把握すること、「論理国語」では、資料との関係を把握することが示され、文学的な文章も教材とする「言語文化」では、内容や構成、展開などについて叙述を基に的確に捉えること、「古典探究」では、構成や展開などを的確に捉えること、文学的な文章を教材とする「文学国語」では、内容や構成、展開、描写の仕方などを的確に捉えることが示されている。

二〇一九年度　実施問題

【中高共通】

【一】次の1～5の問いに答えなさい。

1　次の(1)～(4)の傍線部の漢字と同じ漢字を含むものを、あとのa～eの中からそれぞれ一つ選びなさい。

(1)　これだけ練習したのだから、優勝のセイサンはある。

a　時代に合った新しい法律をセイテイする。
b　セイリョク的にたまっていた仕事をこなした。
c　難病を治す薬の開発にセイコウした。
d　欲を出さずに、セイヒンに甘んじた生活を送る。
e　新しく開発した自動車のセイノウを試してみる。

(2)　野菜のソクセイ栽培を実施して出荷時期を早めた。

a　キュウソクに発達した台風が週末に九州地方に上陸した。
b　支払い期限を過ぎたため、銀行からトクソクの通知がきた。
c　デパートの催事場で、展示ソクバイ会を行う。
d　彼は独特な画法でその時代に大きなソクセキを残した。
e　他県に住む親戚からソクサイで暮らしているとの電話があった。

(3)　お中元にホウコウを放つ果物を贈った。

a　懸案の事項について、相手方とホウカツ的な合意に至る。
b　この山の南側にはホウジョウな土地が広がっている。
c　病気がカイホウへと向かい、家族の気持ちが楽になった。
d　結婚式の受付で、ホウメイ帳に記入する。
e　外国をレキホウして、粘り強く貿易の折衝を行った。

(4)　厳しい状況だけれども、辛抱がカンヨウだ。
a　今日の講師の話は、簡にしてヨウを得た説明だった。
b　情けヨウシャなく、厳しい態度で臨む。
c　人材をうまくカツヨウして、会社の業績を上げた。
d　ヨウの東西を問わず、どこでも見られる現象だ。
e　ジヨウのあるものを食べて、体力を回復する。

2　次の(1)・(2)の問いに答えなさい。

(1)　ふりがなの間違っている熟語を、次のa～eの中から一つ選びなさい。
a　潑剌《はつらつ》　b　旱魃《かんばつ》　c　怯懦《きょうだ》　d　嘱託《しょくたく》　e　冶金《ちきん》

(2)　「勿」という字を構成する部首「勹」の名称として正しいものを、次のa～eの中から一つ選びなさい。
a　けいがしら　b　すいにょう　c　ふしづくり　d　つつみがまえ　e　おおがい

3　次の(1)～(3)の問いに答えなさい。

(1)　次の四字熟語とその意味の組み合わせとして適切でないものを、次のa～eの中から一つ選びなさい。
a　軽挙妄動　→　よく考えずに、軽はずみな行動をとること。

b　融通無礙　→　思考や行動が自由で、とらわれることがないこと。
c　不倶戴天　→　目的は異なるが、ともに力を合わせて難題に立ち向かうこと。
d　同床異夢　→　いっしょに行動しながら、別の考え方をしていること。
e　千篇一律　→　どれもが同じ調子で、変化に乏しいこと。

(2)　慣用句の使い方として適切でないものを、次のa～eの中から一つ選びなさい。
a　最近あまりにも忙しくて、首が回らないほど仕事が溜まってしまった。
b　文化祭での彼の演技は堂に入っていて、とても素晴らしく観客を魅了した。
c　議論が白熱し、なかなかまとまらなかったが、社長の鶴の一声で決定した。
d　長い間、一生懸命働いて、ようやく猫の額ほどの土地を買って家を建てた。
e　いといろと不備が見つかったので、計画を白紙に返したい。

(3)　「二階から目薬」と類似した意味を持つものを、次のa～eの中から一つ選びなさい。
a　百発百中　　b　針小棒大　　c　当意即妙　　d　暗中模索　　e　隔靴掻痒

4　次の(1)・(2)の問いに答えなさい。
(1)　次の各文に含まれる「で」について、断定の意味を表す助動詞であるものを、次のa～eの中から一つ選びなさい。
a　あの人は先生である。　　b　バスで旅行をする。　　c　雨になるようである。
d　海が穏やかでよい。　　e　彼は来るそうである。
(2)　次の各文の傍線部「の」について、体言代用の用法で使われている格助詞であるものを、次のa～eの中から一つ選びなさい。

a　他にもたくさん面白い遊園地があるのに、なぜそこに行くの。
b　こんなに遊んでばかりいるようでは、合格するのは困難だ。
c　九月も終わりに近づき、秋の風が吹くようになった。
d　月の明るい夜だから、一緒に散歩に出かけよう。
e　遊びに来た友だちに、部屋が狭いの汚いのと文句を言われた。

5　次の(1)～(4)の問いに答えなさい。

(1)　次の説明に該当する作品として適切なものを、あとのa～eの中から一つ選びなさい。
　近松門左衛門作の時代物浄瑠璃であり、正徳五年に大坂竹本座初演。明の遺臣鄭芝竜と日本人女性との間に生まれた和藤内が、大陸に渡り、明国再興のために力を尽くす物語。中国と日本を舞台にした雄大な構想が人気を呼び、十七ヶ月にわたる大当たりの興行となった。
　a　春雨物語　b　曾根崎心中　c　冥途の飛脚　d　椿説弓張月　e　国姓爺合戦

(2)　次の説明に該当する文学者として適切な人物名を、あとのa～eの中から一つ選びなさい。
　明治二十七(一八九四)年、福岡県に生まれる。早大予科を中退後、船員、セメント会社工務員、新聞記者、ダム工事作業員などの職を転々とする中で、ロシア思想と左翼運動に深くかかわる。その間、二度検挙され、初期の名作の多くはその獄中で書かれた。「淫売婦」と「セメント樽の中の手紙」で注目され、船員時代の過酷な経験に取材した長編『海に生くる人々』(大正十五年)で世評を確立。のち左翼への弾圧が強まると、東京から信州へ移住し、執筆活動を続けた。
　a　横光利一　b　黒島伝治　c　葉山嘉樹　d　小林多喜二　e　徳永直

(3)　次の俳人の俳風や作品に関する説明として誤っているものを、次のa～eの中から一つ選びなさい。

a　小林一茶は、江戸時代、文化文政期の俳人として知られ、方言・俗語を用いた生活感のある俳風を特徴とした。『幻住庵記』などの作品の他、「初時雨猿も小蓑を欲しげなり」などの句がある。

b　山崎宗鑑は、室町・戦国時代の連歌師・俳人である。庶民的で、ときに卑俗な滑稽や機知を特色とした俳人として知られ、当時、連歌の余興的に扱われていた俳諧を整理発展させ、俳諧撰集の草分けである『犬筑波集』を編んだことでも有名である。

c　松尾芭蕉は、江戸時代、元禄期の俳人として知られ、当初、貞門俳諧に親しんだが、後に「さび」を根本理念とした蕉風俳諧を確立し、多くの門弟を育てた。旅人として多くの名句や紀行文を残した漂泊の俳人で、『野ざらし紀行』『奥の細道』などの作品がある。

d　松永貞徳は、江戸時代前期の俳人で、貞門俳諧の指導者として知られ、俳言(和歌・連歌には用いない俗語や漢語)や縁語・掛詞を使用し、上品で機知に富んだ言語遊戯を特徴とした。『新増犬筑波集』『俳諧御傘』などの作品がある。

e　与謝蕪村は、江戸時代、天明期の俳人として知られ、「芭蕉へ帰れ」という蕉風復興運動を起こした。俳風は浪漫的・絵画的で「菜の花や月は東に日は西に」「春の海終日のたりのたりかな」などの句が有名である。

(4)　次の近・現代の作家に関する説明として誤っているものを、次のａ～ｅの中から一つ選びなさい。

a　森鷗外は、歴史小説、史伝で独自の境地を開いた明治時代の文豪であり、「即興詩人」「渋江抽斎」などの代表作がある。また、「雁」は恋を通して自らの生き方に目覚めた薄幸の女性が、偶然のためにその恋を成就できずに終わる悲しい運命を描いた作品で、鷗外の現代小説の傑作とされる。

b　志賀直哉は、明治末期から昭和にかけて活躍した作家であり、武者小路実篤らと同人雑誌「白樺」

を創刊したことで知られる。簡潔な文体と的確な描写で独自の文学を確立した。「暗夜行路」は自伝的かつ作者唯一の長編小説で、自我形成に苦悩し、自己と自然との合一という調和的世界を求める主人公、時任謙作の生き方を描いた作品である。

c　田山花袋は、主として明治から大正にかけて活躍し、「私小説」への道を開いた自然主義作家として有名である。明治四十（一九〇七）年に発表した「蒲団」は、自身の私生活を題材に、中年作家の女弟子への恋心を大胆に告白した小説であり、自然主義文学の記念碑的作品となった。また、その後の私小説の展開にも大きな影響を与えた。

d　中島敦は、昭和を代表する作家の一人で、中国古典の教養と知的表現力で独自の文学を構築した。近代知識人の苦悩や絶望した自我を鋭く分析し、「山月記」「李陵」などの中国古典を題材にした作品がある。また、一方で優れた短編小説も著し、「忠直卿行状記」や「恩讐の彼方に」などは高い評価を受けた。

e　谷崎潤一郎は、明治末期から昭和にかけて活躍した作家であり、官能的な女性美を追求した耽美派に属する。耽美派の作品としては「痴人の愛」が有名であるが、一方で古典的伝統美への回帰も深めた。代表作『細雪』は昭和二十三年に刊行された長編小説で、大阪船場の旧家を舞台に、個性的な四姉妹が織りなす華やかな日常を王朝絵巻物風に描いた作品である。

（☆☆☆☆◎◎◎）

【二】 次の文章を読んで、あとの問いに答えなさい。

「彫刻の本性は立体感にあり。しかも彫刻のいのちは詩魂にあり。」

彫刻の彫刻たる所以《ゆえん》が立体感に基くものである事は、凡《およ》そ彫刻を知る道の第一義である。そこに一つの塊《かたま》りとして確《たしか》に存在する感、一つの立体として実存する感である。これは人間の造形本能の欲求から直接に源を発して来る彫刻の本性であって、人間にはこの立体感を得てはじめて満足し得られる渇望《かつぼう》がある。「確に手でつかめるもの」という原始的な喜《よろこび》から、「確にそこにある事の不思議な強さ」を感ずる精神的昂揚に至るまで、皆立体感から来る彫刻の特質である。一切の彫刻はここを中心としてあつまる。すべての彫刻の路という路は皆ここに向っている。この中心を外れた彫刻は、その実、彫刻でないのである。立体感の喜を内に持たない彫刻は、唯八方から描いた素描に止《とど》まる事があり、情念姿態を描写した人形に止まる事があり、実物模擬の概念的記述に止まる事がある。袋物屋の店頭に見かける着色象牙彫の蜜柑《みかん》や林檎《りんご》は、いかに巧妙に出来ていても彫刻ではない。名人松本喜三郎の作った岩井半四郎似顔《いわいはんしろうにがお》の浴《ゆあ》み女の人形は如何《いか》に真を写していても彫刻ではない。多くのアカデミシャンの作る大理石像、石膏像などにもこれに類似の非彫刻がある。唯巧妙な素描の空間的集合に過ぎないものがある。彫刻が立体感の満足に立脚している事から、彫刻である以上①いかなる断片も意味を有するものとなる。どんな破片でも、鼻のかけら、胴体の一辺隅といえども、無限につながるものとなり得るのである。存在そのものが②眼目であって、何であるか、何をしているか、は二の次の事である。彫刻の写真が殆ど皆作品の真を伝えないのは、ここに理由がある。写真は唯作品の状景のみを写す。一番の肝腎の点を誤り伝える。大抵の場合、③善き彫刻は悪しく写り、悪しき彫刻は善く写る。私は法隆寺夢殿《ほうりゅうじゆめどの》の救世観音《ぐぜかんのん》の善い写真をいまだかつて見ない。写真を見て彫刻を判断する事の危険は誰でも経験した事であろう。自分自身の彫刻を写真にとった経験のある者は皆これを知っている。彫刻の真の感動となるこの存在の不思議な強さ、この立体感は、それ故、真に彫刻家的素質を養い得た者のみの成し得るところであって、決して意識的に、または方法的に企てたのみで捉《とら》え得るものではない。即《すなわ》ち造形本能の強烈さが自己をして是非なく彫刻を作らしめるような者のみの侵入し得る世界である。量に対する渇望の度の弱い者が彫刻に手をつけるのは、一種の冒瀆《ぼうとく》とも思われる。立体感について私は曾《かつ》て書いた。「立体感とは、存在感の中核、空間の一点に確に構造せられたものの感、量の確認、つかみ得る感、消しがたく滅ぼしがたい深厚の感、魂の宿るに足りる殿堂の感、自体具足の小宇宙感。」

彫刻と立体感との関係が不二一如《ふじいちにょ》のものである事はほぼ上述の通りであるが、しかし彫刻にはもっと肝腎な根本生命がある。詩の魂である。立体感を重んずる余り、一にも二にもその事ばかりで彫刻を律していると、いつの間にか彫刻の生命が（　④　）なものとなる。芸術の総勘定としての生命がかえって圧《お》しつぶされてしまう。量の問題は彫刻の本質の問題であって、彫刻の内的生命の問題ではない。立体感ばかりで彫刻は生きない。その立体感をまでも生かすのは彫刻家の内にある詩の魂である。ここに詩と言うのは、必ずしも文学的の謂《いい》ではない。いわゆる「詩的」なという事ではない。詩的にあつかえというのでは尚更《なおさら》ない。人間の内にある名状しがたい無限への傾きのようなもの、結局「詩」とでも言うより外言いようのない、あの一つのものの事である。これがあるからこそ、そもそも彫刻もはじまるのである。この根本なくして何の立体感ぞ。⑤詩の魂は翼を持つ。彼は元来自由の生れであり、如何《いか》なる桎梏《しっこく》の下に置かれても変幻出没更に不自由がらない。どんな牢屋に入れて置いても平気で出入する魔法を知っている。彼は彫刻の世界に来ても殆ど立体感などという事を知らぬげである。そんな事にはまるで頓着もなしに歩きまわる。頓着しないでも真の彫刻が必然にかくの如《ごと》きものであるべきを知っているからである。芸術が窮屈《きゅうくつ》になり得ないのはこの魂のおかげである。この魂の微弱な、もしくは欠けている彫刻家の彫刻が、いかに彫刻的特質を備えていても、むしろ備えていればいるほど窮屈であり、理屈《りくつ》張っており、不毛の地の感があり、貧寒に陥りがちなのは、⑥そのためである。詩を有《も》たぬ彫刻は彫刻の甲斐《かい》がない。埃及《えじぷと》の彫刻を見て、立体感があるから生きているのだと考える人もある。しかし実は埃及の彫刻家の詩魂がその彫刻を生かしているのである。その立体感は埃及の彫刻をして真の彫刻たらしめたに過ぎない。生命を吹き込んでいるのではない。近代、彫刻の立体感に目の覚めた彫刻家がどうかすると陥る穽《おとしあな》がここにある。立体感はあらわれであり、詩魂はいのちである。立体感なくして詩魂は彫刻にあらわれない。

（⑦）なくして立体感は生きてはたらきかけない。詩魂の彫刻におけるは第一義以前のものに属する。

（⑧）に属する。それ故一つの彫刻には、あらゆる人生の心が宿り得る。あらゆる感動と感情と微韻《びいん》と陰影との存する事を妨げない。彫刻を純粋に凹凸《おうとつ》の側からばかり認識してその他の一切の内包を排拒するのはつまらない。「彫刻的なるもの」に感情の宿ると宿らぬとは更に問題でない。宿るもよし、宿らぬもよいのである。詩魂は彫刻のいのちである。立体感万能の狂信者は時としてこの事を見落とす。

⑨ただ詩魂の高下がある。それ故に彫刻の修行は心の修行である。一つの道である。道に浅いものの彫刻は浅く、魂の高さ深さは直ちに彫刻の高さ深さとなる。どんな術を施しても蔽《おお》う事の出来ないものはこれである。

⑩人いずくんぞ廋《そう》さんやである。

（高村光太郎『緑色の太陽』のなかの「彫刻十個条」より。なお、表記は原文にしたがった。）

1　傍線部①「いかなる断片も意味を有する」とは、どういうことか。その内容の説明として最も適切なものを、次のa～eの中から一つ選びなさい。

a　彫刻の断片は素描された立体感を構成している一部であるということ。
b　彫刻の断片は立体感を失っても原始的な喜びは残っているということ。
c　彫刻の断片はどれも立体感があり、いわゆる彫刻の本質を内に持っているということ。
d　彫刻の断片は全体に劣らない独立的な価値を持っているということ。

e　彫刻の断片はそれぞれが何のどの部分なのかがはっきり分かるということ。

2　傍線部②「眼目」の文章中における意味として、最も適切なものを、次のa～eの中から一つ選びなさい。

a　欠点　b　視点　c　接点　d　要点　e　論点

3　傍線部③「善き彫刻は悪しく写り、悪しき彫刻は善く写る」とあるが、その理由として最も適切なものを、次のa～eの中から一つ選びなさい。

a　写真では、彫刻を人形としてしか捉えられず、彫刻の情念姿態だけをくっきりと写し出すから。
b　写真では、彫刻の存在の強さを捉えられず、目で見て取れる彫刻の状況だけはっきり写し出すから。
c　写真では、彫刻の繊細な技巧を捉えられず、彫刻の立体感をたんなる空間的集合として写し出すから。
d　写真では、彫刻がもたらす真の感情を写さず、実物模擬の色彩や形だけをよく写し出すから。
e　写真では、彫刻家の本能を写し取ることができず、表面化した方法的な企てだけを写し出すから。

4　文章中の（　④　）に当てはまる言葉として、最も適切なものを、次のa～eの中から一つ選びなさい。

a　無機的　b　形式的　c　概念的　d　刹那的　e　擬似的

5　傍線部⑤「詩の魂は翼を持つ」とあるが、その内容の説明として最も適切なものを、次のa～eの中から一つ選びなさい。

a　詩の魂は牢獄のような非彫刻から抜け出す無限の力を持っているということ。
b　詩の魂は彫刻を無視して他の芸術に向かって飛び去ってしまうということ。
c　詩の魂は真の芸術を探して自由に飛び回ることができるということ。
d　詩の魂は立体感には無関心だが偶然に彫刻に止まることがあるということ。
e　詩の魂はあらゆる芸術の中にあって何ものにも縛られないということ。

6　傍線部⑥「そのためである」とあるが、その内容の説明として最も適切なものを、次のa～eの中から一つ選びなさい。

a　詩の魂は彫刻的特質とは本来無関係であるということのためである。
b　真の彫刻は変幻自在な魔法を知っているということのためである。
c　立体感がなければ芸術は貧寒に陥るということのためである。
d　芸術は詩の魂によって窮屈にならないということのためである。
e　彫刻家が彫刻的特質と詩の魂を同時に持つことはないためである。

7　文章中の（　⑦　）に当てはまる言葉として、最も適切なものを、次のa～eの中から一つ選びなさい。

a　人生　b　自由　c　彫刻　d　本性　e　詩魂

8　文章中の（　⑧　）に当てはまる言葉として、最も適切なものを、次のa～eの中から一つ選びなさい。

a　万象　b　基本　c　革命　d　胚胎　e　子房

9　傍線部⑨「ただ」の品詞名として正しいものを、次のa～eの中から一つ選びなさい。

a　形容動詞　b　名詞　c　副詞　d　接続詞　e　感動詞

10　傍線部⑩「人いずくんぞ廋《そう》さんや」の文章中における意味として最も適切なものを、次のa～eの中から一つ選びなさい。

a　詩魂と彫刻との関係をどうして理解しないのか。
b　自分の技術の至らなさをごまかすことはできない。
c　自分の詩魂の高下を隠しておくことはできない。
d　自分の彫刻の高さ深さを測ることはできない。

e　どうして自分の行くべき道を忘れてしまうのか。

11　本文の文章構成についての説明として最も適切なものを、次のa～eの中から一つ選びなさい。

a　冒頭で彫刻とは何かについての筆者の主張を提示したうえで、筆者が主張する二つの点について詳述し、最後に彫刻家のあり方について述べている。

b　冒頭で彫刻とは何かについて二つの点から問題を提起したうえで、それぞれの問題を詳細に検討し、最後に共通する問題に対する結論を述べている。

c　冒頭で彫刻の本質について二つの点を踏まえて一般論を述べ、それを具体例を示しながら批判的に検討し、最後にそれらを統一する新たな観点を提示している。

d　冒頭で彫刻とは何かについて明確に定義づけてから、定義した二つの点の関連性を詳述し、最後にそれまでの主張にはない新たな見解を提示している。

e　冒頭で彫刻の本質について結論を述べてから、提示された二つの点に欠けている問題について検討し、最後に彫刻家の心について述べている。

12　本文の内容に合致するものを、次のa～eの中から一つ選びなさい。

a　彫刻における詩は文学における詩とは全く別である。

b　彫刻における量の問題は彫刻のいのちとは関係がない。

c　人間の立体感への渇望は常に詩への渇望に基づいている。

d　写真は撮り方によっては彫刻の本質を写すことができる。

e　人間の造形的本能は原始的なので彫刻の技巧や意図を妨げる。

(☆☆☆☆◎◎◎)

【三】中納言の皇女腹の姫君（以下、姫君）の噂を聞き、文を送る四位の少将（以下、少将）だったが、姫君の継母は侍女と共謀し、偽って少将を自分の実子である三の君の婿に迎える。まもなく真相を知った少将は、春の嵯峨野の遊覧の際に姫君を垣間見たことで、思慕の情を抑えかねるようになる。やがて姫君の乳母が亡くなり、姫君の頼りとなるのは乳母子の侍従だけとなった。弔問に訪れた少将は、侍従と連歌を唱和して、姫君への想いを述べる。次の文章は、それに続く場面である。本文を読んで、あとの問いに答えなさい。

かくしつゝ、過ぎ行く程に、少将、いよ〳〵深くのみ思ひて、「只一くだりの御返事の①ゆかしきなり。やすき程の事を。人の願ひ叶へ給へかし」など言ひて、

　秋の夜の草葉よりなほあさましく露けかりける我が袂《たもと》かな

など、浅からぬ様に②聞こえければ、「あまりに、人のつれなきも、あはれも知らぬにはべり」とて、歌の返し、③すゝめければ、「あはれと思へども、人目のつゝましさにこそ」とて、

　朝夕に風おとづるゝ草葉より露のこぼるゝ袖を見せばや

と書きて、うち置き給ふを、侍従、取りて、

　ゆかりまで袖こそ濡るれ武蔵野の露けきなかに入りそめしより

と書き添へてやりければ、少将、うち見て、④嬉しさにも胸騒ぎて、「一言葉の御返事に、世の中の背きがたく。⑤侍従の心のありがたさよ」とて、

　武蔵野のゆかりの草の露ばかりわか紫の心ありせば

など、言ひ通はす程に、夜も明方になりければ、立ち帰らんとて、

　天の原のどかに照す月かげを君もろともに見るよしもがな

となん。されども、このたびは御返事もなし。
何となく、ながめ給ひて、三の君の御方へおはして見給へば、⑥何心なくおはするを、いとほしくて、御物語などして、かやうに世の中のはかなきことを仰せつゞけられ、「我いかにもなりたらん時、⑦おぼしめし出しなんや」と、少将、のたまへば、三の君、「時〲聞こえ給ふさへ心憂くおぼゆるに、まして、さもあらば、我が身いかにせん」と、のたまふも、さすがに、是もあはれなり。明けぬれば、立ち帰らんとし給へば、「いかに」など聞こゆれば、少将、
絶えなむと思ふものから玉かづらさすがにかけてくると知らなん
と、のたまへば、三の君、いとあはれに思ひ給ひて、
絶えはてむ事ぞかなしき玉かづらくる山人のたより思へば
と、のたまへば、少将、さすがに見捨てがたく仰せけれども、明けぬれば帰り給ひて、⑧いつしか御文あり。
⑨白露をともにおき居てはかなくも秋の夜すがら明かしつるかな
かく申し給へども、また、人目もつゝましさにや、御返事もなし。

（『住吉物語』より）

侍従……姫君に仕えている侍女。姫君の乳母の娘。
ゆかり……人間的なつながりのある人や、血縁、縁者。

1　傍線部①「ゆかしきなり」、⑥「何心なくおはするを」、⑧「いつしか」の解釈として最も適切なものを、

あとのa～eの中からそれぞれ一つずつ選びなさい。

①「ゆかしきなり」

a　好ましいのです　b　見たいのです　c　ありがたいのです　d　なつかしいのです

e　渡したいのです

⑥「何心なくおはするを」

a　どうして不機嫌でいらっしゃるのかを　b　他のことを考えていらっしゃるのを

c　無邪気なご様子でいらっしゃるのを　d　献身的に振る舞っていらっしゃるのを

e　何かに没頭していらっしゃるのを

⑧「いつしか」

a　すぐに　b　知らないうちに　c　そのうち　d　いつのことだったか

e　いつまでたっても

2　傍線部②「聞こえ」、③「すゝめ」の主語の組み合わせとして正しいものを、次のa～eから一つ選びなさい。

a　②　少将　③　姫君　b　②　姫君　③　少将　c　②　姫君　③　侍従

d　②　侍従　③　姫君　e　②　少将　③　侍従

3　傍線部④「嬉しさにも胸騒ぎて」とあるが、誰のどのような心情か。説明したものとして、最も適切なものを、次のa～eの中から一つ選びなさい。

a　少将からの返事を内心嬉しく思うと同時に、二人の関係が露見することに不安を感じている「姫君」の心情。

b　侍従の気遣いには感謝の念を抱く一方で、姫君を諦めざるを得ない運命を痛感している「少将」の心情。
c　少将の想いに喜びは感じるが、姫君との主従関係から受け入れることをためらっている「侍従」の心情。
d　姫君から返事がもらえたことに感激する一方で、そのことで新たな執着心がわき上がっている「少将」の心情。
e　侍従の助言をありがたく思うものの、外聞が気になって少将との関係に踏み出せないでいる「姫君」の心情。

4　傍線部⑤「武蔵野のゆかりの草の露ばかりわか紫の心ありせば」について、この歌を詠んだ人物の心情として最も適切なものを、次のa～eの中から一つ選びなさい。
a　せめて、侍従が自分を気遣ってくれるくらい、姫君も自分のことを想っていてくれればいいのにと嘆いている。
b　姫君を想っていたはずが、侍従のことを考えていることが多いことに気づき、身の振り方を思い悩んでいる。
c　姫君の心を自分のものにしたいが、今、自分の手元にあるのは草の露と涙で濡れたこの袂だけだと悲しんでいる。
d　草場の露の話題だけが姫君と自分の心をつなぐよすがであるので、そのわずかな希望にすがりたいと考えている。
e　自分が姫君を想う気持ちの強さと同じくらい、姫君も自分のことを想っていて欲しいと願っている。

5　傍線部⑦「おぼしめし出しなんや」の品詞の説明として正しいものを、次のa～eの中から一つ選びなさい。
a　動詞＋助動詞＋動詞＋助動詞＋助詞
b　動詞＋動詞＋助動詞＋助動詞＋助詞
c　名詞＋動詞＋助詞＋助詞
d　名詞＋動詞＋助動詞＋助詞＋助詞
e　動詞＋助動詞＋助動詞＋助詞＋助詞

6　傍線部⑨「白露をともにおき居てはかなくも秋の夜すがら明かしつるかな」は、「誰が」「誰に」どのようなことを伝える歌か。説明として最も適切なものを、次のa～eの中から一つ選びなさい。
a　三の君が、少将に、秋の夜をともに過ごした嬉しさと朝の一人の寂しさを伝える歌。
b　少将が、姫君に、昨夜一緒に過ごせなかったことを辛く思っていることを伝える歌。
c　三の君が、少将に、いつもと違う昨夜の少将の様子を不安に思う気持ちを伝える歌。
d　姫君が、少将に、昨夜ともに過ごしたことに、まだ戸惑っていることを伝える歌。
e　侍従が、少将に、少将が帰ったあと、寂しそうにしていた姫君の様子を伝える歌。

7　本文の内容に合致するものを、次のa～eの中から一つ選びなさい。
a　少将は、姫君にたびたび歌を贈るが、姫君は一度も返歌を詠まなかったため、侍従が気を遣って少将を慰める歌を贈った。
b　侍従は少将への同情から、姫君が詠んだ歌に添えて、自分が詠んだ歌も姫君が詠んだ歌と偽って、少将に届けた。
c　少将は、自分が姿を消すことをほのめかして三の君の反応を見るが、三の君は少将を慕う一途な気持ちを少将に伝えた。

d　少将は、姫君、三の君、侍従の三人の女性に求愛するが、その優柔不断さのせいで、誰からも返事が来なくなった。

e　何も知らない三の君のけなげな様子に心打たれた少将は、姫君への思いを断ち切り、三の君を大切にしようと考えた。

8　本文は、鎌倉時代初期の成立とされる『住吉物語』という作品の一部である。鎌倉時代初期以後に成立した作品のみの組み合わせとして正しいものを、次のa～eの中から一つ選びなさい。

a　堤中納言物語・宇治拾遺物語・平家物語
b　夜の寝覚・今昔物語集・十訓抄
c　狭衣物語・讃岐典侍日記・新古今和歌集
d　平治物語・古今著聞集・千載和歌集
e　とはずがたり・愚管抄・古今著聞集

（☆☆☆◎◎◎）

【四】次の文章を読んで、あとの問いに答えなさい。ただし、設問の都合上、訓点を省いた部分がある。

商君者、衛之諸庶《しょ》孼《げつ》子《し》也。名ハ鞅《あう》、姓ハ公孫氏。其ノ祖ハ本《もと》姫姓也。鞅少《わかクシテ》好ミ二刑名之學ヲ一、事ヘ二魏ノ相公叔《しゅく》痤《ざ》ニ一、為ル二中庶子ト一。公叔痤知ルモ二其ノ賢ナルヲ一、①<u>未レ及レ進</u>。會《たまたま》痤病ム。魏ノ恵王親《みづかラ》往キテ問フレ病ヲ。曰ク、公叔病ム。有ラバレ如キレ不ルガレ可カラレ諱《さ》ク、②將レ奈二社稷一何。公叔曰ク、痤之中庶子公孫鞅ハ、年雖モレ少シト、有リ二奇才一。願ハクハ王擧ゲテレ國ヲ而聽カンコトヲレ之ニ。③王嘿《もく》然《ぜん》。王且ニレ去ラントス。痤屏《しりぞ》ケレ人ヲ言ヒテ曰ク、王即《も》シ不ハレ聽カレ用フルヲ鞅ヲ、④必殺之、無令出境。王許諾シテ而去ル。公叔痤召シテレ鞅ヲ、⑤謝曰、今《い》者《ま》、⑥王問可以爲相者。我言フレ若ヲ。王ノ色不レ許サレ我ニ。我方ニ先ニシテレ君ヲ後ニスレ臣ヲ。因リテ謂ヘリレ王ニ。即シ弗ハレ用ヒレ鞅ヲ、當ニレ殺スレ之ヲ。王許スレ我ニ。汝可シ二疾《すみやか》ニ去ル一矣。且ニレ見レントレ禽《とりこ》ニセ。鞅曰ク、⑦彼王不能用君之言任臣、又安能用君之言殺臣乎。卒ニ不レ去ラ。惠王既ニ去リテ、而謂ヒテ二左右ニ一曰ク、公叔病甚ダシ。悲シイ乎、欲スレ令ント三寡人ヲシテ以テレ國ヲ聽カ二公孫鞅ニ一也。豈ニ不ランレ悖《もと》ラ哉。

（『史記』「商君列傳第八」より）

商君……鞅は秦によって商に封ぜられたので商君という。

庶孽子…庶孽は妾腹の子のこと。

魏相……戦国時代の魏の国の大臣。

中庶子…本来公孫に仕える職であるが当時は大夫の家にも置かれた。舎人よりは身分が高い。

不可諱…人の避け通ることのできないもの。すなわち、死を指す。

社稷……社は土地の神、稷は穀物の神。転じて宗廟または国家を指す。

1　傍線部①「未レ及レ進」の解釈として最も適切なものを、次のa～eの中から一つ選びなさい。

a　魏王は鞅の推薦を必ずしも望んではいなかった。
b　まだ魏王に鞅を推薦する機会がなかった。
c　魏王に鞅を推薦することはためらわれた。
d　まだ魏王に鞅を推薦するような立場ではなかった。
e　魏王から鞅を推薦するまでもないと断られた。

2　傍線部②「将レ柰二社稷何一」の解釈として最も適切なものを、次のa～eの中から一つ選びなさい。

a　今後の魏の国家運営はどのようになるかわからないだろう。
b　現在の魏の国の政治は一体どのような状態なのだろうか。
c　これからもできるだけ魏の国家を運営していってほしい。
d　どうしていつまでも魏の国家の行く末を心配しなければならないのか。
e　これから魏の国家をどのように治めていけばよいのだろうか。

3　傍線部③「王嘿然」とあるのは、どのような理由があるからそのような態度を国王がとったのか。最も適切なものを、次のa～eの中から一つ選びなさい。

a　公孫鞅が国の政治のあり様を婉曲的に批判したから。

b　公叔痤が話した内容に心から賛同し納得したから。
c　公孫鞅の言い方が国王に対する礼を失していたから。
d　公叔痤の言うことに素直に同意できなかったから。
e　公孫鞅の言い方があまりに唐突で理解できなかったから。

4　傍線部④「必殺之、無令出境」は公叔痤が魏王に向かって言った言葉である。公叔痤がこのような発言をした理由として最も適切なものを、次のa～eの中から一つ選びなさい。
a　用いられないことを不満に思う公孫鞅が反乱を起こすことを警戒したため。
b　国王に対して従順ではない公孫鞅の墓はわざわざ作る必要がないため。
c　公孫鞅の溢れるほどの才を逆に他国が利用することを恐れたため。
d　魏に従わないのならば、公孫鞅を謀略にかけることもしかたないため。
e　公孫鞅が他国に逃亡し、魏王の命令を無視することを避けるため。

5　傍線部⑤「謝曰」とあるが、この発言はどこからどこまでを指すのか。最も適切なものを、次のa～eの中から一つ選びなさい。
a　今者～爲相者。
b　今者～不許我。
c　今者～因謂王。
d　今者～王許我。
e　今者～且見禽。

6　傍線部⑥は「おうもってしょうとなすべきものをとふ」と読む。返り点の正しい文として最も適切なものを、次のa～eのうちから一つ選びなさい。
a　王 問下 可二 以 爲レ 相 者上

b 王問レ可二以為レ相者一

c 王問三可二以レ為レ相レ者一

d 王問三可二以為レ相者一

e 王問二可レ以レ為レ相者一

7 傍線部⑦「彼王不能用君之言任臣、又安能用君之言殺臣乎」は公孫鞅が公叔痤に向かって発言した内容であり、文脈上、「AがないのにBがあるはずがない」という意味になる。AとBの内容を説明したものとして最も適切なものを、次のa～eの中から一つ選びなさい。

a A 魏王が公孫鞅を信頼すること
　B 魏王が公叔痤を宰相の座から降ろすこと

b A 魏王が公叔痤を宰相の座から降ろすこと
　B 魏王が公孫鞅を宰相にすること

c A 魏王が公叔痤の進言を聞くこと
　B 魏王が公孫鞅を登用すること

d A 魏王が公孫鞅を登用すること
　B 魏王が公孫鞅を殺すこと

e A 魏王が公叔痤に宰相の地位に留まってほしいこと
　B 魏王が公叔痤以外を宰相に登用しようとすること

8 本文の内容に合致するものを、次のa～eの中から一つ選びなさい。

a 魏の宰相、公叔痤が臣下としての秩序を考えた時、まず最初に自らの後任推挙の話をすべきなのは魏の国王だと思った。

b　魏の恵王は、公叔痤が公孫鞅を宰相に推した話を聞き、病のために心が乱れたから、そのようなことを言うのだと思った。
c　公孫鞅は、魏の宰相である公叔痤の発言を聞き、国王への説明と矛盾することに不信感があったので、出国しなかった。
d　魏の宰相、公叔痤が魏王に対して話す内容と公孫鞅に対して話す内容を変えたのは、魏国の将来を考えたからである。
e　魏の恵王は、公叔痤が魏の国にとって得難い宰相であったので、何とか快癒してほしいと国を挙げて病の治療に努めた。

(☆☆☆◎◎◎)

【中学校】

【一】次の1・2の問いに答えなさい。

1　次の(1)と(2)は、平成二十九年三月告示の中学校学習指導要領　国語における「第1　目標」と「第3　指導計画の作成と内容の取扱い」に示されている事柄である。［ア］・［イ］に該当するものを、あとのa～eの中からそれぞれ一つずつ選びなさい。

(1)　言葉がもつ価値を認識するとともに、言語感覚を豊かにし、我が国の言語文化に関わり、国語を尊重して［ア］。

a　社会生活に必要な知識や技能を身に付ける
b　その能力の向上を図る態度を養う
c　言語文化に親しむことができるようにする

d　その特質を理解するための素養を高める
e　社会生活に必要な能力の向上を図る

(2)　単元など内容や時間のまとまりを見通して、その中で育む資質・能力の育成に向けて、生徒の主体的・対話的で深い学びの実現を図るようにすること。その際、［イ］、言葉の特徴や使い方などを理解し自分の思いや考えを深める学習の充実を図ること。

a　思考力や想像力、そして言葉による見方や考え方を働かせ
b　伝え合う力、思考力や想像力を養い、学習活動を通して
c　他教科等との関連を考慮しながら、言語活動を通して
d　学習活動を通して、ものの見方や考え方を働かせ
e　言葉による見方・考え方を働かせ、言語活動を通して

2　次の(1)〜(3)は、平成二十九年七月に刊行された『中学校学習指導要領解説　国語編』に示されている「内容」に関する問題である。それぞれの問いに答えなさい。

(1)　次の文章は、第3学年の内容1〔知識及び技能〕(2)情報の扱い方に関する事項の「情報の整理」に関する解説の一部である。文章中の［ウ］に該当するものを、あとのa〜eの中から一つ選びなさい。

情報化が進展し様々な情報が氾濫している現代社会においては、情報の信頼性を十分吟味する必要がある。情報を受信する際にも発信する際にも、［ウ］など、情報の信頼性について確かめることが重要である。

a　その情報の事実関係や裏付ける根拠、一次情報の発信元や発信時期
b　その情報の出典や具体的な内容、一次情報の発信元や発信時期

c　その情報の出典や具体的な内容、一次情報と二次情報との関連性
d　その情報の事実関係とそれを裏付ける根拠、一次情報と二次情報との関連性
e　その情報の事実関係とそれらを裏付ける情報源、一次情報の発信元や発信方法

(2)　次の文章は、第2学年の内容2〔思考力、判断力、表現力等〕B書くことの「考えの形成、記述」に関する解説の一部である。文章中の［エ］に該当するものを、あとのa～eの中から一つ選びなさい。
根拠の適切さを考えるとは、［エ］を検討することであり、その根拠が確かな事実や事柄に基づいたものであること、自分の考えが事実や事柄に対する適当な解釈から導き出されていることなどが、適切さを考える観点となる。

a　書こうとする内容が自分の思想を支えるものであるかどうか
b　表現しようとする根拠が自分の考えを支えるものであるかどうか
c　書こうとする根拠が自分の考えを支えるものであるかどうか
d　表現しようする内容が自分の考えを支えるものであるかどうか
e　表現しようとする根拠が自分の思想を支えるものであるかどうか

(3)　次の文章は、第1学年の内容2〔思考力、判断力、表現力等〕C読むことの「言語活動例　ウ」に関する解説の一部である。文章中の［オ］に該当するものを、あとのa～eの中から一つ選びなさい。
多様な情報を得て、考えるとは、［オ］、それらを基に自分の考えをもつことである。そのため、多様な情報を得ることが必要となるテーマを設定することを想定している。

まとめた資料については、印刷したり掲示したり、それを使って報告したりすることが考えられる。

なお、学校図書館や地域の図書館などの利用に当たっては、小学校において、本などの種類や配置、

探し方についての指導が行われていることを踏まえて利用方法等を確認することが必要である。

a 文章を批判的に読みながら、ものの見方や考え方を理解し

b 資料や機器などを用い情報を集め

c コンピュータや情報通信ネットワークを活用し

d 複数の資料から情報を取捨選択し

e 本や新聞、インターネットなどから集めた情報を活用し

(☆☆◎◎◎)

【高等学校】

【一】次の1・2の問いに答えなさい。

1 次の(1)～(3)は、平成二十一年三月告示の高等学校学習指導要領 国語における「国語総合」の「3 内容の取扱い」、「国語表現」の「2 内容」及び「現代文B」の「1 目標」に示されている事柄である。 ア ～ ウ に該当するものを、あとのa～eの中からそれぞれ一つずつ選びなさい。ただし、(1)は「国語総合」、(2)は「国語表現」、(3)は「現代文B」に示されている事柄である。

(1) 書くことを主とする指導には ア 単位時間程度を配当するものとし、計画的に指導すること。

a 10～20 b 20～30 c 30～40 d 10～30 e 20～40

(2) 話題や題材などについて調べてまとめたことや考えたことを伝えるための資料を、 イ こと。

a インターネットも活用して表現する

b 情報と情報との関係を明らかにしながら編集する

c　引用の仕方や出典の示し方などに注意して表現する
d　コンピュータなどのICT機器を活用して編集する
e　図表や画像なども用いて編集する

(3)　近代以降の様々な文章を的確に理解し、適切に表現する能力を高めるとともに、ものの見方、感じ方、考え方を深め、［ウ］ことによって、国語の向上を図り人生を豊かにする態度を育てる。

a　言語感覚を磨く　　b　進んで読書する　　c　主体的に学ぶ　　d　自ら考え、行動する
e　お互いに伝え合う

2　次の(1)と(2)は、平成二十二年六月に刊行された『高等学校学習指導要領解説　国語編』における「第1節　国語総合」及び「第6節　古典B」に関する問題である。それぞれの問いに答えなさい。

(1)　次の文章は、「第1節　国語総合」の「3　内容」に関する解説の一部である。文章中の［エ］に該当するものを、あとのa～eの中から一つ選びなさい。

「ものの見方、感じ方、考え方を豊かに」するためには、［エ］、思索したりして、文章を読み味わうことが大切である。それによって生徒は自らの心情を豊かにし、思考力や想像力を伸ばし、人間、社会、自然などに対して自分なりの考えをもつようになっていく。

a　書き手の意図をとらえ、共感したり、疑問に思ったり
b　書き手の意図をとらえ、批評したり、疑問に思ったり
c　書き手の意図をとらえ、共感したり、想像したり
d　作品の主題をとらえ、批評したり、疑問に思ったり
e　作品の主題をとらえ、共感したり、批評したり

(2) 次の文章は、「第6節　古典B」の「4　内容の取扱い」に関する解説の一部である。文章中の［オ］に該当するものを、あとのa～eの中から一つ選びなさい。

「文語文法の指導は読むことの学習に即して行」うという考え方は従前と同様であり、文語文法の指導は、文章の読みを確かなものにしたり、深く読み味わったりするために行うという原則的な考えをここで明示している。

「必要に応じてある程度まとまった学習もできるようにする」としたのは、文語文法をある程度まとまった形で学ぶことを通して、一層古典に対する興味・関心を広げ、そのことが読むことの学習にも生かされるよう配慮したものである。そこで、［オ］を適切に判断するとともに、文語文法の暗記に偏るなど、興味・関心を広げることを軽視した指導に陥らないような配慮と工夫をする必要がある。

a　生徒個々の興味・関心に応じて、学習の必要性の有無
b　生徒の理解の度合いに応じて、学習の必要性の有無
c　学習のねらいに応じて、そのような学習の必要性の有無
d　学習の到達度に応じて、そのような学習の必要性の有無
e　生徒の実態に応じて、そのような学習の必要性の有無

(☆☆◎◎◎)

解答・解説

【中高共通】

【一】 1 (1) c (2) b (3) d (4) a 2 (1) e (2) d 3 (1) c (2) a (3) e 4 (1) a (2) b 5 (1) e (2) c (3) a (4) d

〈解説〉1 (1) 問題は「成算」であり、a「制定」、b「精力」、c「成功」、d「清貧」、e「性能」である。 (2) 問題は「促成」であり、a「急速」、b「督促」、c「即売」、d「足跡」、c「息災」である。 (3) 問題は「芳香」であり、a「包括」、b「豊穣」、c「快方」、d「芳名」、e「歴訪」である。 (4) 問題は「肝要」であり、a「要」、b「容赦」、c「活用」、d「洋」、e「滋養」である。 2 (1) e「冶金」は「やきん」と読む。 (2) 「つつみがまえ」には「包」や「勹」などがある。 3 (1) c「不倶戴天」は、「倶《とも》には天を戴《いただ》かず」と読む。「どうしても報復せずにはいられないほど憎しみや恨みが深いこと」。 (2) a「首が回らない」とは「借金などのために、やりくりがつかない」意。 (3) 「二階から目薬」とは「(二階から下にいる人に目薬をさそうとする意で)思うようにならないこと」をいう。「隔靴掻痒」がこの慣用句に類似する。
4 (1) a「で」は断定の助動詞「だ」の連用形。bは手段を表す格助詞。cは推定の助動詞「ようだ」の連用形の活用語尾。dは形容動詞「穏やかだ」の連用形の活用語尾。eは伝聞の助動詞「そうだ」の連用形の活用語尾。 (2) aは終助詞。bは準体言。cは体修語。dは主格を表す格助詞。eは例示の助詞。
5 (1) eの「国姓爺合戦」は正徳五(一七一五)年初演。十七ヶ月の長期興行を記録している。近松の作品としては他に元禄十六(一七〇三)年初演の「曾根崎心中」や正徳二(一七一二)年頃初演の「冥途の飛脚」がある。aの「春雨物語」は上田秋成、dの「椿説弓張月」は滝沢馬琴である。 (2) プロレタリア文学に関する問題である。「セメント樽の中の手紙」は一九二六年、「淫売婦」は一九二五年、「海に生くる人々」は一九二六年の作品。 (3) aの「幻住庵記」(一六九〇年)は、松尾芭蕉の俳文で「初時雨猿も小蓑を欲しげなり」は、「猿衰」に収められている芭蕉の作品。 (4) dの「忠直卿行状記」(一九一八年)や、「恩讐の彼方に」(一九一九年)は、菊池寛の作品である。

【二】 1 c 2 d 3 b 4 a 5 e 6 d 7 e 8 d 9 d 10 c 11 a 12 b

〈解説〉 1 冒頭の「彫刻の本性は立体感にあり」とあるように、彫刻の生命は「立体感」である。したがって「いかなる断片」も彫刻である以上、その彫刻の本質である「立体感」が内在しているというのである。 2 「(存在そのものが)眼目」の「眼目」とは、「要点」「主眼」の意。 3 写真は作品の情景のみを写し、肝腎な内から突き出る立体感(強さ)を表すことができないことをいう。 4 空欄補充は空欄前後の語句や文と整合することが大切である。彫刻には立体感だけでなく、詩魂が肝要である。この彫刻の生命が軽んじられると彫刻は無機的となり死滅する。 5 「詩の魂は翼を持つ」という比喩は詩魂の自由自在で何ものにも頓着しないで精神を動かす力をいう。いわゆる芸術の本質である。 6 「そのためである」とは前文にある魂の微弱な、もしくは欠けている彫刻家の彫刻がいかに彫刻的特質を備えていても質の要素(窮屈、不毛の地、貧寒に陥りがち)を持つ理由を例示しながら、詩魂は芸術の生命であり、芸術はこの魂によって窮屈から自由であることを強調している。 7 「立体感はあらわれ」(表象)であり、「詩魂はいのち」(内的生命)であることから考える。 8 空欄⑧には立体感(表象)の内的生命である詩魂が入る。類する語は母胎・胚胎などである。 9 「ただ」には副詞もあるが、ここでは「ただし。念のために言うと」の意の接続詞として用いられている。　10　「人いずくんぞ廋さんや」は反語文。「廋」は「かくす」の意。「どうして自分の詩魂の高下を隠しておくことができようか、できはしない」と訳す。　11　筆者は冒頭で彫刻とは何かについてのべ、立体感と詩魂のそれぞれについて私論を展開し、さらに両者の関係に言及したうえで彫刻家に必要な心の修行の大切さをのべている。　12　「量の問題は彫刻の本質の問題であって、彫刻の内的生命の問題ではない」とのべている。

【三】　1　①　b　⑥　c　⑧　a　2　e　3　d　4　a　5　b　6　b　7　c　8　e

〈解説〉　1　①　「ゆかしきなり」の「ゆかしき」は、「ゆかし」(形・シク)の連体形で、「好奇心がもたれ、心がひきつけられる状態。見たい。聞きたい。読みたい。」の意を表す。ここは「見たい」意。　⑥　「何心なくおはするを」の「何心なく」は、「何心地」と同じで、「どんな気持」の意。「おはする」は「いる」の尊敬語「おはす」(自サ変)の連体形。　⑧　「いつしか」は「何時しか」で、「知らぬ間に。いつのまにか。」の意。　2　②　「聞こえ」は「聞こゆ」(自ヤ下二)の連用形で、「言ふ」の謙譲語。少将の姫君への敬意。　③　「すゝめければ」の「すゝめ」は、少将の歌を受け取った侍従が少将に同情して、歌の返しを姫君にすすめたのである。　3　「嬉しさにも胸騒ぎて」は、姫君の返歌を見た少将の喜びとともに姫君への恋慕の情が新たに深まっているのである。　4　「武蔵野のゆかりの草」は姫君の歌に書き添えた侍従の歌「ゆかりまで袖こそ濡るれ武蔵野の露けきなかに入りそめしより」から、侍従の少将への気遣いをいう。「わか紫」は「源氏物語」第五帖の巻に出てくる藤壺の兄、兵部卿宮の美しい姫君のこと。侍従が少将(私)を気遣うくらいに、姫君があの「源氏物語」の美少女「若紫」のように少将(私)を慕ってくれたら、という反実仮想の少将の嘆きである。5「おぼしめし」は、「思ふ」の尊敬語「おぼしめす」(他サ四)の連用形。「な」は完了の助動詞「ぬ」の未然形。「ん(む)」は推量の助動詞「む」の終止形。「出し」は、「出す」(他サ四)の連用形。「や」は疑問の係助詞。6 歌意は「白露が草葉に置くように、私も袖を濡らしながら起きたままで夜どおし明かしたことです」。歌中の「おき」に「置き」と「起き」を掛けている。「置き」は「白露」の縁語。異本ではこの歌の前に「明けぬれば、いつしか少将文あり」と記してあり、この歌が姫君に伝える少将の歌であること明らかにしている。7 a 姫君は少将に返歌をしている。b 侍従は姫君の歌に添えて別に歌を作り少将に送っている。d 少将は侍従に求愛していない。e 少将は姫君への思いを断ち切っていない。8「住吉物語」は同名の作品が平安時代に作られたが、散逸したとされる。この作品は、改作として鎌倉初期に成立(一二二〇年頃)したといわれる。a「堤中納言物語」は一〇五五年頃一部成立、「宇治拾遺物語」は一二二一年頃、「平家物語」は一二三五年頃である。b「夜の寝覚」は一〇四五～一〇六八年頃、「今昔物語」は一一〇六年頃、「十訓抄」は一二五二年頃である。c「狭衣物語」は一〇五三年頃、「讃岐典礼日記」は一一〇九年頃、「新古今和歌集」は一二一〇年頃である。d「平治物語」は一二二〇年頃、「古今著聞集」は一二五四年頃、「千載和歌集」は一一八七年頃である。e「とはずがたり」は一三〇六年頃、「愚管抄」は一二二〇年頃、「古今著聞集」は一二五四年頃である。

【四】1 b 2 e 3 d 4 c 5 e 6 a 7 d 8 b

〈解説〉1 傍線部①「未及進」は「未だ進むるに及ばず」と訓読する。①の前の文「公叔痤知其賢」の「其賢」は、鞅の賢いことを指す。魏の宰相である公叔痤に仕えている賢明な鞅を魏の恵王に推薦することを考えていたが、その機会がなかったのである。2 傍線部②「將奈社稷何」の訓読は、「將に社稷を奈何《いかん》せんとする」である。「社稷」は「国家」。「稷何」は「柰(社稷)何」の形の疑問形である。これからの魏の国をどのように統治していけばよいのだろうか、と解釈する。　3　傍線部③の「王嘿然」は「王嘿《もく》然たり」と訓読する。「嘿」は「黙」と同義で、「沈黙を守った」「何も答えなかった」と解釈する。鞅がすぐれた才能(奇才)があることを王に告げての公叔痤の嘆願であるが、王はその願いを素直には受け取れなかったのである。　4　傍線部④「必殺之、無令出境」の「之」は鞅を指し「境」は国境である。「魏王がもし鞅を国政に携わる人間として採用しなければ、国境を越えて他国に行かないように鞅を殺してください」というのである。有能な鞅が他国で国政に携わり利用されることを公叔痤は恐れたのである。　5　傍線部⑤「謝曰」の「謝」は、「あやまる」こと。公叔痤の発言は、鞅が公叔痤の言葉に対してそれに答える「鞅曰」の前の「且見禽」まで。　6　返読文字「可」は「爲相」との関係で「可二(以)爲レ相」のレ点と一・二点で返り点をつける。「者」と「問」は一・二点を挟み上・下点をつける。　7　傍線部⑦の前半部分Aの口語訳は「かの王が私に国政を委ねよというわが君の言を採用することができないなら」である。後半部分Bの口語訳は「どうしてわが君のことばに従って私を殺すことがありましょうか」である。このABの口語訳から適切な説明を選ぶ。　8　恵王が則近の者(左右)に話した「公叔病甚。悲乎、欲令寡人以國聽公孫鞅也。豈不悖哉」は、公孫鞅の病が甚だしく重いこと。そして「豈不悖哉」(豈に悖らざらんや)とは、「その病のために心が乱れているに違いない」という思いこみ。そして公叔痤がこの病のせいで「私に、国政を公孫鞅に任せるようにさせたい、と言う」(寡人をして國を以て公孫鞅に聴かしめんと欲す)、と恵王はのべている。公叔痤が、乱心により公孫鞅を宰相に推したと思いこんでいるのである。

【中学校】

【一】 1 (1) b (2) e 2 (1) a (2) c (3) d

〈解説〉中学校学習指導要領(平成二十九年三月告示)については必ず同解説を参照しながら熟読しておくこと。 1 (1) 本問は目標の(3)からの出題である。この目標(3)は今回の改訂で新設されたもので、「学びに向かう力、人間性等」に関する目標である。「国語を尊重してその能力の向上を図る態度を養う」ことが示してある。(2) 「第3 指導計画の作成と内容の取扱い」の1(1)の内容であり、主体的・対話的で深い学びの実現に向けた授業改善に関する配慮事項である。 2 (1)は「情報の扱い方に関する事項」のイ「情報の信頼性の確かめ方と理解し使うこと」に関する解説である。情報の受信、発信の際の情報の信頼性の確認について「その情報の事実関係や裏付ける根拠、一次情報の発信元や発信時期など、情報の信頼性について確かめることが重要である。」と示されている。 (2) 設問は第2学年の「B 書くこと」の指導事項ウ「根拠の適切さを考えて説明や具体例を加えたり、表現の効果を考えて描写したりするなど、自分の考えが伝わる文章になるように工夫すること。」の解説の空欄補充である。 (3) 第1学年の「C 読むこと」の言語活動例のウは、「学校図書館などを利用し、多様な情報を得て、考えたことなどを報告したり資料にまとめたりする活動」を示している。「多様な情報を得て」についての解説は情報を収集する意義についての内容である。

【高等学校】

【一】 1 (1) c (2) e (3) b 2 (1) a (2) e

〈解説〉本問は平成二十一年三月告示の高等学校学習指導要領からの出題であるが、新しい学習指導要領が平成三十年三月に告示されている。今後はこの改訂版からの出題も予想されるので早めに入手し、改訂点等を確認授業時数を確保し、計画的な指導が行われるようにするための目安である。(2)「国語表現」の指導事項の「ア　話題や題材に応じて情報を収集し、分析して、自分の考えをまとめたり深めたりすること」を効果的に達成するための「言語活動」の項目オの内容である。(3)「現代文B」は近代以降の様々な文章を的確に理解し、適切に表現する能力を高めるとともに、ものの見方、感じ方、考え方を深め、進んで読書することをふまえ、総合的な言語能力を育成することをねらいとした選択科目である。2 (1)は「国語総合」の「C　読むこと」の指導事項オの「幅広く本や文章を読み、情報を用いて聞いたり、ものの見方、感じ方、考え方を豊かにしたりすること」の内容説明である。(2)は「古典B」の「内容の取扱い」の(3)「文語文法の指導に関する事項」の解読である。「必要に応じてある程度まとまった学習もできるようにする」という指導内容は、生徒の文語文法についての理解度に応じた指導が前提となる。

二〇一八年度 実施問題

【中高共通】

【一】次の1～5の問いに答えなさい。

1 次の(1)～(4)の傍線部の漢字と同じ漢字を含むものを、あとのa～eの中からそれぞれ一つずつ選びなさい。

(1) 今日の午後は、古典の名作をコウシャクすることになっている。

a この作品こそ近代における日本風景画のコウシとなったものと言える。
b 魚類のヒレには、からだのヘイコウを保つのに必要な機能が認められる。
c 夏目漱石の『道草』には他の作品をダッコウする様子も描かれている。
d 戦争終了後に締結する平和条約は、コウワ条約ともいう。
e これまでに立てた計画のタイコウを見直す必要が生じている。

(2) 今年四月に国際交流都市のテイケイをしたA市とB市の代表が会合を持った。

a 村人の姿には、人生に対するテイカンのようなものが感じられる。
b 私も話に加えてもらったテイダンはとても楽しく展開された。
c 江戸時代にこの橋が日本全国のリテイの元と定められた。
d この作業は仕事を身につける一つのカイテイとして認識する。
e この書物は危機管理の要点を示したテイヨウである。

(3) 葛飾北斎の風景画の題にも見られるガイフウとは南から吹く快い風を意味する。

a　この作品は作者自身のキョウガイの変遷を見事に描きだしている。
b　彼は敬意をもって著書を読んでいた先生のケイガイに接して嬉しかった。
c　一生懸命練習をした成果が上がって、私の母校のチームにガイカがあがった。
d　あの人の論文にはシェイクスピアに関するガイハクな知識が反映されている。
e　生徒達がよくここまで成長してくれたとカンガイ深いものがあった。

(4)　丘の上にはシャゼンとした西洋館やレストランが並んでいる。
a　彼が罪をシャメンされたのに帰国しなかったのは自由を求めたからだ。
b　幼児は手前の物が後ろの物の一部をシャヘイしている絵が書けない。
c　その時代にシャシは領主によって厳しく取り締まられていた。
d　雪は午後になるとシャマクを上げたように降り止んだ。
e　あの噺家のシャダツな芸は他の誰も真似ができないほど優れている。

2　次の(1)・(2)の問いに答えなさい。
(1)　ふりがなの間違っている熟語を、次のa～eの中から一つ選びなさい。
a　椿事《ちんじ》　b　稗史《はいし》　c　箴言《かんげん》　d　眩暈《めまい》　e　軋轢《あつれき》
(2)　「形」という字を構成する部首「彡」の名称として正しいものを、次のa～eの中から一つ選びなさい。
a　さんづくり　b　こまぬき　c　したごころ　d　ほこづくり　e　おのづくり

3　次の(1)～(3)の問いに答えなさい。
(1)　次の四字熟語とその意味の組み合わせとして適切でないものを、次のa～eの中から一つ選びなさい。

a　拱手傍観　→　手をこまねいたまま、なりゆきを見守る。
b　粒々辛苦　→　一つの仕事の完成に苦心し、努力すること。
c　意気阻喪　→　気力がくじけ、元気がなくなること。
d　余韻嫋々　→　美しい音色が細長く尾を引いて絶えないさま。
e　有象無象　→　この世の一切は常に変化するということ。

(2)　慣用句の使い方として適切でないものを、次のa～eの中から一つ選びなさい。
a　頼みにいったが、彼はとりつく島もない態度だった。
b　「まさかあるまい」とたかをくくっていたことが現実になってしまった。
c　金に糸目をつけない研究設備は夢のようであった。
d　この書類は重要なものだから、下にも置かないように扱って下さい。
e　歯に衣を着せない二人の会話を側で聞くのは面白い。

(3)　「衣食足れば則ち栄辱を知る」と類似した意味を持つものを、次のa～eの中から一つ選びなさい。
a　治にいて乱を忘れず
b　羹に懲りて膾を吹く
c　恒産無き者は恒心なし
d　大道廃れて仁義有り
e　渇しても盗泉の水を飲まず

4　次の(1)・(2)の問いに答えなさい。
(1)　中学校で学習する助動詞「た」には、過去、完了、存続の三つの意味がある。完了の助動詞「た」を含む文を、次のa～eの中から一つ選びなさい。

a　テーブルの上にあなたの財布があった気がする。

b　私は、もうレポートを提出したよ。

c　そう言えば、今日は日曜日だったね。

d　昨日、漱石の『坊ちゃん』を読みました。

e　汚れた白衣で仕事をするのはよくありません。

(2)　次に挙げる文のうち、程度の副詞が用いられているものを、次のa～eの中から一つ選びなさい。

a　頭の疲れ方で経過した時間ははっきりとわかります。

b　その話は時間をかけてゆっくり聞かせて下さい。

c　道を行くと、やがて二十戸ばかりの集落が見えてきた。

d　彼女は雨が降り出す少し前に学校から帰ってきていた。

e　最初のうちは、当然、失敗も多いが学ぶことも多い。

5　次の(1)～(4)の問いに答えなさい。

(1)　次の説明に該当する歌人として適切な人物名を、あとのa～eの中から一つ選びなさい。

『千載和歌集』『新古今和歌集』などに作品が見え、後者の選者でもある。『小倉百人一首』の前身も彼の選と言われる。歌論書として『毎月抄』があり、有心体すなわち余情を重んじつつ、より技巧的で妖艶な美を主調とする理念を説く。代表的な和歌として「見わたせば花も紅葉もなかりけり浦のとまやの秋の夕暮」（新古今和歌集）があげられよう。

a　藤原公任　　b　藤原定家　　c　源実朝　　d　藤原俊成　　e　源俊頼

(2) 次の説明に該当する文学者として適切な人物名を、あとのa～eの中から一つ選びなさい。

仏文科の大学生時代に中原中也らを知り、批評活動を開始する。フランス象徴主義の影響下にあり、マルクス主義文学に対する批判的な立場をとる。日本の近代文学については私小説を中核とし、独自のリアリズム論を立てている。戦後は、音楽・美術・哲学などに評論活動の軸を移した。主たる著作に『無常といふ事』『本居宣長』などがある。

a 倉田百三　b 唐木順三　c 小林秀雄　d 亀井勝一郎　e 桑原武夫

(3) 次の古典の散文作品に関する説明として誤っているものを、次のa～eの中から一つ選びなさい。

a 近松門左衛門の『冥土の飛脚』は、忠兵衛と遊女梅川の事件に取材した世話浄瑠璃であり、主人公が金銭をだまし取られるなどして進退窮まり心中にいたる展開で、「此の世のなごり、夜もなごり」に始まる道行が著名である。

b 上田秋成の『雨月物語』は、和漢の説話や怪異小説を典拠とした怪異物語集だが原作をよく消化して、怪異場面の描写と迫真性にすぐれ、緊密な構成を有する。浮世草子に変わる新たなジャンルである読本の代表的な作品である。

c 安楽庵策伝の編纂した『醒睡笑』は、京都所司代板倉重宗の所望に応えて、笑話や小咄が分類集成されたものである。寺院、武将に関係する教訓的な滑稽説話集で、千を超える話が収められ、後の噺本や落語への影響も強い。

d 滝沢馬琴による『椿説弓張月』は、弓の名人である源為朝(鎮西八郎)が大島、九州や琉球を舞台に活躍する長編小説で、史実に空想を生かして描いている。武士道、儒教道徳、勧善懲悪と因果応報を根本思想とする。

e　為永春水による『春色梅児誉美』は、遊郭の養子である丹次郎と、彼をめぐる女性達の義理と意気地にも及びながら、彼らの関係を中心に幾組かの恋愛を描き、江戸の情緒をたたえつつ伝奇性を確保し、人情本を確立させた。

(4)　近・現代の小説家に関する説明として誤っているものを、次のa～eの中から一つ選びなさい。

a　庄野潤三は、平凡な市民の日常生活が簡単に失われることを淡々と描いた短編『プールサイド小景』で芥川賞をうけた。夫婦と幼い子供達を中心とする日々を描いた『静物』などが基本的な作風であるが、ほかに海外に取材した『ガンビア滞在記』がある。

b　中野重治は、プロレタリア文学を代表する詩人・小説家で、『歌のわかれ』は短歌的な叙情から抜け出そうとする自伝的な青春文学であり、戦後は民主主義文学の活動において再出発し政治と文学の関係を論じた。『むらぎも』は作者の青春の完結というべき小説である。

c　井上靖の小説家としての本格的な活動は、毎日新聞社に勤務しながらの戦後であり、好評を得た『猟銃』は複数の手紙で構成され人間の内面を描く。西域を舞台とする『天平の甍』『風濤』、日本の歴史に取材した『本覚坊遺文』、現代小説として『氷壁』がある。

d　安岡章太郎は、私小説の伝統を拡張しつつ、『海辺の光景』では海辺の精神病院で死んでゆく母を中心とした家族を息子の目から描き、『流離譚』は幕末から自由民権運動の時期にかけての安岡家の歴史を史実をもとに描いた。第三の新人の一人。

e　伊藤整は、当初叙情詩を発表していたが、新感覚派のあとをうけ反マルクス主義と芸術の自律性を主張する新興芸術派の流れに入った。ジョイス『ユリシーズ』の翻訳と並行して小説を発表した。『鳴海仙吉』には新興芸術派の論をふくみ、評論に『小説の方法』がある。

(☆☆☆☆◎◎◎)

【二】次の文章を読んで、あとの問いに答えなさい。

文学の内容は「言葉」である。言葉でつづられた人間の思惟《しい》の記録でありまた予言である。言葉をなくすれば思惟がなくなると同時にあらゆる文学は消滅する。逆に、言葉で現わされたすべてのものがそれ自身に文学であるとは限らないまでも、そういうもので文学の中に資料として取り入れられ得ないものは一つもない。子供の片言でも、商品の広告文でも、法律の条文でも、幾何学の定理の証明でもそうである。ピタゴラスの定理の証明の出て来る小説もあるのである。

ここで言葉というのは文字どおりの意味での言葉である。絵画彫刻でも音楽舞踊でも皆それぞれの「言葉」をもってつづられた文学の一種だとも言われるが、しかし、ここではそういうものは考えないことにする。

作者の頭の中にある腹案のようなものは、いかに詳細に組み立てられたつもりでも、それは文学ではない。またそれを口で話して一定の聴衆が聞くだけでもそれは文学ではない。象形文字であろうが、速記記号であろうが、ともかくも読める記号文字で、粘土板でもパピラスでも「記録」されたものでなければおそらくそれを文学とは名づけることができないであろう。つまり①文学というものも一つの「実証的な存在」である。甲某が死ぬ前に考えていた小説は非常な傑作であった、と言ってもそれは全く無意味である。

実際作物の創作心理から考えてみても、考えていたものがただそのままに器械的に文字に書き現わされるのではなくて、むしろ、②紙上の文字に現われた行文の惰力が作者の頭に反応して、ただ空で考えただけでは決して思い浮かばないような潜在的な意識を引き出し、それが文字に現われて、もう一度作者の頭に働きかけることによって、さらに次の考えを呼び起こす、というのが実際の現象であるように思われる。こういう創作者の心理はまた同時にその作品を読む読者の心理でなければならない。ある瞬間までに読んで来たものの積分的効果が読者の頭に作用して、その結果として読者の意識の底におぼろげに動きはじめたある物を、次に来る言葉の力で意識の表層に引き上げ、そうして強い閃光《せんこう》でそれを照らし出すというのでなかったら、その作品は、ともかくも読者の注意と緊張とを持続させて、最後まで引きずって行くことが困難であろう。これに反してすぐれた作家のすぐれた作品を読む時には、③作家があたかも読者の「私」の心の動きや運びと全く同じものを、しかしいつでもただ一歩だけ先導しつつ進んで行くように思われるであろう。「息もつけないおもしろさ」というのは、つまり、この場合における読者の心の緊張した活動状態をさすのであろう。④案を拍《う》って快哉《かいさい》を叫ぶというのは、まさに求めるものを、その求める瞬間に面前に拉《らっ》しきたるからこそである。

　こういう現象の可能なのは、畢竟《ひっきょう》は人間の心の動き、あるいは言葉の運びに、一定普遍の方則、あるいは論理が存在するからである。作者は必ずしもその方則や論理を意識しているわけではないであろうが、少なくもその未知無意識の方則に従って行なわれる一つの手ぎわのいい実験的デモンストラシオンをやって見せるのである。方則に従っていればこそ、それと同じような現象が過去にも起こりまた未来にも起こりうるのであり、かくしてその作品は［⑤］であると同時にまた［⑥］として役立つものとなるであろう。

　「狂人の文学」はわれわれの文学では有り得ないであろう。それは狂人の思惟《しい》の方則と論理に従って動いているからである。それらの方則はもはやなんらの普遍性を持たない。これがおそらくまた逆に狂人というものを定義する一つの箇条であろう。

［A］科学というものの内容も、よく考えてみるとやはり結局は「言葉」である。もっとも普通の世間の人の口にする科学という語の包括する漠然《ばくぜん》とした概念の中には、たとえばラジオとか飛行機とか紫外線療法とかいうようなものがある。しかしこれらは科学の産み出した生産物であって学そのものとは区別さるべきものであろう。また通俗科学雑誌のページと口絵をにぎわすものの大部分は科学的商品の引き札であったり、科学界の三面記事のごときものである。人間霊知の作品としての「学」の一部を成すところの科学はやはり「言葉」でつ

づられた[⑤]でありまた[⑥]であり、そうしてわれわれのこの世界に[⑦]なものでなければならないのである。

[B]文字で書き現わされていて、だれでもが読めるようになったものでなければ、それはやはり科学ではない。ある学者が記録し発表せずに終わった大発見というような実証のないものは新聞記事にはなっても科学界にとっては存在がないのと同等である。甲某は何も発表しないがしかしたいそうなえらい学者であるというようなうわさはやはり幽霊のようなものである。万人の吟味と批判に堪えうるか堪え得ないかを決する前には、万人の読みうる形を与えなければならないことはもちろんである。

[C]科学的論文を書く人が虚心でそうして正直である限りだれでも経験するであろうことは、研究の結果をちゃんと書き上げみがきあげてしまわなければその研究が完結したとは言われない、ということである。実際書いてみるまではほとんど完備したつもりでいるのが、⑧さていよいよ書きだしてみると、書くまでは気のつかないでいた手ぬかりや欠陥がはっきり目について来る。そうして、その不備の点を補うためにさらに補助的研究を遂行しなければならないようになることもしばしばあるのである。それからまた、頭の中で考えただけでは充分につじつまが合ったつもりでいた推論などが、歴然と目の前の文章となって客観されてみると存外疑わしいものに見えて来て、もう一ぺん初めからよく考え直してみなければならないようなことになる。そういう場合も決してまれではないのである。それで自分の書いたものを、改めて自分が読者の立場になって批判し、読者の起こしうべきあらゆる疑問を予想してこれに答えなければならないのである。そういう吟味が充分に行き届いた論文であれば、それを読む同学の読者は、それを読むことによって作者の経験したことをみずから経験し、作者とともに推理し、共に疑問し、共に解釈し、そうして最後に結論するものがちょうど作者の結論と一致する時に、読者は作者のその著によって発表せんとした内容の真実性とその帰結の正確性とを承認するの

である。すなわちその論文は［ ⑤ ］となると同時に［ ⑥ ］となるのである。

［D］実際、たとえばすぐれた物理学者が、ある与えられた研究題目に対して独創的な実験的方法を画策して一歩一歩その探究の歩を進めて行った道筋の忠実な記録を読んで行くときの同学読者の心持ちは、自分で行きたくて、しかも一人では行きにくい所へ手を取ってぐんぐん引っぱって行かれるような気がするであろう。また理論的の論文のすぐれたものを読むときにもやはりそれと似かよった感じをすることがしばしばあるであろう。もっとも読者の頭の程度が著者の頭の程度の水準線よりははなはだしく低い場合には、その著作にはなんらの必然性も認められないであろうし、従ってなんらの妙味も味わわれずなんらの感激をも刺激されないであろう。しかしこれは文学的作品の場合についても同じことであって、アメリカの株屋に⑨芭蕉《ばしょう》の俳諧《はいかい》がわからないのも同様であろう。

［E］科学的の作品すなわち論文でも、ほんとうにそれを批判しうる人は存外少数である。残りの大多数の人たちは、そういう少数の信用ある批判者の批判の結果だけをそのままに採用して、そうしてその論文のアブストラクトと帰結とだけを承認することになっている。芭蕉《ばしょう》の俳諧《はいかい》がわからなくても芭蕉の句のどの句がいい句であるという事を知り、またそれを引用し、また礼賛《らいさん》することもできるのと同様である。⑩これと反対にまた世俗に有名ないわゆる大家がたまたま気まぐれに書き散らした途方もない寝言のようなものが、存外有名になって、新聞記者はもちろん、相当な学者までもそれがあたかも大傑作であり世界的大論文であるかのごとく信ずるような場合もあるのである。これとても同じようなことは文学の世界にもしばしば起こるのであるが、ただ文学の場合には、あとからその「間違い」を証明することが困難であるのに、科学の場合には、それがはっきりと指摘できるから、この点は明らかにちがうのである。

（寺田寅彦「科学と文学」のなかの「言葉としての文学と科学」より。なお、表記は原文にしたがった。）

1　傍線部①「文学というものも一つの『実証的な存在』である」とあるが、その内容の説明として最も適切なものを、次のa～eの中から一つ選びなさい。

a　文学は、客観的に資料として利用できなければならないし、完結していなければならないということ。

b　文学は、創作者の心理状態を踏まえて書かれたものであり、作品は作者の潜在意識の証明であるということ。

c　文学は、客観的な視点から表現されたものであり、一定の方則に従って書かれたものであるということ。

d　文学は、事実をそのまま正確に写していなければならないし、後に証明可能でなければならないということ。

e　文学は、文字で書かれており、他の人が読んだり理解したりできるものでなければならないということ。

2　傍線部②「紙上の文字に現われた行文の惰力」とあるが、その内容の説明として最も適切なものを、次のa～eの中から一つ選びなさい。

a　読み手が文字の中に見い出した書き手の平凡な表現力。

b　文字によって文章を書き進めることで生まれてくるような力。

c　書き手がこれまでに読んできた文字による無意識的な創造力。

d　印刷された文字が読み手に働きかける論理的な展開力。

e　印刷された文字の裏側に感じ取れる書き手の力強い筆跡。

3　傍線部③「作家があたかも読者の『私』の心の動きや運びと全く同じものを、しかしいつでもただ一歩だけ先導しつつ進んで行くように思われる」とあるが、これと同じ内容の文章が書かれている段落は［A］～［E］のどれか、最も適切なものを、次のa～eの中から一つ選びなさい。

a　［A］　b　［B］　c　［C］　d　［D］　e　［E］

4　傍線部④「案を拍って快哉を叫ぶ」とあるが、これと同じ「案」の意味を含む熟語を、次のa～eの中から一つ選びなさい。

a　案件　b　腹案　c　机案　d　答案　e　案出

5　文章中の［⑤］・［⑥］に当てはまる言葉の組み合わせとして、最も適切なものを、次のa～eの中から一つ選びなさい。

a　⑤　原因　⑥　結果
b　⑤　記録　⑥　予言
c　⑤　疑問　⑥　解答
d　⑤　現実　⑥　理想
e　⑤　仮説　⑥　真実

6　本文中の［⑦］に当てはまる言葉として、最も適切なものを、次のa～eの中から一つ選びなさい。

a　普遍的　b　特徴的　c　独自的　d　貢献的　e　多義的

7　傍線部⑧「さていよいよ書きだしてみると、書くまでは気のつかないでいた手ぬかりや欠陥がはっきり目について来る」とあるが、その理由として最も適切なものを、次のa～eの中から一つ選びなさい。

a　書くことを通して、読み手を説得するために強引な推論を行っていたことに気づき、文章となった言葉の限界を改めて思い知るから。

b　書くことを通して、それまでに考えていたことが客観化され、文章となった言葉の論理がいまだ不備であることに気がつくから。

c　書くことを通して、他人から批評される機会が多くなり、書き手の中にこれまでとは違った考え方が新たに芽生えてくるから。

d　書くということは、読み手の立場に立って論理を展開することなので、書き手の主観の限界をはっきりと認識できるから。

e　書くということは、考えを忠実に文字に写し取ることなので、思考の不備が文字として書き手の前に出現するから。

8　傍線部⑨「芭蕉の俳諧」とあるが、芭蕉の句を、次のa～eの中から一つ選びなさい。

a　手をついて歌申しあぐる蛙《かはづ》かな

b　しをるるは何かあんずの花の色

c　菊の香や奈良には古き仏たち

d　五月雨や大河を前に家二軒

e　露の世は露の世ながらさりながら

9　傍線部⑩「これ」が指示する内容として最も適切なものを、次のa～eの中から一つ選びなさい。

a　科学的の論文でもほんとうにそれを批判しうる人は存外少数であること。

b　少数の信用ある批判者の批判の結果だけをそのまま採用すること。

c　少数の信用ある批判者。

d　大勢が支持するものを信用する批判者。

e　専門家でない人たちが礼賛するものを引用すること。

10　本文の文章構成についての説明として最も適切なものを、次のａ～ｅの中から一つ選びなさい。

a　文学について筆者の考え方の結論を述べてから、科学について具体的な例をいくつか示し、両者の言葉の共通点と相違点について、詳しく論じている。

b　文章の中心となる事柄を提示した後で、文学の言葉と科学の言葉の論理の違いについて比較検討し、最後に読み手の受け取り方の多様さに言及している。

c　文学と言葉との関係を述べてから、科学と言葉との関係に及び、具体例をあげながら考察した後、読み手の理解の問題に言及している。

d　文学の言葉と科学の言葉について、段落ごとに視点を変えて論を進め、最初の筆者の考えは次第に改められて、言葉についての新たな結論を導いている。

e　言葉の方則について、はじめに文学について論じてから科学について論じた後、文字を読むことの意味に言及し、両者の方法上の違いを明確にしている。

11　本文の内容に合致するものを、次のａ～ｅの中から一つ選びなさい。

a　文学も科学も誰にでも分かる言葉で表現されていることが重要な条件である。

b　文学も科学も実証的存在なので内容について常に証明できなければならない。

c　すべての思考は文字によって客観的に記録されることではじめて意味をもつ。

d　文字で書かれた文には潜在的な考えを引き出すことができる力が存在する。

e　科学的論文は論理的な思考が中心であり文学的な発想とは異質なものである。

（☆☆☆◎◎◎）

【三】鳥羽院に仕える乗清は玉垂が風で巻き上がった拍子に女院の姿を見て恋に陥る。恋の病に苦しむ乗清を憐れんだ女院は「自分は十五日の夜に阿弥陀堂に参詣するから、その際に姿だけでも見せよう」という意思を暗に伝える。乗清は毎月参詣して物陰から女院の姿をこっそりと見るようになる。次の文章は、それに続く場面である。本文を読んで、あとの問いに答えなさい。

ある時、女院《にようゐん》、そらさやを召し、仰けるは、「乗清は①いまだ参詣か」と仰ければ、そらさや、「さん候」と申給へば、「これ〳〵乗清に」とて、短冊を出し給へば、やがてこれを遣はし給へば、乗清これを見給へば、「あこぎ」と一筆遊ばしたるなり。「不思議やな、歌道に達者にて、多くの詞を見つれ共、あこぎといふこといまだ知らず。つく〴〵思ふに、か程《ほど》の事をさへ知らずして、及ぬ恋をして憧れける事よ。これに過たる恥はなし」と思ひ、これこそ道心の基《もとひ》よとて、やがてその名を西行と付き、修行し給ふ。

御心につく〴〵思ふ様《やう》、「先《ま》づ〳〵②聞ゆる伊勢へ参詣申さばや」と思ひ、三わたりの辺《ほとり》を通れば、賤《しづ》の子共数多《あまた》通りける。其中に、十七八ばかりなる童《わらんべ》が牛を牽《ひ》きて行ける。彼牛《かのうし》うへ麦を食ひけり。かの童《わらは》、「あこぎよ、如何に」とて、牛をしたゝかに打ちける。西行聞き給ひて、「あら不思議や」と思ひ、「如何にあの童、其牛をば何とて、「あこぎ」とて打ちけるぞ」と、問ひ給へば、童申けるは、「これは③知らせ給はずや。伊勢の国、阿漕《あこぎ》が浦とはこれなり。昔、阿漕と申者、此浦にて、隠しつゝ、殺生をして、網を引きしが、度重なりし故、現れて、彼沖に沈められしなり。その謂《いはれ》により、此浦を阿漕が浦といふなり。されば、歌にも、

　伊勢の国阿漕が浦に引く網も度重なれば現れぞする

先に此の牛人の麦を両度まで食ひ候が、今も食ひ候程に、主見候ては叱り候はん程に、牛をか様に申て、打

ち候」由申ければ、西行、「さては、女院の仰られしも④此事なりけるよ。度重なれば、我等が大事と思召て、御情のあまりに、か様に仰られける事の有難さよ」と思ひ、それよりいよ〳〵信心を致し給ふ。煩悩即菩提心《ぼんなうそくぼだいしん》、生死即涅槃《しやうじそくねはん》と、尊く、頼もしく思ひ、参宮申、下向に外宮《げくう》へ参り、時鳥《ほととぎす》鳴きければ、取敢へず、

鳴かずとも⑤こゝをせにせん時鳥山田の原の杉の群立《むらだ》ち

又、内宮《ないくう》にて、かくばかり、

⑥何事もそれをこれとは分かねども忝《かたじけな》きに涙落ちけり

と詠じて、それより下向し、先づ江州《がうしう》へと心ざし、筑紫《つくし》へ下り、七年修行して、八年と申に都へ上りて、有りし内裏の南の御門を通りけるが、「有難や、女院の御心ざしにより修行を遂げぬ」と、内裏の方を伏し拝みければ、折しも、女院縁行道《えんぎやうだう》して、四方《よも》の景色を御覧じて遊び給ふに、修行者《しゆぎやうじや》一人参り佇《たゝず》み、何となく南殿の方を⑦見遣りて侍りけるを⑧御覧じて、「如何に、只今の修行者は不審に覚ゆるなり」とて、御硯取り寄せ、御短冊一つ遊ばし、御前の女房達に、「急ぎ、只今の修行者に出し給へ」と仰られ、やがて御簾の外へ出し給へば、西行不審に思ひて、「さては、女院の我〳〵が有様を御覧じけるか」と、恥づかしく、又昔を思ひ出して、涙を浮かめ、笠を脱ぐに及ばず、御短冊を頂き、これを見給へば、御歌あり。

雲の上有りし昔に変はらねば見し玉垂《たまだれ》の内 A 恋しき

西行御返事に及ばず、やがて取敢へず、矢立より筆取り出し、御短冊の歌を一字直して参らせ給ふ。女房達受

け取り、御前に参り、「今の修行者が御短冊を見て、一字直して侍る」と、申させ給へば、女院御覧じければ、

雲の上有りし昔に変はらねば見し玉垂の内［B］恋しき

と直しけり。一字にて御返事に見えけり。「さては、西行なりけるよ」と思召、「あはれなる有様かな」と、御涙をぞ流し給ふ。

（『室町物語集』所収「西行」より）


女院＝天皇の生母や后、内親王などで、特に朝廷から院号を贈られた者。

そらさや＝女院に仕える女房の名。そらさやの侍従。

道心＝仏道修行をして悟りを求める心。

三わたり＝伊勢の国(現在の三重県)の地名。正確な位置は未詳。

我等が＝私の。卑下する気持ちを含む。

煩悩即菩提心、生死即涅槃＝煩悩の迷いがかえって悟りとなり、生死の迷いが解脱の境地の涅槃になるの意。

江州＝近江国(現在の滋賀県)。

筑紫＝筑前・筑後の古称。現在の福岡県。古くは、九州地方全体を指す。

縁行道＝経文や念仏を唱えたり、瞑想などをしたりしながら、仏堂や屋敷の周囲の縁側、長廊下などを歩くこと。

我〱が＝私の。卑下する気持ちを含む。

玉垂＝玉で飾ったすだれ。

1　傍線部①「いまだ参詣か」、②「聞ゆる伊勢へ参詣申さばや」、③「知らせ給はずや」の解釈として最も適切なものを、あとのa～eの中からそれぞれ一つずつ選びなさい。

①「いまだ参詣か」

a　まだ参詣していないのか
b　ちょうど今、参詣に来ているのか
c　ちょうど今、参詣に行ってしまったのか
d　まだ参詣を続けているのか
e　まだ参詣から戻らないのか

②「聞ゆる伊勢へ参詣申さばや」

a　女院に噂が届くように伊勢神宮へ参詣申し上げたらどうだろうか
b　女院に噂が届くように伊勢神宮へ参詣申し上げたい
c　時鳥の鳴き声が聞こえる伊勢神宮へ参詣申し上げよう
d　名高い伊勢神宮へ参詣申し上げたらどうだろうか
e　名高い伊勢神宮へ参詣申し上げたい

③「知らせ給はずや」

a　ご存じでいらっしゃらないのですか
b　まだお伝え申し上げていませんでしたか
c　お伝えくださいませんか
d　まだ伝えていらっしゃらないのですか

e　当然ご存じでいらっしゃるでしょう

2　傍線部④「此事」とはどのようなことか。最も適切なものを、次のa～eの中から一つ選びなさい。

a　参詣を繰り返すことが悟りを求める心を生み、仏道修行を遂げることにつながるのだということ。

b　「あこぎ」という言葉の意味すらわからないようでは、まだ歌道への精進が足りないということ。

c　牛が人の麦を繰り返し食べることで、童の主人もそのことに気がつき、童が叱られるということ。

d　乗清と女院は身分に加えて教養面でも大きな差があり、乗清の恋は、分不相応な恋だということ。

e　乗清が阿弥陀堂への参詣を続けていると、女院への恋が露見し身を滅ぼすことになるということ。

3　傍線部⑤「こゝをせにせん」の品詞の説明として正しいものを、次のa～eの中から一つ選びなさい。

a　連体詞＋名詞＋助詞＋名詞＋助詞＋動詞＋助動詞

b　名詞＋助詞＋名詞＋助詞＋動詞＋助動詞

c　連体詞＋名詞＋助詞＋動詞＋助動詞

d　名詞＋助詞＋動詞＋助動詞

e　名詞＋助詞＋名詞＋動詞＋助動詞

4　傍線部⑥「何事もそれをこれとは分かねども忝きに涙落ちけり」について、この歌を詠んだ作者の心情として最も適切なものを、次のa～eの中から一つ選びなさい。

a　初めての参詣のため道も不案内で不安だったが、無事に到着できて安堵している。

b　伊勢神宮にたどり着けたのは童の言葉のお陰だと気づき、ありがたく思っている。

c　どれほど尊い神がいらっしゃるか理解が及ばないほどの畏れ多さに感激している。

d　せっかく来たのにどれが何なのかわからず、己のあまりの無知に恥じ入っている。

e　時鳥と他の鳥の声が一体となって聞こえてくる様子に圧倒されて感極まっている。

5　傍線部⑦「見遣りて侍りける」、⑧「御覧じて」の主語の組み合わせとして正しいものを、次のa～eの中から一つ選びなさい。

a　⑦　西行　⑧　女院
b　⑦　そらさや　⑧　女院
c　⑦　女院　⑧　そらさや
d　⑦　修行者　⑧　西行
e　⑦　女院　⑧　西行

6　A と B には、どのような語が入れば、文脈上正しく意味が通るか。最も適切な組み合わせのものを、次のa～eの中から一つ選びなさい。

a　A　ぞ　B　も
b　A　ぞ　B　や
c　A　や　B　なむ
d　A　や　B　ぞ
e　A　は　B　も

7　本文の内容に合致するものを、次のa～eの中から一つ選びなさい。

a　そらさやの乗清への想いに気づいた女院は、そらさやを乗清のもとへと繰り返し遣わしたが、乗清は気づかなかった。
b　そらさやは出家して西行と名乗って旅に出るが、伊勢で女院が書いた「あこぎ」という言葉の真意に、偶然気づいた。

c　女院の慈悲の心に気づいた西行はますます仏道修行に励むようになり、七年間の修行を遂げ、ふたたび都を訪れた。

d　女院は怪しい様子の修行者が内裏の外から見ていることに気づき、早く立ち去るようにと遠回しに伝える歌を詠んだ。

e　西行は、女院の歌を一字書き換えるだけで見事な秀歌へと改善し、自分が西行であることをその実力で女院に伝えた。

8　本文は「西行」という作品の一部である。西行について説明した文章として正しいものを、次のa～eの中から一つ選びなさい。

a　平安時代後期の僧・歌人。若くして出家し東大寺の僧となり、のちに京都白河に歌林院を営み、歌人を集めて歌合わせや歌会を催した。家集『林葉和歌集』を著す。

b　平安時代後期の僧・歌人。北面の武士であったが、二十三歳で出家。諸国を行脚しながら、自然や人生を題材にした歌を多く詠んだ。『山家集』『聞書集』を著す。

c　平安時代後期・鎌倉時代前期の僧・歌人。天台座主を務めたのち、大僧正に任ぜられた。新趣向の歌を多く詠み、家集『拾玉集』のほか、史論書『愚管抄』も著す。

d　平安時代後期・鎌倉時代前期の歌人・随筆家。下鴨神社神官の子であり、上皇に召され、和歌所寄人になった。のちに出家・隠棲。『発心集』『無名抄』などを著す。

e　鎌倉時代中期の歌人。時の皇后に仕えるが、十代半ばで失恋の痛手から出家し仏門に入る。その経緯を記した日記『うたたね』の他、歌論書『夜の鶴』などを著す。

（☆☆☆◎◎◎）

【四】次の文章を読んで、あとの問いに答えなさい。ただし、設問の都合上、訓点を省いた部分がある。

孔子之レク楚ニ。而シテ有二リテ漁者一献レズ魚ヲ焉。孔子不レ受ケ。①漁者曰、天暑ク、市遠シ。無レキ所レ鬻《う》ル也。思慮スルニ弃《す》テンヨリハ二之ヲ糞壌《ふんじやう》ニ一、②不レ如レ献二之君子一。故ニ敢テ以テ進レム焉《これ》ヲ。於レテ是ニ③夫子再拝シテ受レケ之ヲ、④使二弟子掃レ地、将二以享祭一。門人曰ク、彼将レニ弃《す》テント之ヲ。⑤而夫子以祭レ之何也。孔子曰ク、吾聞レク諸《これ》ヲ、惜二シミテ其ノ腐《ふ》餒《じん》ヲ一、而欲二スル以テ務レメント施シヲ者ハ、⑥仁人之偶也。⑦悪有下ラン仁人之饋《おくりもの》ニシテ、而無レキ祭ル者上乎ト。

（『孔子家語』より）

＊糞壌＝汚れた土。ごみ捨て場。　＊享祭＝供え物を並べて神を祭る。　＊腐餒＝腐る。

1　傍線部①「漁者曰」とあるが、漁者の発言はどこからどこまでか。最も適切なものを、次のa～eの中から一つ選びなさい。

a　天暑～市遠。
b　天暑～無所鬻也。
c　天暑～不如獻之君子。
d　天暑～故敢以進焉。
e　天暑～將以享祭。

2　傍線部②「不如獻之君子」の解釈として最も適切なものを、次のa～eの中から一つ選びなさい。
a　この魚を君子に差し上げようとする必要はない。
b　この魚を君子に献上するようなものである。
c　この魚を君子に献上してもしなくても同じようなものだ。
d　この魚を君子に差し上げる方が失礼になる。
e　この魚を君子に差し上げる方がよい。

3　傍線部③「夫子」とは、誰をさすか。最も適切なものを、次のa～eの中から一つ選びなさい。
a　孔子
b　漁者
c　弟子
d　門人
e　仁人

4　傍線部④「使弟子掃地、將以享祭」の書き下し文として最も適切なものを、次のa～eの中から一つ選びなさい。

a　弟子の地を掃はしめ、将とするに享祭を以てす。
b　弟子に使ひして地を掃ひ、享祭を以て将とす。
c　弟子を使ひて地を掃ひ、将として以て享祭せんとす。
d　弟子をして地を掃はしめ、将に以て享祭せんとす。
e　弟子に使はしめて地を掃ひ、将に享祭を以てす。

5　傍線部⑤「而夫子以祭之何也」の書き下し文として最も適切なものを、次のa～eの中から一つ選びなさい。

a　而も夫子祭りの何を以てせんとするや。
b　而して夫子祭りを以て之を何とするや。
c　而るに夫子以て之を祭るは何ぞや。
d　而して夫子は以て祭りの何なるや。
e　而れども夫子以て祭りを何かせん。

6　傍線部⑥「仁人之偶也」を説明したものとして、最も適切なものを、次のa～eの中から一つ選びなさい。

a　ものを腐らせるのは惜しいとして、それを人に施すならば、偶然ではあっても仁人とみなされるということ。
b　ものを腐らせるのはもったいないとして、それを人に施そうとする者は、仁人と同類なのだということ。
c　ものを腐らせるのは残念なので、それを人に施そうとする者は、仁人との偶然の出会いを果たすことができるということ。

d　ものを腐らせるのは惜しいとしても、それを人に施す心づもりさえあれば、仁人の配偶者とみなされるということ。
e　ものを腐らせるのは惜しいことだから、それを人に施すように努めれば、仁人からの偶然の施しがあるということ。

7　傍線部⑦「悪」を説明したものとして最も適切なものを、次のa～eの中から一つ選びなさい。
a　「悪《いづ》くにか」と訓み、「どこに」という疑問の意で用いられる。
b　「悪《いづ》くんぞ」と訓み、「どうして」という反語の意で用いられる。
c　「悪《ああ》」と訓み、「ああ」と感嘆している様をあらわす。
d　「悪《にく》まば」と訓み、「嫌悪するならば」と仮定する意をあらわす。
e　「悪《あく》は」と訓み、「不正なことは」という意をあらわす。

8　本文の内容に合致するものを、次のa～eの中から一つ選びなさい。
a　孔子は、楚の国の漁師が差しだす魚を初め受け取らなかったが、漁師のことばを聞くや、その魚は仁人からの贈り物と同じだと思い至って、神に祭ろうとした。
b　孔子は、楚の国の漁師が差しだす魚が腐っているので受け取ろうとしなかったが、漁師のことばを聞くや、仁人からの贈り物だから受け取らざるを得ないと思った。
c　孔子は、楚の国の漁師を初めは失礼な人間だと思ったが、漁師のことばを聞くや、態度をあらため、魚を受け取って仁人への贈り物にすることにした。
d　孔子は、楚の国の漁師が差しだす魚を最初から受け取る気はあったので、漁師のことばを確認した上で魚を受け取り、その後、漁師に礼を丁寧に述べた。

e　孔子は、楚の国の漁師が差しだす魚を初めは断ったが、漁師のことばに感心した門人の気持ちを汲んで受け取り、その魚を神に供えようとした。

（☆☆☆◎◎◎）

【中学校】

【一】次の1・2の問いに答えなさい。

1　次の(1)と(2)は、平成二十年三月告示の中学校学習指導要領　国語における「各学年の目標及び内容」と「指導計画の作成と内容の取扱い」に示されている事柄である。［ア］・［イ］に該当するものを、あとのa～eの中からそれぞれ一つずつ選びなさい。

(1)　書いた文章［ア］、論理の展開の仕方や表現の仕方などについて評価して自分の表現に役立てるとともに、ものの見方や考え方を深めること。〔第3学年〕

a　についての振り返りを行い
b　と関連する資料を活用し
c　に応じて学習課題を決定し
d　を互いに読み合い
e　の読み返しを重視し

(2)　教材は、話すこと・聞くことの能力、書くことの能力、読むことの能力などを偏りなく養うことや読書に親しむ態度の育成をねらいとし、生徒の発達の段階に即して適切な話題や題材を［イ］こと。

a　精選して文や文章の中で取り上げる
b　精選して調和的に取り上げる

c　精選して効果的に取り上げる
d　精選して取り上げ、積極的に活用する
e　精選して取り上げ、繰り返し活用する

2　次の(1)～(3)は、平成二十年九月に刊行された『中学校学習指導要領解説　国語編』に示されている「内容」に関する問題である。それぞれの問いに答えなさい。

(1)　次の文章は、第3学年「C読むこと」の「指導事項　ウ」に関する解説の一部である。文章中の［ウ］に該当するものを、あとのa～eの中から一つ選びなさい。

一つの文章では気が付かなくても、複数の文章を比較しながら読むことにより、構成や展開、表現の仕方等の違いが分かってくることがある。そのことを通じて、［ウ］などについて評価する。

a　様々な文章の形式についての特徴や効果
b　場面や登場人物の設定
c　文章に表れた書き手のものの見方や考え方
d　文章の内容や作品の主題設定
e　書き手の意図と表現の工夫とのかかわり

(2)　次の文章は、第2学年〔伝統的な言語文化と国語の特質に関する事項〕のうち、「ア　伝統的な言語文化に関する事項」に関する解説の一部である。文章中の［エ］に該当するものを、あとのa～eの中から一つ選びなさい。

古典の世界を楽しむためには、生徒が古典の世界に積極的にかかわれるように工夫することが大切であり、作品の特徴を生かして朗読することは効果的な学習である。

朗読するに当たっては、現代語訳や語注などを手掛かりにして作品の内容を理解するとともに、
[エ]を想像しながら読むように留意する。

a　作中に隠された作者の願いや意図
b　古典に表れたものの見方や考え方など
c　現代とは大きく異なった考え方や表現上の工夫など
d　作品を貫くものの見方や考え方
e　そこに描かれている情景や登場人物の心情など

(3)　次の文章は、第1学年「A話すこと・聞くこと」の「言語活動例　ア」に関する解説の一部である。文章中の[オ]に該当するものを、あとのa～eの中から一つ選びなさい。

「報告や紹介」では、伝える事柄や事実と、それに対する自分の考えや感想などとの関係に注意して話すことが大切になる。また、何のために報告したり紹介したりするのかという目的や、相手はその話題についてどのような点に関心があり、[オ]などの状況によって、報告や紹介の仕方は変わってくる。

a　どのような興味や関心をもっているか
b　どのような知識や活動の経験があるか
c　どのような言語活動をこれまで行ってきたか
d　どのような情報を既にもっているか
e　どのような形式で交流活動をこれまで行ってきたか

（☆☆◎◎◎）

【高等学校】

【一】次の1・2の問いに答えなさい。

1　次の(1)～(3)は、平成二十一年三月告示の高等学校学習指導要領　国語における「国語表現」の「2　内容」、「現代文B」の「3　内容の取扱い」及び「古典A」の「1　目標」に示されている事柄である。［ア］～［ウ］に該当するものを、あとのa～eの中からそれぞれ一つずつ選びなさい。ただし、(1)は「国語表現」、(2)は「現代文B」、(3)は「古典A」に示されている事柄である。

(1)　相手の立場や異なる考えを尊重して課題を解決するために、［ア］しながら話し合うこと。

a　根拠の正確性を確認
b　論拠の妥当性を判断
c　具体的な事実に基づいて検討
d　予想される反論を想定
e　証拠となるデータや資料を収集

(2)　教材は、近代以降の様々な種類の文章とする。その際、現代の［イ］とする。また、必要に応じて翻訳の文章や近代以降の文語文などを用いることができる。

a　学校生活に必要とされる実践的な文章を扱うもの
b　社会生活に求められる有用な文章を扱うもの
c　社会や学校生活で役立つような文章を含めること
d　学校生活で活用されるべき資料や文章を含めること
e　社会生活で必要とされている実用的な文章を含めるもの

(3)　古典としての古文と漢文、古典に関連する文章を読むことによって、我が国の伝統と文化に対する理解を深め、[ウ]を育てる。

a　生涯にわたって古典に親しむ態度
b　他者との交流を通して古典を楽しむ姿勢
c　日常的に古典と関わろうとする態度
d　進んで古典を学習する意欲や態度
e　古典特有の表現を楽しもうとする姿勢

2

次の(1)と(2)は、平成二十二年六月に刊行された『高等学校学習指導要領解説　国語編』における「第1節　国語総合」及び「第3節　現代文A」に関する問題である。それぞれの問いに答えなさい。

(1)　次の文章は、「第1節　国語総合」の「3　内容」に関する解説の一部である。文章中の[エ]に該当するものを、あとのa～eの中から一つ選びなさい。

「要約」とは、文章の要点を押さえながら短くまとめることである。文章全体の要約が必要なのか、それとも[エ]ことが必要なのかなど、目的に応じて要約の仕方は異なってくる。

「詳述」とは、文章の難解な部分あるいは含蓄のある部分などを詳しく説明したり解説したりすることである。また、抽象的な事柄を具体例を示しながら分かりやすく説明したり、同じ文章の中から関連する表現や内容を取り上げて説明したりすることなどもいう。

a　構成や展開を整理する
b　部分的に要約する
c　根拠に基づいて説明する

d　特定の項目に関してまとめる
e　段落と段落とを関係づける

(2)　次の文章は、「第3節　現代文A」の「3　内容」に関する解説の一部である。文章中の［オ］に該当するものを、あとのa～eの中から一つ選びなさい。

「外国の文化との関係なども視野に入れ」るは、調べたり考えたりする際に用いる資料の幅広さを示している。「文章の内容や表現の特色を調べ」るは、調べる対象が、内容、表現の両面にわたることを示している。

具体的には、近代以降、我が国の言語文化が、外国の文化からどのような影響を受け、何を受容してきたのか、一方、外国において我が国の言語文化がどのように受容されているのかなどという視点から、外国の影響を強く受けている文章や、外国でよく受け入れられている文章の内容や表現の仕方などについて考察することになる。その際、我が国の文学の外国への紹介が進み、［オ］ようになってきていることや、外国人作家による日本語作品、日本人作家による外国語作品が生まれていることにも配慮する必要がある。

a　時代を越えて普遍的に世界で評価される
b　同時代的かつ客観的に世界で理解される
c　同時代的かつ普遍的に世界で評価される
d　時代を越えて普遍的に世界で理解される
e　同時代的かつ客観的に世界で評価される

（☆☆◎◎◎）

解答・解説

【中高共通】

【一】 1 (1) d (2) e (3) c (4) e 2 (1) c (2) a 3 (1) e (2) d (3) c 4 (1) b (2) d 5 (1) b (2) c (3) a (4) e

〈解説〉1 (1) 問題は「講釈」であり、aは嚆矢、bは平衡、cは脱稿、dは講和、eは大綱である。(2) 問題は「提携」であり、aは諦観、bは鼎談、cは里程、dは階梯、eは提要である。(3) 問題は「凱風」であり、aは境涯、bは傾蓋、cは凱歌、dは該博、eは感慨である。(4) 問題は「洒然」であり、aは赦免、bは遮蔽、cは奢侈、dは紗幕、eは洒脱である。 2 (1) cは「しんげん」と読み、格言を意味する。(2) 「彡」は彩り、模様、飾りなどに関わる漢字を作る。 3 (1) e「有象無象」は、数は多いが役に立たない者どものことを言う。またeは「諸行無常」である。(2) dの「下にも置かない」は非常に丁重にもてなすという意味であり、一般的に人に対して使われる。(3) 問題は「生活にゆとりができて、初めて人は礼儀に心を向けることができるようになる」といった意味である。cの恒産は「一定の財産や安定した職業」、恒心は「正しさを失わない心」の意味であり、『孟子』が語源といわれる。 4 (1) 完了にも過去の意味合いが入っているので、過去と判別しにくいかもしれない。過去は単なる時制を表したものに対し、完了は動作が完了したこと、つまり、前に必ず動作を表す言葉が入ると考えてよい。一方、存続は現在もその状態が続いている場合を指す。(2) dの「少し」が程度の副詞である。程度の副詞は主に用言を修飾する。 5 (1) 「『小倉百人一首』の前身の選者」で戸惑う人もいるかもしれないが、『新古今和歌集』の選者、『毎月抄』の著者から藤原定家を導き出したい。藤原定家は鎌倉初期の歌人で、新古今風を大成した。(2) 小林秀雄の代表作として問題のほかに、『様々なる意匠』『私小説論』などがあるのでおさえておきたい。

(3) a 末尾にある『「此の世のなごり、夜もなごり」に始まる道行が有名である』は、『曾根崎心中』を指す。

(4) eの伊藤整が提唱したのは「新心理主義文学」である。

【二】 1 e 2 b 3 d 4 c 5 b 6 a 7 b 8 c 9 b 10 c 11 d

〈解説〉1 傍線を含む段落の内容を考える。前は「記録」の重要性を述べており、傍線部の後で「甲某が死ぬ前に…」からeが最も適切と考える。他肢ではaは「完結していなければならない」、bは「作者の潜在意識の証明」、cは「一定の方則」、dは「証明可能」などが不適である。 2 後に続く内容をまとめればよい。傍線部は「書き手」が文章を書いている段階であること、したがって「印刷された文字」は無関係であることを踏まえて考えること。 3 Dにある「自分で行きたくても、しかも一人では行きにくい所へ手を取ってぐんぐん引っぱって行かれるような気がするであろう」が該当する。 4 ④にある「案」は机のこと。cの机(几)案は同じ意味の漢字が並べられた熟語であり、「机」を意味する。 5 ⑤、⑥は三箇所あるが、最初の⑤、⑥の直前に「同じような現象が過去にも起こりまた未来にも起こりうる」とあることから⑤は過去、⑥は未来を表す言葉が該当すると考える。そして、前の文章にキーワードとして「記録」があげられており、また、最後の⑤、⑥の後文で「実際、たとえば…道筋の忠実な記録を読んでいくとき」とあるので⑤は「記録」とわかる。なお、問題文の第一段落第二文に「言葉でつづられた人間の思惟の記録でありまた予言である」とある。 6 ⑦を含む段落の第一文で先の内容を受けている(科学の内容も「言葉」と同様)であることが示されている。そこで前段落を読むと「狂人の文学」は普遍性を持たないため、文学たり得ないといったことが述べられている。　7　⑧の後文二文を読むとよい。キーワードとしては「不備」や「客観化」があげられる。　8　蕉風俳諧は、伝統を踏まえた上で新しい素材を詠んだことを特徴とする。なお、aは山崎宗鑑、bは松永貞徳、dは与謝蕪村、eは小林一茶である。　9　「これ」を指示語で使用する場合は近称を意味するので、まず直前の内容をみること。前の内容を見るとa、bが考えられるが、⑩の後文でいわゆる大家が書いた文章の扱いについて述べられていることからaは該当しないことがわかる。　10　はじめに文学について述べ、[A]から科学にもあてはまるといったことが述べられている。そして[D]から読み手について言及している。なお、文学と科学の大きな相違点については、最後の一文でしか述べられていないことに注意する。
11　aは「誰にでも分かる言葉で」が誤り。筆者は普遍性ということを述べてはいるが、読者の理解とは分けて論じている。bは「常に証明できなければならない」が誤り。cは「客観的に」が誤り。eは「文学的な発想とは異質なものである」が誤り。[A]にある通り、筆者は文学も科学も「言葉」という次元で同じであるとする。

【三】1　①　d　②　e　③　a　2　e　3　b　4　c　5　a　6　d　7　c
8　b

〈解説〉1　①　女院が阿弥陀堂において、乗清に手紙を差し出す前に、乗清の参詣を確認している。
②「聞ゆる」は、世間に聞こゆるということから、有名な、という意味。「ばや」は願望を表す。　③　助動詞「す」は、しばしば尊敬の動詞と共に用いられ、最高の尊敬を表す。　2　④前後の内容を考えること。阿漕の行為と行く末、童が牛を叱っていることが、西行にもあてはまるとしている。　3　いくつに区切れるかが理解できれば、正答できる問題。⑤は「ここを瀬にせん」と書き、瀬とはここでは場所を意味する。歌意は

「おまえが鳴かないにしても、ここをおまえの鳴き声を聞く場所にしよう。ほととぎすよ。山田の原の杉が群がり立つここを」である。　4　西行(乗清)は、目的であった伊勢にやってきていること。また、⑤⑥の二首の直前には、「尊く、頼もしく」思っていることを踏まえて考えるとよい。　5　⑦⑧あたりで、尊敬語が用いられているのは、女院の行動のみであること踏まえて考えるとよい。　6　ＡＢの直後は「恋しき」と連体形になっている。係り結びを考えるに空欄には、「ぞ」「なむ」「や」「か」のみが入る。その上で、Ａには疑問の係助詞「や」が入り、Ｂには強調の係動詞「ぞ」が入ることで、疑問文とそれへの回答という二首になる。なお、係助詞「なむ」も強調の意を表すが、会話中で多く用いられ、和歌にはあまり用いられない。　7　ａの「そらさやの乗清への想い」は一切述べられていない。ｂは「そらさや」ではなく、「乗清」が正しい。ｄは後半の歌の内容が誤り。ｅは「見事な秀歌へと改善し」が誤り。西行は一字変えただけで返歌を読んだのである。　8　西行は元武士であったことと同時に、家集『山家集』をおさえておきたい。ａは俊恵、ｃは慈円、ｄは鴨長明、ｅは阿仏尼である。

【四】　1　ｄ　2　ｅ　3　ａ　4　ｄ　5　ｃ　6　ｂ　7　ｂ　8　ａ

〈解説〉1　「於是」以下で夫子の行動が述べられるので、この前までが発言の内容であると考えられる。　2　「不如」は及ばない、劣るという意味である。　3　「夫子」は長者、賢者、先生などの敬称で、ここでは孔子の敬称として使われている。　4　「使」は使役の意味があり、「使$_{二}$ＡＢ$_{一}$」の形で「ＡをしてＢせしむ」と読む。また「將」は再読文字で「まさ(に)……す」と読む。　5　「而」は、順接の場合は「しか(して)」「しこ(うして)」と読み、逆説の場合「しか(るに)」「しか(も)」と読む。　6　「偶」は類《たぐい》、仲間といった意味であることを踏まえて考えるとよい。　7　「悪」以下の内容は、反語になっていることに注意すること。　8　ｂは「魚が腐っている」、ｃは「初めは失礼な人間だと思った」「仁人への贈り物にすることにした」、ｄ

は「最初から受け取る気はあったので」、eは「門人の気持ちを汲んで」が誤りである。

【中学校】

【一】1 (1) d (2) b 2 (1) a (2) e (3) d

〈解説〉1 (1)は「B 書くこと」の「エ 交流に関する指導事項」の記述、(2)は「指導計画の作成と内容の取扱い」の「3 取り上げる教材についての観点」の記述である。学習内容については、学年ごとに内容を把握する方法もあるが、近年では一つの学習項目について、学年によってどう異なるかを把握しているかを問う問題も多いので注意したい。 2 (1)は「文章を読み比べるなどして、構成や展開、表現の仕方について評価すること」、(2)は「作品の特徴を生かして朗読するなどして、古典の世界を楽しむこと」、(3)は「日常生活の中の話題について報告や紹介をしたり、それらを聞いて質問や助言をしたりすること」に関する解説文である。解説文を理解するには、学習指導要領の内容を実際の授業にどう反映させるかをイメージしながら学習するとよい。

【高等学校】

【一】1 (1) b (2) e (3) a 2 (1) d (2) c

〈解説〉1 目標や学習内容について、近年では学習項目について、各科目の共通点や相違点に焦点を当てた問題が頻出している。各科目の内容をきちんと整理しておくことが求められる。 2 (1)は「C 読むこと」の「イ 文章を的確に読み取ること、要約や詳述をすることに関する指導事項」、(2)は「広い視野に立って文章の内容や表現の特色を調べ、発表したり論文にまとめたりする言語活動」に関する文章である。特に(2)は国語を学習する必要性や外国語の学習意義などが示されているので、熟読しておくこと。

二〇一七年度 実施問題

【中高共通】

【一】次の1～5の問いに答えなさい。

1 次の(1)～(4)の傍線部の漢字と同じ漢字を含むものを、あとのa～eの中から一つずつ選びなさい。

(1) 提示された案は彼らしいオンケンな解決策であった。

a その俳優はケンジツな芸風からファンも多く、劇評家の間でも評判がいい。
b 山小屋から眺める正面のルートはシュンケンな岩壁に思われた。
c 殊に難しい字にはケンテンをつけ、その傍らに片仮名でルビを振ってあった。
d こんなにたくさん食べるなんて、あなたのケンタンぶりには驚いた。
e その僧侶は、学問の世界ではケンガクの僧として知られている。

(2) 彼は留学中、グランドキャニオンなどのメイショウの観光をする余裕もあった。

a 彼は宣伝課長だが、ショウガイ事務のほかにアート・ディレクターとしての仕事もこなしている。
b その小学生は、体育大会初の記録を出してヒョウショウされた。
c その試合で彼は、僅差でシンショウした。
d 彼女の静かな物言いは、かえって周囲とのセッショウをうまく運んだ。
e その会社は月々相当の額をショウカンしているが、経営には余裕がある。

(3) 彼にはつゆばかりも包み匿さず、シッカイ話して聞かせた。

a　サツマイモやダリアは、カイコン植物である。
b　彼女には別な考えがあるらしいが、私にはカイモク推測できない。
c　その研究会では、先輩・後輩もショッカイも関係なく議論できた。
d　周囲の人たちは、私のジュッカイを丁寧に聞いてくれた。
e　指名されると、彼はすぐに立ち上がって意見をカイチンした。

(4)　コウイン人を待たずというように、時を大切にして努力しなければならない。
a　彼の書く仮名は俗流を脱し、フウインがある。
b　その書物の背表紙には、美しい字体で題名がインサツされている。
c　彼女の家とその俳優の実家とは、遠いインセキ関係にある。
d　事典の文献目録とサクインをつくる仕事がまだ残っていた。
e　彼はヤインに乗じて家の外へ忍び出た。

2　次の(1)・(2)の問いに答えなさい。

(1)　ふりがなの間違っている熟語を、次のa～eの中から一つ選びなさい。
a　造詣《ぞうけい》　b　杜撰《ずさん》　c　上梓《じょうし》　d　逼迫《ひっぱく》　e　沛然《しぜん》

(2)　「差」という字を構成する部首「工」の名称として正しいものを、次のa～eの中から一つ選びなさい。
a　たくみ　b　いのこ　c　かたへん　d　おつ　e　こへん

3　次の(1)～(3)の問いに答えなさい。

(1)　次の四字熟語とその意味の組み合わせとして適切でないものを、次のa～eの中から一つ選びなさい。
a　権謀術数　→　たくみに人をあざむくようなはかりごと。

b 拱手傍観 → 手をこまねいて、何もせずに、ただ眺めていること。
c 不撓不屈 → いかなる困難にもくじけたり屈したりしないこと。
d 栄枯盛衰 → 盛んに栄えることと、枯れ衰えること。
e 金城湯池 → 金で築いた城のなかで、贅沢に暮らすこと。

(2) 慣用句の使い方として適切でないものを、次のa～eの中から一つ選びなさい。
a 彼の演技力は歌舞伎界で一級だと折り紙をつけられている。
b 故郷の家が残っているかと思ったが、身も蓋もなくなっていた。
c このままの具合で試合が続けば、私たちが優勝する公算が大きい。
d 彼は今度の選挙のために、外を家にして活動している。
e 彼女の生け花は、伝統的な流派の流れを汲んでいる。

(3) 「朱に交われば赤くなる」と類似した意味を持つ故事成語を、次のa～eの中から一つ選びなさい。
a 水は方円の器に随う。
b 大山鳴動して鼠一匹。
c 君子の交わりは淡きこと水の若し。
d 朝に道を聞かば夕べに死すとも可なり。
e 羊頭を懸けて狗肉を売る。

4 次の(1)・(2)の問いに答えなさい。
(1) 次にあげる文に含まれる活用した「れる・られる」について、受け身表現でないものを、あとのa～eの中から一つ選びなさい。

a　金閣寺は義満によって建てられたが、現在のものは昭和に再建したものだ。
b　太郎は友人に論文をほめられ、とてもうれしかった。
c　激動の世を生きた彼は、晩年穏やかな日を迎えられ、幸福だった。
d　昔から津軽の山々は日本三大森林地の一つに数えられ、著名である。
e　その建物の窓という窓には灯がともされ、遠くからでも人の影のちらついているのがわかった。

(2)　連体詞が用いられている文を、次のa～eの中から一つ選びなさい。
a　掌に乗るコンピュータだが、高度な計算をこなすことができる。
b　大都市は全体が盛んな活動をしているように思われる。
c　彼女は突然きれいな声で童謡を歌い始めた。
d　君の大きな希望を実現させるには、冒険が必要だろう。
e　彼は高価な研究書を手に入れ、さらに勉強に身が入った。

5　次の(1)～(4)の問いに答えなさい。

(1)　次の説明に該当する適切なものを、あとのa～eの中から一つ選びなさい。
九〇一年に『日本三代実録』が完成したが、これは律令制を背骨とする古代国家の完成を示すと言われている。これへ続く時期に、この勅撰集が編纂されたのは文学史的にひとつの転機を示すものである。それは和歌が漢詩と対等の地位を公認されたことを意味するからである。歌体は短歌を中心とし、万葉集の「ますらをぶり」に対して「たをやめぶり」の美をもつ。

a　凌雲集　　b　新撰万葉集　　c　後撰和歌集　　d　文華秀麗集　　e　古今和歌集

(2)　次の文の説明に該当する適切な人物を、あとのa～eの中から一つ選びなさい。

明治三十三(一九〇〇)年、大阪市に生まれる。進学した士官学校でフランス語を学ぶ。士官候補生となったが、退学して家業を手伝う。大正十一(一九二二)年、三高文科に進学して桑原武夫や丸山薫らを知り、詩作に入る。大正十四(一九二五)年、東大仏文科に進学。「乳母車」「甃のうへ」などを発表。詩集『測量船』は散文詩を中心とし、叙情詩と西欧象徴詩とを融和した古典派の詩風をもつ。

a　萩原朔太郎　b　三好達治　c　西脇順三郎　d　室生犀星　e　伊東静雄

(3)　日記文学に関する説明として誤っているものを、次のa～eの中から一つ選びなさい。

a　『蜻蛉日記』は藤原道綱母によるが、成立の経緯は不明。兼家との贈答歌を中心に、日々の感想を書き集めていたと考えられている。日常語による内的な独白であり、情念の動きのままに心の内に浮かびあがるものを表現した、自照文学の最初の作品である。

b　『とはずがたり』の作者は後深草院の女房二条。作者が後深草院に愛された十四歳の時に始まり、四十九歳までの自伝的作品。内容は宮廷における生活から、鎌倉・伊勢など後深草院の葬送を含む出家後の修行紀行に至る。苦悩を行動にかえた作者の個性が示されている。

c　『更級日記』は菅原孝標女による。道綱母はその伯母である。作者が十三歳の年から四十年間に及び、一貫して京都に過ごした日々の回想を綴ったもの。詞書を拡大させた家集的な叙述を中核とし、晩年まで物語を耽読した生活とその物語への感慨が記されている。

d　『讃岐典侍日記』の作者は藤原顕綱女長子。堀河天皇につかえ典侍となった。上巻は堀河天皇の病気の様子、下巻は天皇崩御ののち、鳥羽天皇に仕えたこと、即位、大嘗会までのことが書かれている。伝統的な女流日記のなかで、死を取り上げたことで注目される。

e　『和泉式部日記』は、自作、第三者の作、藤原俊成の作などの説がある。自作とすれば、和泉式部の恋愛の相手、帥宮敦道親王が、一〇〇七年に亡くなったので、その喪に服していたころ、故宮を追憶して書いたものと考えられている。贈答歌と地の文のなかに、二人の緊迫した心理を描く。

(4) 近・現代の作家に関する説明として誤っているものを、次のa～eの中から一つ選びなさい。

a　島崎藤村は一八七二年、長野県に生まれ、明治学院を卒業後、明治女学校、東北学院を経て、小諸義塾の教師となる。この間詩集『若菜集』『夏草』などを発表。その後、詩から散文に転換、『破戒』『春』『家』などを発表。『夜明け前』では父をモデルとした人物の目と行動を通して、明治維新前後の時代を、その苦悩を交えて描いた。

b　横光利一は一八九八年、福島県に生まれ、早稲田大学高等予科に入学して文学に熱中する。川端康成、菊池寛などを知り、『文藝春秋』の編集同人となる。ヨーロッパの心理主義文学に影響されて実験作品を発表したが、物質文明と精神的伝統などをテーマとした『旅愁』は未完に終わった。

c　堀辰雄は一九〇四年、東京都に生まれ、第一高等学校在校中から芥川龍之介らに師事した。一九三〇年喀血のため療養生活に入る。『美しい村』はプルースト、『風立ちぬ』はリルケの思想に影響された。彼はヨーロッパ文学に親しんだほか、日本古典文学に題材をとった作品も生み出した。

d　中島敦は一九〇九年、東京都に生まれ、東京帝国大学で国文学を学んで英語と国語の教師となる。代表作『山月記』は『西遊記』の一節に基づき、『光と風と夢』も中国古典に取材した日記形式の作品である。登場する主人公は、彼の精神の具体化であるが、一方で観念の世界からの脱出も志向した。

e　大岡昇平は一九〇九年、東京都に生まれ、京都帝国大学で仏文学を学び、スタンダールを研究した。臨時召集をうけてフィリピンに送られ、のちに俘虜となる。復員後『俘虜記』を執筆し、収容所生活の部分には異常な人間性のひずみを描く。『野火』はこの主題を推し進め、『レイテ戦記』では戦争の全体像を復元した。

（☆☆☆☆◎◎◎）

【二】次の文章を読んで、あとの問いに答えなさい。

哲学といえば、たいていのひとは、ソクラテスやプラトンからデカルト、カントをへて、ハイデガー、ウィトゲンシュタインにいたる西洋哲学史上の人物を思い浮かべるようだ。そして、哲学を学ぶとは、そういうひとたちの書いたものを読んで、理解することだと思っているひとが多い。しかし、そういうやり方で、哲学の真髄《しんずい》に触れることは、絶対にできない。少なくとも、ぼくはそう確信している。

本人にとってはどんなに興味深い、重大な意味をもつものであっても、他人の見た夢の話を聞くことは、たいていの場合、退屈なものだ。それと同じように、他人の哲学を理解することは、しばしば退屈な仕事である。そして、どんなによく理解できたところで、しょせんは何か①まとはずれな感じが残る。ほんとうのことを言ってしまえば、他人の哲学なんて、たいていの場合、つまらないのがあたりまえなのだ。おもしろいと思うひとは、有名な哲学者の中に、たまたま自分によく似たひとがいただけのことだ、と思ったほうがいい。いずれにしても、他人の哲学を研究し理解することは、哲学をするのとはぜんぜんちがう種類の仕事である。

哲学というものは、最初の第一歩から、つまり哲学なんてぜんぜん知らないうちから、何の②お手本もなしに、自分ひとりではじめるのでなければ、［　③　］はじめることができないものなのだ。つまり、哲学の勉強をしてしまったら、もうおそいのだ。勉強は哲学の大敵である。

そんなことをいっても、何の手だてもなしに、自分ひとり、はだか一貫で、哲学をはじめるなんてことが、ほんとうにできるものなのだろうか？　と、こう思うひとも多いにちがいない。だが、できるのだ。ぼくが読者の方々に④伝授したいやりかたは、とてもかんたんなものだ。大人になるまえに抱《いだ》き、大人になるにつれて忘れてしまいがちな疑問の数々を、⑤つまり子どものときに抱く素朴な疑問の数々を、自分自身がほんとうに納得がいくまで、けっして手放さないこと、これだけである。

子どもとは何だろう。そして、子どもが大人になるとは、どういうことだろう。思うに、それはこうだ。子どもは、まだこの世の中のことをよく知らない。それがどんな原理で成り立っているのか、まだよくわかっていない。では、大人はわかっているのだろうか。⑥ある程度はそうだ。大人はわかっている。しかし、全面的にわかっているわけではない。むしろ、大人とは、世の中になれてしまって、わかっていないということを忘れてしまっているひとたちのことだ、とも言えるだろう。

⑦ソクラテスはかつて、こんなことを言った。世の識者たちは、自分がだいじなことを知らないということに気づいていない。つまり、わかっていないということを忘れてしまっている。それに対して、自分は、知らないということを知っている。つまり、わかっていないということを忘れていない。この点で、世の識者たちよりも自分のほうがものごとがよくわかっている、と言えるだろう、と。

「知らないということを知っている」ことを「無知の知」という。知っていると思い込んでいるひとは、もう知ろうとしないだろうが、知らないとわかっているなら、なお知ろうとしつづけるだろう。知ることを求めつづけるこのありかたを「フィロソフィア」という。「フィロ」とは愛し求めることであり、「ソフィア」とは知ることである。つまり、「フィロソフィア」とは、知ることを愛し求めることを意味する。これが、哲学という言葉(英語ではフィロソフィ)の語源だ。

だとすれば、子どもはだれでも哲学をしているはずである。子どもは、たしかに、自分が知らないということを知っている。ただ、子どもはソクラテスとちがって、たいていの場合、大人たちもほんとうはわかっていないのに、わかっていないということがわからなくなってしまっているだけだ、ということを知らない。そして、「大人になれば自然にわかる」とかなんとか教えられ、そう信じ込まされて、わかっていないということがわからない大人へと成長していくのだ。

大人だって、対人関係とか、世の中の不公平さとか、さまざまな問題を感じてはいる。しかし大人は、世の中で生きていくということの前提となっているようなことについて、疑問をもたない。子どもの問いは、その前提そのものに向けられているのだ。世界の存在や、自分の存在。世の中そのものの成り立ちやしくみ。過去や未来の存在。宇宙の果てや時間の始まり。善悪の真の意味。生きていることと死ぬこと。それに世の⑧習いとしての倫理(たとえば、知っている人に会ったらあいさつするとか)の不思議さ。などなど。こうしたすべてのことが、子どもにとっては問題である。

子どもは、ときに、こうした疑問のいくつかを、大人に向けて発するだろう。だが、たいていの場合、大人は答えてはくれない。答えてくれないのは、問いの意味そのものが、大人には理解できないからである。【 ⑨ 】答えてくれたとしても、その答えはまとはずれに決まっている。せいぜいよくて、世の中で通用しているたてまえを教えてくれるか、何だか知らないがそうなっているのだよ、と率直に無知を告白してくれるか、そんなところだろう。子どもは、問うてみても無駄な問いがあることをさとることになる。

つまり、大人になるとは、⑩ある種の問いが問いでなくなることなのである。だから、それを問い続けるひとは、⑪大人になってもまだ〈子ども〉だ。そして、その意味で〈子ども〉であるということは、そのまま、哲学をしている、ということなのである。

(永井均『〈子ども〉のための哲学』一九九六年五月、講談社)

1　傍線部①「まとはずれな」は、肝要な点をはずれていることを意味する。この言葉と逆の意味をもつ慣用的表現として最も適切なものを、次のa～eの中から一つ選びなさい。

a　まとを射た
b　まとを得た
c　まとになる
d　まとを絞る
e　まとを置く

2　傍線部②「お手本」の「手本」の読み方と、熟語の音訓の順序が同じものを、次のa～eの中から一つ選びなさい。

a　粗品　b　荷物　c　湯煙　d　白露　e　存在

3　［　③　］・［　⑨　］に当てはまる言葉として最も適切なものを、それぞれ次のa～eの中から一つ選びなさい。

③　a　なぜ　b　もし　c　けっして　d　たとえ　e　あたかも
⑨　a　かりに　b　ただ　c　たぶん　d　まさか　e　まるで

4　傍線部④「伝授」と同じ組み立てで構成されている熟語を、次のa～eの中から一つ選びなさい。

a　行進　b　左右　c　読書　d　未知　e　流星

5　傍線部⑤「つまり」の本文中におけるはたらきとして最も適切なものを、次のa～eの中から一つ選びなさい。

a　累加　b　選択　c　順接　d　結論　e　換言

6　傍線部⑥「ある程度はそうだ」とあるが、この文で使われている「そう」と同じ品詞が用いられているものを、次のa～eの中から一つ選びなさい。

a　部屋に屏風一そうを立てた。
b　これはそう高い買い物ではない。
c　北へ、そうして西へとみんな旅立っていった。
d　花が明日には咲きそうだ。
e　東京では雨が降るそうだ。

7　傍線部⑦「ソクラテスはかつて、こんなことを言った」とあるが、ソクラテスがこのように語った内容は、どのような態度につながると筆者は考えているか。最も適切なものを、次のa～eの中から一つ選びなさい。

a　他人の哲学を研究する
b　哲学をする
c　哲学の勉強をする
d　他人の哲学を理解する
e　哲学を知る

8　傍線部⑧「習い」の意味として最も適切なものを、次のa～eの中から一つ選びなさい。

a　習性　　b　習癖　　c　習合　　d　慣習　　e　温習

9　傍線部⑩「ある種の問い」とあるが、その内容に合致しないものを、次のa～eの中から一つ選びなさい。

a　世の中で生きていくということの前提となっている世界の存在や、自分の存在などについての疑問。

b　大人たちもほんとうはわかっていないのに、わかっていないということがわからなくなっている事柄への疑問。

c　「大人になれば自然にわかる」と信じ込まされて、わかっていないということがわからなくなってしまった疑問。

d　納得がいかないこととして子どものときに抱き、大人になるにつれて忘れてしまいがちな素朴な疑問。

e　知ることを愛し求めるということにおいて、自分が大切なことを知らないということに気づいていないことへの疑問。

10　傍線部⑪「大人になってもまだ〈子ども〉だ」の説明として最も適切なものを、次のa～eの中から一つ選びなさい。

a　子どものときに、西洋哲学を中心にソクラテスからはじまってウィトゲンシュタインまでの著作を読んで理解することから、哲学の真髄に触れようとした大人のこと。

b　知識よりも子どものときに抱くような素朴な疑問を大切にし、哲学の真髄に触れるような疑問をあきらめずに考え続ける大人のこと。

c　ソクラテスが自分と他者である世の識者たちを相対化したように、自分とはどのような存在であるのかという哲学の真髄に触れるような疑問を考え続ける大人のこと。

d　さまざまな問題を感じて考えることを大切にし、子どものときにしか感じることができないことを体験することから、哲学の真髄に触れるような疑問を抱く大人のこと。

e　世の中で生きていくということの前提となっていることへの疑問を、哲学の真髄に触れるために、子どものときに大人たちに向けて繰り返し発していた大人のこと。

11　本文の内容に合致しないものを、次のa～eの中から一つ選びなさい。

a　世の識者たちはわかっていないということを忘れてしまっている。同じように、大人たちもわかっていないということがわからなくなってしまっている。

b　ソクラテスは自分が知らないということを知っている。同じように、子どもも自分が知らないということを知っているので、彼らはさまざまな疑問をもっている。

c　ソクラテスは自分がわかっていないということを忘れておらず、「無知の知」の自覚がある。逆に、世の識者たちは大事なことを知らないことに気づいてもいない。

d　子どもは自分がわからないということを知っている。しかし、子どもは大人たちもかつてはわからないということをわかっていたことには気づいていない。

e　大人たちは世の中に慣れてしまって、わかっていないということを忘れてしまっている。しかし、中にはわかっていないということを忘れずにい続ける人もいる。

(☆☆☆◎◎◎)

【三】次の文章は、『十訓抄』の一部である。本文を読んで、あとの問いに答えなさい。

成方といふ笛吹ありけり。①御堂入道殿より大丸といふ笛を②たまはりて、吹きけり。めでたきものなれば、伏見修理大夫俊綱朝臣ほしがりて、「千石に買はむ」とありけるを、売らざりければ、たばかりて、使をやりて、売るべきの由いひけり。そらごとをいひつけて、成方を召して、「笛得させむといひける、③本意なり」と悦びて、「あたひは乞ふによるべし」とて、「ただ買ひに買はむ」といひければ、成方、色を失ひて、「④さることと申さず」といふ。

この使を召し迎へて、尋ねらるるに、「　　Ａ　　」といふほどに、俊綱大きに怒りて、「人をあざむき、すかすは、その咎、軽からぬことなり」とて、雑色所へ下して、木馬に乗せむとするあひだ、成方いはく、「身の暇をたまはりて、この笛を持ちて参るべし」といひければ、人をつけて遣はす。

軒のもとに下りて、腰より笛をぬきいでていふやう、「このゆゑにこそ、かかる目は見れ。情けなき笛なり」とて、石を取りて、灰のごとくにうちくだきつ。

大夫、笛を取らむと思ふ心の深さにこそ、さまざまかまへけれ。今はいふかひなければ、⑤いましむるに及ばずして、追ひ放ちにけり。

のちに聞けば、あらぬ笛を、大丸とてうちくだきて、もとの大丸はささいなく吹き行きければ、大夫の⑥をこにてやみにけり。はじめはゆゆしく⑦はやりごちたりけれど、つひにいだしぬかれにけり。

木馬＝拷問の道具の一つ。

1　傍線部①「御堂入道」は平安時代における著名な貴族であり、この人を中心に書かれた物語もある。この人物名として正しいものを、次のa～eの中から一つ選びなさい。
　a　源高明　　b　平清盛　　c　菅原道真　　d　藤原道長　　e　紀貫之

2　傍線部②「たまはり」の敬語の種類として正しいものを、次のa～eの中から一つ選びなさい。
　a　尊敬の本動詞　　b　尊敬の補助動詞　　c　謙譲の本動詞　　d　謙譲の補助動詞
　e　丁寧の本動詞

3　傍線部③「本意なり」とは、具体的には誰のどのようなようすを言っているのか。最も適切なものを、次のa～eの中から一つ選びなさい。

a　俊綱朝臣の物事の道理を説くようす。
b　成方の仕方なくあきらめたようす。
c　俊綱朝臣の満ち足りたようす。
d　成方の本心とは裏腹なようす。
e　御堂入道の名人を賞賛するようす。

4　傍線部④「さること」とはどのようなことか。最も適切なものを、次のa～eの中から一つ選びなさい。
a　俊綱朝臣を怒らせるようなこと。
b　元々は御堂入道殿から笛をもらったということ。
c　俊綱朝臣の使いに約束をしたこと。
d　しばらく暇をもらいたいということ。
e　笛を売るということ。

5　「　A　」には、どのような文言が入れば文脈上正しく意味が通ると考えられるか。最も適切なものを、次のa～eの中から一つ選びなさい。
a　一度は考へ候ふ
b　まさしく申し候ふ
c　たしかに伝へ候ふ
d　一度は諾はず候ふ
e　たしかに違へ候ふ

6　傍線部⑤「いましむる」、⑥「をこ」の解釈として最も適切なものを、あとのa～eの中からそれぞれ一つずつ選びなさい。

⑤「いましむる」

a 望み通りになる　b 囲い込む　c 罰する　d 留めおく　e 忌々しく思う

⑥「をこ」

a しくじったこと　b 怒りがおさまらないこと　c だまされたこと　d 馬鹿げたこと

e 貪欲であること

7 傍線部⑦「はやりごちたりけれど」の品詞の説明として正しいものを、次のa～eの中から一つ選びなさい。

a 動詞＋接尾語＋助動詞＋助動詞＋接続助詞

b 動詞＋接尾語＋助詞　＋動詞　＋助動詞　＋接続詞

c 動詞＋接尾語＋名詞　＋助動詞＋助動詞

d 動詞＋助動詞＋助動詞＋接続詞

e 動詞＋名詞　＋動詞　＋助動詞

8 本文の中心的な内容として最も適切なものを、次のa～eの中から一つ選びなさい。

a 御堂入道殿が大丸を遣わした成方が、いかに知恵を働かせてその恩に報いたのかというところにこの文章の眼目がある。

b 俊綱朝臣の名笛への執着に対して、御堂入道殿の権威をうまく利用した成方がどのように大丸を守ったのかというところにこの文章の眼目がある。

c 成方と使いの者との知恵の出しあいとその攻防に対して、俊綱朝臣がどのような印象を持ったのかというところにこの文章の眼目がある。

d　俊綱朝臣の策略に対して、成方がどのような知恵を働かせて使いの者をうまくあざむいたのかというところにこの文章の眼目がある。

e　俊綱朝臣の身分をたのんだ横暴な振る舞いに対して、成方が機知に富んだ思慮深い行動をとり、難を逃れたところにこの文章の眼目がある。

9　『十訓抄』は鎌倉時代中期頃に成立した、十の教訓に基づく説話集であるが、説話文学の系譜に合わない作品を、次のa～eの中から一つ選びなさい。

a　古今著聞集　b　山家集　c　沙石集　d　宇治拾遺物語　e　発心集

（☆☆◎◎◎）

【四】次の文章を読んで、あとの問いに答えなさい。ただし、設問の都合上、訓点を省いた部分がある。

韓非子ニ曰ク、楚ノ人和氏《くわし》得二玉璞《ぎょくはく》ヲ楚山ノ中一ニ、奉ジテ献ズ二厲王《れいわう》一ニ。①王使玉人相之。曰ク、石也ト。王以テレ和ヲ為シテレ詐《いつは》レリト而刖《あしきる》ル二其ノ左足ヲ一。及ビ二武王即クニレ位ニ、和又献ズレ之ヲ。王使玉人相之。②又曰、石也ト。王又以テレ和ヲ為シテレ詐レリト而刖ル二其ノ右足ヲ一。文王即クレ位ニ。和乃チ抱キテ二其ノ璞ヲ一而哭スルコト二於楚山之下ニ一三日三夜、泣《なみだ》盡《つ》キテ而③継之以血。王聞二之ヲ一、使下人問二其故ヲ一曰上、天下ニあしきラルル刖ラルル者多④矣一。

⑤子奚哭之悲一。和曰ク、吾ハ非下悲シムニ刖ラルルヲ也一。悲シムハ夫か寶玉ニシテ

而題スルニ之ヲ以テシ石ヲ、⑥貞士ニシテ而名ヅクルニ之ニ以テセラルルヲ詐リヲ。此吾ガ

所三以悲シムト也一。⑦王乃使下玉人理二其璞ヲ一而得上レ寶焉。遂ニ命ジテ曰二フ和

氏之璧ト一。

（『蒙求』より）

玉璞＝掘り出されたままでまだみがいていない玉。

1　傍線部①「王使玉人相之」の書き下し文として最も適切なものを、次のa〜eの中から一つ選びなさい。

a　王玉を人に使わして之を相す。

b　王玉人をして之を相せしむ。

c　王の使ひの玉人、之を相す。

d　王の使ひ、玉人と相ひ之く。

e　王玉人をして相ひ之かしむ。

2　傍線部②「又曰」とあるが、「曰」の主語として最も適切なものを、次のa〜eの中から一つ選びなさい。

a　韓非子　　b　和氏　　c　玉人　　d　厲王　　e　武王

3　傍線部③「繼之以血」を説明したものとして最も適切なものを、次のa〜eの中から一つ選びなさい。

a 「之、以て血に繼がんとす」と読み下し、涙も尽き果て、この悔しさを後の血縁者に継ごうとしたことを示している。

b 「之に繼ぐに血を以てす」と読み下し、悲憤・悲哀のあまり涙も涸れて、血の涙を流していることを示している。

c 「繼ぎ之けば以て血たり」と読み下し、泣くのをずっと継続していると身体全体から血がにじんでくるという様を示している。

d 「之を繼がんには血を以てせんとす」と読み下し、哭することをもってこの悲しみを血縁者に継続させようとする様を示している。

e 「繼ぎ之かんには血を以てす」と読み下し、哭することをずっと継続してゆくためには血の出るような努力が必要であることを示している。

4 傍線部④「矣」の意味として最も適切なものを、次のa～eの中から一つ選びなさい。

a 意志
b 疑問
c 推量
d 禁止
e 断定

5 傍線部⑤「子奚哭之悲」の解釈として最も適切なものを、次のa～eの中から一つ選びなさい。

a お前が泣き悲しむのには、わけがあるにちがいない。
b お前は理由があって泣き悲しんでいるのだろう。

c　お前が泣き悲しむからお前の子供も泣き悲しむのだ。
d　お前はどうしてそのようにひどく泣き悲しむのか。
e　お前がどんなに泣き悲しんでも悲しみは尽きないのだ。

6　傍線部⑥「貞士」とは誰を指すか、最も適切なものを、次のa～eの中から一つ選びなさい。
a　韓非子
b　楚人一般
c　和氏
d　文王
e　玉人

7　傍線部⑦「王乃使玉人理其璞而得寶焉」の解釈として最も適切なものを、次のa～eの中から一つ選びなさい。
a　王はそこで玉造りの磨きの技を使って、他の石からも宝玉を得させた。
b　王の使いを務めた玉造りは、その原石を磨いてまるで宝玉のように仕上げた。
c　王は玉造りが落ち着いて磨いたなら、原石が宝玉になることがわかっていた。
d　王はなんと玉造りに命じて原石を整理させ、その中から宝玉を見つけ出させた。
e　王はそこで玉造りに命じてその原石を磨かせたところ、立派な宝玉を得た。

8　本文の内容に合致するものを、次のa～eの中から一つ選びなさい。
a　和氏は「玉人」の言葉によって詐欺罪に問われて「刖刑」ともなった。が、文王の時、楚山で得た「璞」が宝玉であったことが証され、和氏の名誉は回復された。

b　和氏が「刖刑」となったのは「玉人」の言葉によってであり、和氏に責任のあることではなかった。和氏は無実を涙ながらに文王に訴えたが、受け入れられなかった。
c　和氏は詐欺罪で「刖刑」を受け、両足を失ってしまった。そこで文王の時に泣いて助けを求めたところ、和氏の真心が通じ和氏の名誉は回復された。
d　和氏は厲王と武王を欺くことはできずに「刖刑」となった。が、文王に対しては涙ながらに訴えたため、文王も欺かれて「石」を「宝玉」とみなすことになった。
e　和氏は、厲王と武王の時の「玉人」は無実の人間を「刖刑」に陥れる悪意ある人間であり、文王の時の「玉人」は善意で行動する理性的な人間である、と考えた。

(☆☆☆◎◎◎)

【中学校】

【一】次の1・2の問いに答えなさい。

1　次の(1)と(2)は、平成二十年三月告示の中学校学習指導要領　国語における「各学年の目標及び内容」と「指導計画の作成と内容の取扱い」に示されている事柄である。〔　ア　〕・〔　イ　〕に該当するものを、あとのa～eの中からそれぞれ一つずつ選びなさい。

(1)　目的や状況に応じて、資料や機器など〔　ア　〕話すこと。

a　の特性を生かしながら
b　を効果的に活用して
c　と学習内容とのかかわりをふまえながら

d　がどのように利用できるかについて考えながら
e　様々な教材を使用して

(2)　言葉の特徴やきまりに関する事項については、日常の言語活動を振り返り、言葉の特徴やきまりについて気付かせ、［　イ　］ことを重視すること。

a　言語生活の向上に役立てる
b　知識をまとめる
c　我が国の伝統と文化に対する関心や理解を深める
d　公正かつ適切に判断する
e　社会生活において効果的に活用する

2

次の(1)～(3)は、平成二十年九月に刊行された『中学校学習指導要領解説　国語編』に示されている「内容」に関する問題である。それぞれの問いに答えなさい。

(1)　次の文章は、第3学年「B書くこと」の「指導事項」に関する解説の一部である。文章中の［　ウ　］に該当するものを、あとのa～eの中から一つ選びなさい。

学習活動としての評価は、生徒自身が表現を客観的にみる能力を育て、表現能力を一層伸ばすことに役立つ。また、［　ウ　］によって気付かされたり改めて認識したりしたことを意識し、自分の表現をよりよいものに高めたり、自分の見方や考え方を深めたりすることも重要である。

a　教師からの指摘や評価
b　指摘されたり助言されたりしたこと
c　自分の書いた文章に対する評価

d　自分の文章を他者のものと比較すること
e　互いに読み合い、評価し合うこと

(2)　次の文章は、第2学年「C読むこと」の「指導事項」に関する解説の一部である。文章中の［　エ　］に該当するものを、あとのa～eの中から一つ選びなさい。

文章の構成や展開、表現の仕方について「自分の考えをまとめる」際には、「根拠を明確に」することを重視する。具体的には、文章の構成や展開、表現の仕方について自分の考えを書いたり発表したりする際に、自分の考えを支える根拠となる段落や部分などを挙げるようにすることが考えられる。その際、［　エ　］ことが重要である。

a　書き手の目的を想像させる
b　書き手の意図との関連を考えさせる
c　書き手のものの見方や考え方を理解させる
d　書き手の表現の仕方について整理させておく
e　書き手の立場に立つことの重要性に気付かせる

(3)　次の文章は、第1学年〔伝統的な言語文化と国語の特質に関する事項〕のうち、「伝統的な言語文化に関する事項」に関する解説の一部である。文章中の［　オ　］に該当するものを、あとのa～eの中から一つ選びなさい。

「古典特有のリズムを味わ」うためには、古典の文章を繰り返し音読して、その独特のリズムに気付かせることが重要である。古文や漢文は、音読することによってそのリズムに気付くことが多い。［　オ　］ことを重視し、五音、七音の繰り返しなどの特徴について理解を深めるようにする。

a　グループ学習を通して古典に親しむ
b　生徒自身の語感を磨く
c　音読を通して古文特有のきまりを知る
d　相互交流の中で古典特有のリズムを味わう
e　生徒自らが特有のリズムに気付く

（☆☆☆◎◎◎）

【高等学校】

【一】次の1・2の問いに答えなさい。

1　次の(1)～(3)は、平成二十一年三月告示の高等学校学習指導要領　国語における「国語総合」の「2　内容」、「現代文A」の「2　内容」及び「古典B」の「2　内容」に示されている事柄である。［　ア　］～［　ウ　］に該当するものを、あとのa～eの中からそれぞれ一つずつ選びなさい。ただし、(1)は「国語総合」、(2)は「現代文A」、(3)は「古典B」に示されている事柄である。

(1)　言語文化の特質や我が国の文化と外国の文化との関係について気付き、伝統的な言語文化への［　ア　］こと。

a　興味・関心を広げる　　b　理解を深める　　c　認識を確かなものとする
d　学習意欲を高める　　e　見方・感じ方を養う

(2)　近代以降の言語文化についての［　イ　］し、様々な資料を読んで探究して、言語文化について理解を深めること。

a　情報を活用　　b　目的を明確に　　c　知識を豊かに　　d　課題を設定

e　問題を明らかに

(3)　古典を読んで、我が国の文化の特質や［　ウ　］との関係について理解を深めること。

a　我が国の伝統と言語文化　　b　古典に表れた人間の生き方とその考え方

c　我が国の文化と外国の文化　　d　古典文学と漢文学

e　我が国の文化と中国の文化

2　次の(1)と(2)は、平成二十二年六月に刊行された『高等学校学習指導要領解説　国語編』における「第2節　国語表現」及び「第4節　現代文B」に関する問題である。それぞれの問いに答えなさい。

(1)　次の文章は、「第2節　国語表現」の「3　内容」に関する解説の一部である。文章中の［　エ　］に該当するものを、あとのa～eの中から一つ選びなさい。

「解説や論文」は、内容が正確であり、さらにそれが［　エ　］に基づいたものであることなどが求められる。そこで、「関心をもった事柄について調査したことを整理」することを前提としている。

「調査したことを整理」するとは、収集した情報を無批判に受け入れたり用いたりすることなく、多角的に分析、考察して必要なものを取捨選択し、解説や論文などにまとめる際の資料として活用できるような形に整えることである。その際、必要に応じて、過去の事例や理論的背景などについても調べた上で、まとめる必要がある。

a　適当な根拠　　b　妥当な論拠　　c　十分な証拠　　d　具体的な事例

e　適切な方法

(2)　次の文章は、「第4節　現代文B」の「2　目標」に関する解説の一部である。文章中の［　オ　］に該当するものを、あとのa～eの中から一つ選びなさい。

文章を理解することは、書き手や文章中の人物のものの見方、感じ方、考え方に触れ、それについて思考したり、想像したり、批評したりする活動であり、それには表現活動が伴うことが多い。このことは、後段の、読み手としての「ものの見方、感じ方、考え方を深め」ることにつながり、生徒の視野を広げ、感受性を養い、更に思考を進めていく上での刺激となり、糧となる。社会生活においては、情報をとらえ、考察し、それをまとめて表現するということが日常的に行われ、それによって自らを高めたり、人間関係を築いたりしていく。理解と表現の能力を高め、［　オ　］は、そのために必要不可欠なことである。

a　生徒の個性を伸ばすための機会を与えること
b　生徒の内面を豊かに形成すること
c　生徒の人格形成に十分な時間をかけること
d　生徒の資質を常に問うこと
e　生徒の精神に働きかけて学習を促すこと

（☆☆☆◎◎◎）

解答・解説

【中高共通】

【一】 1 (1) d (2) c (3) b (4) e 2 (1) e (2) a 3 (1) e (2) b (3) a 4 (1) c (2) d 5 (1) e (2) b (3) c (4) d

〈解説〉1 (1) 傍線部は「穏健」。a「堅実」、b「峻険」、c「圏点」、d「健啖」、e「兼学」。(2) 傍線部は「名勝」。a「渉外」、b「表彰」、c「辛勝」、d「折衝」、e「償還」。(3) 傍線部は「悉皆」。a「塊根」、b「皆目」、c「職階」、d「述懐」、e「開陳」。(4) 傍線部は「光陰」。a「風韻」、b「印刷」、c「姻戚」、d「索引」、e「夜陰」。 2 (1) eは「はいぜん」と読む。「雨の盛んに降るさま」の意。(2) 「工」(たくみ)は、工具・工作の意を表す。 3 (1) 金城湯池は、守りが堅固で容易に攻め落とすことのできない城のこと。(2) 「身も蓋もない」とは、露骨に表現しすぎて、含みや味わいがないこと。(3) どちらの故事成語も「人は交わる相手によって善人にも悪人にもなること」の意で、悪い感化力に限らず、善悪両方の感化力についていう。 4 (1) cは可能の意を表す。(2) 「大きな」は体言「希望」を修飾しており、活用はしないので連体詞である。 5 (1) 古今和歌集は最初の勅撰和歌集である。(2) 他の選択肢の人物について代表的詩集は以下のとおり。a『月に吠える』。c『Ambarvalia』。d『抒情小曲集』。e『わがひとに与ふる哀歌』。(3) cは「一貫して京都に過ごした」が誤り。『更級日記』は、父の任国上総から帰京する旅行記に始まる。(4) dの『山月記』が基づくのは清の説話集『唐人説会』の中の『人虎伝』。

【二】 1 a 2 b 3 ③ c ⑨ a 4 a 5 e 6 b 7 b 8 d

9 e　10 b　11 d

〈解説〉1　「まとを射た」は、うまく目標に当てることから、的確に要点をつかむことを言う。「まとを得る」は、「当を得る」「要領を得る」などとの混同。　2　「手」(て)は訓読み。「本」(ホン)は音読み。aは音・訓、cは訓・訓、dとeは音・音の順序。　3　③　空欄を含む文の文末に「ない」があるので、否定を強調する副詞を入れる。　⑨　空欄のすぐ後に「ても」があることから仮定を表す副詞を入れる。　4　似た意味の漢字で構成されている熟語を選ぶ。　5　傍線部⑤の前の「大人になるにつれて忘れてしまいがちな疑問の数々を」を、「子どものときに抱く素朴な疑問の数々を」と言い換えている。　6　傍線部⑥の「そう」は、直前の内容を指し示す指示語である。　7　傍線部⑦の次の段落で、ソクラテスが述べたことは「無知の知」とまとめられる。そして、さらに次の段落で「無知の知」を自覚している「子どもはだれでも哲学をしているはずである」と述べている。　8　「世の習い」とは、世間で普通に行われていることをいう。　9　傍線部⑩は子どもが抱く疑問を指す。傍線部⑩の直前の2段落で特に具体例があげられている。　10　子どもの特にどのような性質について、〈子ども〉と強調して表されているかを問われている。傍線部⑪の直前に「それを問い続けるひとは」とある。「それ」は設問9で見た「ある種の問い」を指し示す。つまり、様々な素朴な疑問である。　11　dの後半部については、本文中で言及されていない。

【三】1 d　2 c　3 c　4 e　5 b　6 ⑤ c　⑥ d　7 a　8 e　9 b

〈解説〉1　藤原道長が著した日記が後世『御堂関白記』と呼ばれたことを覚えておきたい。ただし、道長は関白にはなっていないことに注意。　2　ここでは他の動詞には付いていないので、補助動詞ではなく本動詞。

「受く」「もらふ」の謙譲語である。 3 「本意」とは「本来の意志。目的」の意。「笛を与えようと成方が言ったのは、本来の意志である」となる。俊綱朝臣の願ったとおりになっている。 4 俊綱朝臣が、成方が笛を売ってくれる前提で話を進めているのである。成方はそれを否定する。 5 俊綱朝臣と成方を仲介した使の言葉である。俊綱朝臣が怒る内容であり、「人をあざむき、すかす」(人を欺いて騙す)ことだと述べている。 6 ⑤ 成方は笛をこなごなに打ち砕いてしまったので、今はもうどうしようもないとして、「罰する」ことには及ばないとして、解放されたのである。 ⑥ 「をこ」はおろかなことをいう。 7 「はやり／ごち／たり／けれ／ど」と分解される。 8 本文末尾に「つひにいだしぬかれにけり」とある。 9 bは西行の家集(個人の歌集)である。

【四】 1 b 2 c 3 b 4 e 5 d 6 c 7 e 8 a

〈解説〉「完璧」の由来となった、和氏の璧に関する故事である。 1 「使」は使役を表す。「使二XY一」の形で、「XをしてYせしむ」と読む。 2 「曰」の内容は、「石也」である。玉人が再び「石である」と判断したのである。 3 漢文では目的語は動詞の後に続く。「之」は、「涙」を指す。涙が枯れたので、次は血を流したのである。 4 「矣」は文末に置かれ、訓読では読まない。断定を主に表す。 5 「子」は二人称の代名詞。「奚」(なん(ぞ))は疑問・反語を表す。 6 「貞士」は、みさおの正しい人の意。宝石だと正しく判断したのに、偽りであるとされた人物を選ぶ。 7 「使」は使役を表す。「理」は、みがくことの意。ただし、動詞「理」が何を表すかは、まだ磨かれていない原石から、宝石を得るために何をしなければならないか考えれば推測できるだろう。 8 b 文王ははじめて和氏の訴えを受け入れた王である。 c 助けを求めたのではなく、自分の玉璞が石ではなく宝玉だということを訴えたのである。 d 欺いてはいない。

e　厲王と武王の時の玉人に悪意があったかどうかは本文には書かれていない。また、文王の時の玉人は王の命令で玉を磨いたにすぎない。

【中学校】

【一】 1 (1) b (2) a 2 (1) c (2) b (3) e

〈解説〉学習指導要領は、全体の構成の中で細部を体系的に理解しておくことが重要である。 1 (1)は第2学年の「A話すこと・聞くこと」話すことに関する指導事項、(2)は各学年の内容の〔伝統的な言語文化と国語の特質に関する事項〕の配慮事項のひとつである。 2 (1)は第3学年「B書くこと」の「交流に関する指導事項」、(2)は第2学年「C読むこと」の「自分の考えの形成に関する指導事項」、(3)は第1学年〔伝統的な言語文化と国語の特質に関する事項〕の「伝統的な言語文化に関する事項」に関する解説の一部である。

【高等学校】

【一】 1 (1) a (2) d (3) e 2 (1) b (2) b

〈解説〉学習指導要領は、全体の構成の中で細部を体系的に理解しておくことが重要である。 1 (1)は「国語総合」の〔伝統的な言語文化と国語の特質に関する事項〕の「伝統的な言語文化への興味・関心を広げることについての事項」、(2)は「現代文A」の「近代以降の言語文化についての課題を探究し、理解を深めることに関する指導事項」、(3)は「古典B」の「我が国の文化の特質、我が国の文化と中国の文化との関係について理解を深めることに関する指導事項」である。 2 (1)は「第2節　国語表現」の「3　内容」の「調査したことを整理して、解説や論文にまとめる言語活動」、(2)は「第4節　現代文B」の「2　目標」の「文章を的確に理解」することの意義を解説した部分から始まる箇所である。

二〇一六年度　実施問題

【中高共通】

【一】次の1～4の問いに答えなさい。

1　次の(1)～(4)の傍線部の漢字と同じ漢字を含むものを、あとのa～eの中から一つずつ選びなさい。

(1)　安全運転をレイコウしている。

a　借用した文献をヘンレイする。
b　彼女は花鳥画にレイヒツをふるった。
c　ごレイシツによろしくお伝えください。
d　サッカーは教育の目的でショウレイされた。
e　見事なレイショの作品ですね。

(2)　土地をタンポに資金を借りる。

a　子どもは行儀良くタンザしている。
b　共同出資でフタンを軽くしよう。
c　彼も少年時代に冒険小説をタンドクしていた。
d　彼は自分で自分の勇気とタンリョクに驚いた。
e　この水墨画にはコタンの趣がある。

(3)　彼は宇宙に関する興味深いワヘイを引用した。

a　従来のヘイシュウは早々と改められた。
b　学芸員の資格もヘイユウしていることが望ましい。
c　そのことが事態をヘイソクさせるだろうか。
d　その国では現行のカヘイ制度を改めようとしている。
e　地位は高いがオウヘイな態度はとらない人だ。

(4)　市民と行政の一体感をジョウセイする。
a　あの人の主張はいつでもジョウリにかなっている。
b　有志たちのジョウザイで、美しい碑が建てられた。
c　私の故郷は昔からジョウゾウ業が盛んである。
d　私はこのエピソードの中にケンジョウの美徳を発見した。
e　地球の外郭を構成する地層がチョウジョウしている。

2
次の(1)～(3)の問いに答えなさい。

(1)　読み方の間違っている熟語を、次のa～eの中から一つ選びなさい。
a　遊山《ゆさん》　b　雪洞《ぼんぼり》　c　蘊蓄《うんちく》　d　奠都《せんと》　e　懶惰《らんだ》

(2)　「裏」という字の総画数として正しいものを、次のa～eの中から一つ選びなさい。
a　十画　b　十一画　c　十二画　d　十三画　e　十四画

(3)　以下の熟語の中に一つだけ他の熟語と異なる組み立てで構成されているものがある。次のa～eの中からそれを一つ選びなさい。
a　高層　b　丘陵　c　家屋　d　生活　e　宮殿

3 次の(1)～(4)の問いに答えなさい。

(1) 「石に立つ矢」と類似する意味をもつものを、次のa～eの中から一つ選びなさい。

a 凱風南よりして彼の棘心を吹く
b 這えば立て立てば歩めの親心
c 三人寄れば文殊の知恵
d 待てば海路の日和あり
e 一念岩をも徹す

(2) 慣用句の使い方として適切でないものを、次のa～eの中から一つ選びなさい。

a 彼のテニス選手としての活躍に、故郷の人々は目を見張った。
b この問題については、やはり彼に下駄を預けたほうが良さそうだ。
c 私は今年から一人暮らしなので、料理に采配を振らなければならない。
d 彼は海外留学の後、報道番組で司会者として頭角を現した。
e 彼の全集は編集者が苦労を重ねたおかげで、次々と日の目を見ている。

(3) 呼応の副詞が用いられている文を、次のa～eの中から一つ選びなさい。

a この仕事はいやいや引き受けたが、案外おもしろい。
b 太郎はまるで夢でも見ているような表情だ。
c 午前中だが、だいぶ日も差して暑くなった。
d 彼は友人と語り合ってずいぶん楽しそうだ。
e ここまで来たのだから、もうすぐ到着するはずだ。

(4)　接続語の使い方として適切でないものを、次のａ～ｅの中から一つ選びなさい。
ａ　私は彼の隣にならんで座っていた。そのため、彼の横顔しか見えなかった。
ｂ　私はこの山間部に暮らして退屈することがない。かえって、時間が足りないくらいだ。
ｃ　この霧の中でも迷わず進めた。したがって、けもの道をたどったからである。
ｄ　彼は水筒を肩にかけた。さらに、毛布や予備の下着も持っていくことにした。
ｅ　この絵に署名のある画家を私は覚えていない。ともあれ、傑作であるのは確かだ。

4　次の(1)～(4)の問いに答えなさい。
(1)　次の説明に該当する適切な人物を、あとのａ～ｅの中から一つ選びなさい。
大和猿楽観世座の創始者であり、世阿弥の父である。没年は至徳元(一三八四)年。大和地方の大和猿楽に、鎌倉末期から人気を博していた曲舞《くせまい》の長所を取り入れた新たな音曲を起こし、近江猿楽や田楽の優れた点も取り入れながら能の世界を制覇した。「自然居士」「卒都婆小町」などの作品がある。
ａ　金春禅竹　ｂ　河竹黙阿弥　ｃ　観世元雅　ｄ　喜多七太夫　ｅ　観阿弥清次
(2)　次の説明に該当する適切な作家を、あとのａ～ｅの中から一つ選びなさい。
安政六(一八五九)年に現岐阜県に生まれる。小説論である『小説神髄』では、小説が旧来の文学における勧善懲悪の観念にとらわれることなく、人情をありのままに描くべきだとし、写実主義を提唱した。小説作品として『当世書生気質』、戯曲に『桐一葉』などがある。昭和一〇(一九三五)年没。
ａ　坪内逍遙　ｂ　仮名垣魯文　ｃ　二葉亭四迷　ｄ　北村透谷　ｅ　尾崎紅葉
(3)　江戸時代の文学に関わる人物の説明として誤っているものを、次のａ～ｅの中から一つ選びなさい。
ａ　本居宣長は、古事記、源氏物語、古今集などの実証的な古典注釈や古語・語法の研究をはじめ、国学の総合的な体系を構築した。とくに「もののあはれ」の論は、古道の「真心」につながる。『古事記伝』や『源氏物語玉の小櫛』は古典注釈の代表であり、その他の著作として『玉勝間』などがあげられる。

b　井原西鶴は、若い頃から貞門の俳諧に学んだが、のち西山宗因の談林派に転じた。活躍はめざましく、特に「矢数俳諧」にすすみ多作速吟に挑んだ。宗因の死後、さし絵入りの浮世草子『好色一代男』を刊行した。他に町人物の『日本永代蔵』『世間胸算用』、武家物の『武道伝来記』『武家義理物語』がある。

c　松尾芭蕉は、はじめ北村季吟に俳諧を学んだが、その後出奔して俳諧の書『貝おほひ』を刊行した。いわゆる蕉風が確立されるのは『野ざらし紀行』の旅に立ってからで、その後も各地の旅をしながら紀行文を著した。「さび」「しをり」「ほそみ」の精神を完成させたといわれる。

d　近松門左衛門は、武士の出身だが、浄瑠璃・歌舞伎の作者として世に出た。それぞれ竹本義太夫、坂田藤十郎による上演、演技を意識して筆をとった。浄瑠璃の作品では『出世景清』『曾根崎心中』『国性爺合戦』がある。また、芸の論は「虚実皮膜」として知られている。

e　賀茂真淵は、荷田春満の立場を発展させて、経典の原義にかえろうとする「古学」派を形成する。そのために古文辞を研究する必要性を主張し、中国語そのものを研究した。すなわち古文辞学である。著作には、政治論『政談』、儒学の書『弁道』『弁名』『学則』などの他、和文による随筆『南留別志』もある。

(4)　近・現代の文学作品に関する説明として誤っているものを、次のa～eの中から一つ選びなさい。

a　夏目漱石の新聞連載小説『三四郎』は、熊本から上京した主人公が里見美禰子に心を惹かれていくが、彼女は人びとを自分の方に引きつけながら、常識的な結婚を選ぶ。彼女は聖書の一節をつぶやいて去る。

b　芥川龍之介の『歯車』は、一貫した筋がなく、工場に勤める「私」と工場の主人や職人等との人間関係と心理的な関係を中心として、「四人称」の概念を想定する実験的な方法で描いている。

c　樋口一葉の『十三夜』は、お関が夫の仕打ちに耐えかねて実家に一端戻るが、婚家に戻る途中雇った人力車の車夫が自分を慕っていた幼馴染であったことを軸とする。封建社会に苦しむ女性の悲しみを描く。

d　川端康成の『古都』は、ふたごの姉妹を主人公とする。離れて育った二人は偶然に出会うが、境遇の違いから一緒に生活することができない。京都の風俗、祭事、自然を背景に生かして描写されている。

e　井伏鱒二の『多甚古村』は、駐在所の巡査による駐在日記という形式で、南国の海浜の村の小事件をつづる。戦時中ながら、平凡な庶民の実生活を軽妙に描き、人びとに温かい目を注いでいる。

(☆☆☆◎◎◎)

【二】次の文章を読んで、あとの問いに答えなさい。

生きていることは歓びなのだと思う。生きていることの中に歓びや苦しみがあるということではなくて、まずは生きていることそれ自体が歓びなのだ。

こう書くとすぐに反論が予想される。「生きている」という状態は、たんに生体の中での化学的な反応や電気的な反応が恒常的に①ケイキしている状態にすぎない。おまえが軽率にも書いた「歓び」という状態も、脳の中の特定の部位が反応している状態にすぎなくて、人間はそれを「歓び」と言っているけれど、将来の進化したコンピュータやいつか出会うかもしれない宇宙人に言わせたら、それは②あくまでも客観的に「××が反応している」ということだけであって、③「歓び」というような〝判断〟は人間のローカリズムの証明にしかならないだろう――というようなものだ。

人間はまず肉体のレベルで存在していて、そこに言語が上書きされることで「人間」となる。別の言い方をすると、人間とは肉体のレベルでだけ存在しているのではなくて、そこに言語が上書きされなければ「人間」とはならない。しかしまた別の言い方をすると、言語だけがあっても肉体がなければ人間は存在することができない。

偶然見つけた新聞の記事にこんなことが書いてあった(読売新聞二〇〇〇年七月九日朝刊)。石橋幸緒という十九歳の女流棋士は先天性の腸閉塞で生後九ヵ月で手術したが、医者からは元気に育つのは難しいと言われた。「栄養補給はすべて点滴で、口から取るのは薬だけ。苦い粉薬さえ④〝食べられる〟のがうれしくて、すぐに飲み込むのがもったいなくて、水も飲まずに、『おいしい』と口の中でもぐもぐ味わっていたのを覚えています」

ここで、「おいしい」という言葉は、「まずい」と対になる〝判断〟を意味していない。「味がある」という事実、さらには「食べる」という行為それ自体を指し示している。人間は――ここでは「動物は」とも言い換えられると思うが――「おいしいから食べる」のではなくて、「〔　⑤　〕」のだ。口に物が入り、その大きさ硬さ柔らかさ甘さ苦さ……etc.を感じ、それを舌や歯や顎の連携で嚙み砕いたり捏《こ》ねるようにしたりしたあとに飲み下していく……という、一連の行為それ自体が「おいしい」ということで、原初的には味に対する〝判断〟は介在しない。「生きていることは歓びなのだ」と言うときの「歓び」とは、この「おいしい」と同じ次元で起こっていることだ。

しかし、言葉の用法として、この「歓び」や「おいしい」は間違っている。なぜなら、〈人間＝肉体＋言語〉

という構図を想定した場合、いま私が主張している「歓び」や「おいしい」は、肉体において起こっている事態なので、それに言語をあてはめることはできないのだから。――これは本当だろうか。(A)

〈人間＝肉体＋言語〉という式のようなものを書くと、人間という現象が肉体と言語という二つの要素に分解可能なような錯覚を与えかねないけれど、本当は、人間とは肉体と言語がガチッとセットになっているというか相互に浸透し合う入れ子構造のようなものになっていて、二つに分けて考えることはできない。人間において、肉体とは言語と不可分で、言語もまた肉体と不可分だ。つまり、〈肉体＝肉体＋言語〉という式と〈言語＝肉体＋言語〉という式をうちに含み込んだ上で、ようやく、〈人間＝肉体＋言語〉という式を想定することが可能になる。(B)

⑥構造主義は言語をたんに〝差異の体系〟と考えた。その場合、「歓び」とは「苦しみ」と対になった「歓び／苦しみ」の片側であり、「おいしい」とは「まずい」と対になった「おいしい／まずい」の片側の状態ということになってしまう。また、構造主義は言語を〝完成されたもの〟と考えた。つまり言語とははじめから〝差異の体系〟として人間に与えられたものであって、言語の発生の瞬間など考えようとしてみても意味がない、そんなものはロマンティックなフィクションでしかない、というものだ。(C)

しかし言語は根底のところで強固に人間の肉体と結びついている。存在することそれ自体と結びついている、と言い換えてもいい。肉体という基盤がなかったら、言語は発生しなかったし、人間のものにもならなかった。言語の発生を事実として確認することは不可能に近いだろうけれど、それを理由に「フィクション」や「空想」と言って切り捨てることは、むしろ思考の放棄だと私は思う。言語は発生において肉体を必要とした。存在していることのリアリティがなかったら、言語は生まれなかった。⑦言語には存在することのリアリティが裏地として息づいている。(D)

言語をただ〝差異の体系〟と考えるのではなくて、言語から、その裏に息づいている肉体や存在することのリアリティを発見し直すことが必要なのだ。構造主義が言うように、人間は「人間」への進化の入り口に立ったときにすでに、完全に〝動物性〟から断ち切られて、自然との連絡をいっさいなくしていたのかもしれない。そういう考え方もできないわけではないが、この考え方の方がむしろ科学性を欠いた迷信か独断だと思う。(E)

人間だって特殊な状態に置かれると、「おいしい」が「おいしい／まずい」という〝差異の体系〟の内側の〝対〟ではなくて、言葉に先行する存在することのリアリティを取り戻す。また、［ ⑧ ］特殊な状態に置かれていなくても、⑨人間は進化の系の末端に位置する種として、鳥や虫たちが花や木の実を発見するメカニズムと同質のメカニズムを人間的に変形させて、花や木の実を見て「美しい」と思う。人間は自然と完全に断ち切られているわけではなくて、動物と同じ自然への感受性(＝神経細胞の発火)を濃厚にとどめている。人間が木の実を好んで食べる理由を、「サルが食べているのを見て学習したから」と考えるより、「サルだったときから食べつづけていたから」と考える方が、ずっと自然だし論理的だ。

(保坂和志『世界を肯定する哲学』二〇〇一年二月、筑摩書房)

1　傍線部①「ケイキ」の「キ」の漢字と同じ漢字を使うものを、次のa～eの中から一つ選びなさい。

a　二人の考え方はキを一にしている。
b　キ成概念を捨てる。
c　うっかりして好キを逸した。
d　世論を喚キする。
e　平和をキ求する。

2　傍線部②「あくまでも」の本文中におけるはたらきの説明として最も適切なものを、あとのa～eの中から一つ選びなさい。

a　混じりけのなさや透明性を強調する。
b　断固とした決意や頑固さを強調する。
c　従うべきルールや手続きを強調する。
d　卓越した存在であることを強調する。
e　状況が限定的であることを強調する。

3　傍線部③「「歓び」というような〝判断〟は人間のローカリズムの証明にしかならないだろう」とあるが、これはどのようなことを言ったものか。その説明として最も適切なものを、次のa～eの中から一つ選びなさい。

a　人間が自分たちの集団を大切にする考えの方が偏った見方だということ。
b　人間の感情を生体の反応より重視する考えの方が偏った見方だということ。
c　人間が自分たちを世界の周辺に置いて捉える考えの方が偏った見方だということ。
d　人間の感情より生体の反応を重視する考えの方が偏った見方だということ。
e　人間が自分たちを世界の中心にあると捉える考えの方が偏った見方だということ。

4　傍線部④「食べられる」の助動詞と同じ意味をもつ文を、次のa～eの中から一つ選びなさい。

a　高校の卒業式には、市長さんも来られる。
b　近くを通ると、いつも犬にほえられる。
c　写真を見ると、昔のことが思い出される。
d　きれいにつくろえば、まだ当分着られる。

e　林のざわめきに、秋の気配が感じられる。

5　文章中の【　⑤　】に入る言葉として、最も適切なものを、次のa～eの中から一つ選びなさい。

a　本能の命じるままに食べる
b　食べることがおいしいから食べる
c　生き続けるために食べる
d　おなかが減るから食べる
e　おいしさを〝判断〟するために食べる

6　傍線部⑥「構造主義は言語をたんに〝差異の体系〟と考えた。」とあるが、筆者は言語を〝差異の体系〟と捉える構造主義のどのような点に問題があると述べているか。最も適切なものを、次のa～eの中から一つ選びなさい。

a　「歓び／苦しみ」や「おいしい／まずい」の片側の状態にしか目を向けない点。
b　「歓び／苦しみ」や「おいしい／まずい」をフィクションとして捉える点。
c　「歓び／苦しみ」や「おいしい／まずい」を肉体と結びつけて考える点。
d　「歓び／苦しみ」や「おいしい／まずい」を連続する一連の状態と捉える点。
e　「歓び／苦しみ」や「おいしい／まずい」の両側の状態を対と見なす点。

7　次の一文は(A)～(E)のどこに置くのがよいか。あとのa～eの中から一つ選びなさい。

石橋幸緒女流棋士の「おいしい」はまさにそういうものとして、言語の発生と結びついている。

a　(A)　b　(B)　c　(C)　d　(D)　e　(E)

8　傍線部⑦「言語には存在することのリアリティが裏地として息づいている。」の説明として最も適切なものを、次のa～eの中から一つ選びなさい。

a　言語には生体の中の化学的な反応や電気的な反応が強く影響を与えている。

b　言語には人間の存在を他の動物より優れたものと捉える構造がある。

c　言語は生きていると感じる人間の肉体の実感と結びついている。

d　言語は人間が有する「フィクション」や「空想」の力によって支えられている。

e　言語には動物がもつ自然への感受よりも生きていることの歓びが投影されている。

9　文章中の【　⑧　】に当てはまる最も適切な言葉を、次のa～eの中から一つ選びなさい。

a　ことさら　　b　もちろん　　c　まるで　　d　おそらく　　e　とうてい

10　傍線部⑨「人間は進化の系の末端に位置する種」とあるが、その人間の感受性に基づく行動として最も適切なものを、次のa～eの中から一つ選びなさい。

a　人間が自然との連絡のなかで、言語の発生の瞬間を発見すること。

b　サルが木の実を食べているのを見て、人間が学習したこと。

c　人間がかつては動物と同じ自然への感受を持っていたということ。

d　花や木の実を見て、「おいしい／まずい」と〝判断〟すること。

e　人間がサルだったときから、木の実を好んで食べてきたこと。

11　本文の内容に合致しているものを、次のa～eの中から一つ選びなさい。

a　生きることは歓びなのに、脳の中の特定の部位が反応しているだけだと言うことは、「フィクション」や「空想」を認めない独断である。

b　「おいしい」を〝差異の体系〟の内側にある対としてではなく、存在することのリアリティを感じさせるものとして捉え直すべきである。

c　言語の発生を事実として確認することは不可能に近いが、人間が「人間」への進化の入り口に立った瞬間を確認することは不可能ではない。

d　人間は、肉体と言語が相互に浸透し合う入れ子構造のようなものになっていることのプラスとマイナスに留意して生きていくべきである。

e　「おいしい」を「まずい」と対にして捉える考え方は、完成された言語の証明になっていると同時に、生きることが歓びだという証明にもなっている。

12　本文の論理の展開の説明として最も適切なものを、次のa～eの中から一つ選びなさい。

a　結論を最初に示したうえで、予想される反論を紹介し、具体的に自説を展開したうえで、自説と反論のどちらの見解がよいか読者に選択させている。

b　筆者の見解に対し、予想される反論の矛盾点を指摘し、さらに異なる別の見解の矛盾点を明らかにしながら、自説の正当性を論理的に示している。

c　結論を最初に示したうえで、予想される反論について触れ、具体例を挙げて自説を裏づけ、もう一つの見解を発展させるかたちで自説を述べている。

d　筆者の見解に対し、予想される反論について述べ、具体例を挙げて自説を展開し、異なる見解と対比させながら、自説の合理性を具体的に示している。

e　結論を最初に示したうえで、予想される反論の問題点を整理し、具体例を挙げて自説を裏づけたあと、異なる見解に対する批判を付け加えている。

（☆☆☆◎◎◎）

【三】次の文章は、『大和物語』の一部である。本文を読んで、あとの問いに答えなさい。

おなじ帝、狩いとかしこく好みたまひけり。陸奥《みち》の国、磐手《いはて》の郡より奉れる御鷹、世になくかしこかりければ、①になうおぼして御手鷹にしたまひけり。名をば磐手となむつけたまへりける。それを、かの道に心ありて、あづかり仕うまつりける大納言にあづけたまへりける。夜昼、これをあづかりて、とりかひたまふほどに、いかがしたまひけむ、②そらしたまひてけり。心ぎもをまどはしてもとむるに、③さらにえ見いでず。山々に人をやりつつもとめさすれど、さらになし。みづからも深き山に入りて、まどひ歩きたまへどかひもなし。④このことを奏せで、しばしもあるべけれど、二三日にあげず御覧ぜぬ日なし。いかがせむとて、内にまゐりて、御鷹のうせたるよし奏したまふ時に、帝、ものものたまはせず。聞しめしつけぬにやあらむとて、また奏したまふに、おもてをのみまもらせたまうて、ものものたまはず。⑤たいだいしとおぼしたるなりけりと、われにもあらぬ心地して、かしこまりていますかりて、「この御鷹の、もとむるに、侍らぬことを、いかさまにかしはべらむ。などかおほせごともたまはぬ」と奏したまふ時に、帝、

⑥いはで思ふぞいふにまされる

とのたまひけり。かくのみのたまはせて、⑦こと事ものたまはざりけり。御心にいといふかひなく、惜しくおぼさるるになむありける。これをなむ、世の中の人、⑧もとをばとかくつけける。もとはかくのみなむありける。

1　傍線部①「になうおぼして」、②「そらしたまひてけり」、⑤「たいだいし」の解釈として最も適切なものを、あとのa～eの中からそれぞれ一つずつ選びなさい。

①「になうおぼして」

a　似つかわしくないと思われて　　b　まことにふさわしいことと思われて

c　どうしても手に入れたいと思われて　　d　この上もなく大事に思われて
e　少しも似ていないと思われて

②「そらしたまひてけり」
a　うそを言ってしまわれた　　b　十分なお世話をせずじまいだった
c　空に向けて放しておやりになった　　d　空に向かって飛んでいってしまわれた
e　逃がしてしまわれた

⑤「たいだいし」
a　退屈だ　　b　もっともだ　　c　もってのほかだ　　d　大げさだ　　e　憂鬱だ

2　傍線部③「さらにえ見いでず」の品詞の説明として最も適切なものを、次のa～eの中から一つ選びなさい。
a　副詞＋副詞＋動詞＋助動詞
b　副詞＋助詞＋動詞＋助動詞＋助動詞
c　副詞＋助動詞＋動詞＋助動詞
d　動詞＋助動詞＋助詞＋動詞＋助詞＋助動詞
e　副詞＋助動詞＋動詞＋助詞＋助動詞

3　傍線部④「このことを奏せで、しばしもあるべけれど」の解釈として最も適切なものを、次のa～eの中から一つ選びなさい。
a　表面をいくら取り繕っても何が起こっているのかはわかっているのだ、という帝のあきれた気持ち。
b　一生懸命に探したのだけれど見つからなかったのなら正直に言うしかない、という大納言の決心。

c　わずかな時間のうちなら何とか帝の目をそらすこともできるだろうが、という世の中の人が固唾をのんで見守る気持ち。

d　鷹がいなくなったことを帝に気づかれるまでにわずかな時間しかない、という大納言の差し迫った気持ち。

e　鷹のことをあえて話題にしない日がしばらく続いたら何が起こるのだろう、という世の中の人のいぶかしがる気持ち。

4　傍線部⑥「いはで思ふぞいふにまされる」に見られる修辞上の用法として最も適切なものを、次のa～eの中から一つ選びなさい。

a　序詞　b　掛詞　c　縁語　d　枕詞　e　対句

5　傍線部⑦「こと事」の「こと」を漢字で表した場合、最も適切なものを、次のa～eの中から一つ選びなさい。

a　琴　b　言　c　異　d　事　e　殊

6　傍線部⑧「もとをばとかくつけける。もとはかくのみなむありける」では、「もと」が二つ使われている。先の「もと」と後の「もと」が表しているものとして最も適切な組み合わせを、次のa～eの中から一つ選びなさい。

a　先…「逸話の補足」　後…「実際」

b　先…「歌の上の句」　後…「元来」

c　先…「大納言の感銘」　後…「実際」

d　先…「話の由来」　後…「元来」

e　先…「帝の心情」　　後…「実際」

7　本文の内容の説明として最も適切なものを、次のa～eの中から一つ選びなさい。

a　寵愛する鷹を失った悲しみを直接口に出さず心に忍んだことが、かえって言いようのない帝の残念さを描いている。

b　有名な逸話である鷹の故事を、そのいわれにまでさかのぼって世の中の人が懐かしく回想している。

c　鷹に関する心得があるにもかかわらずしてしまった大納言の失態を、とがめなかった帝の寛容さと大納言自身の感銘を語っている。

d　みずからも深い山に入り鷹を懸命に探したすえ、隠し立てせずに帝に奏上した大納言の誠実さが描かれている。

e　鷹狩りを好んでいたのに、大納言の振る舞いに批判を述べなかった帝の度量の広さを世の中の人が賞賛している。

8　『大和物語』と同じ文学的特徴をもつ作品を、次のa～eの中から一つ選びなさい。

a　十六夜日記　　b　平中物語　　c　建礼門院右京大夫集　　d　落窪物語　　e　土佐日記

（☆☆☆◎◎◎）

【四】次の文章を読んで、あとの問いに答えなさい。ただし、設問の都合上、訓点を省いた部分がある。

宋ニ有リ二富人一。天雨《あめフリテ》牆壊《やぶル》。其ノ子曰ク、①不築且有盗。其ノ鄰人之父モ亦《また》云フ。暮レテ而果タシテ大イニ亡フ二其ノ財ヲ一。②其家甚知其子、而

疑鄰人之父。昔者《むかし》鄭《てい》武公欲伐胡、迺以其子妻之。因問羣臣曰、吾欲用兵。誰可伐者。關其思《くわんきし》曰、胡可伐。迺戮關其思曰、胡兄弟之國也。③子言伐之何也。胡君《こくん》聞之、以鄭為親己而④不備鄭。鄭人《ていひと》襲胡取之。⑤此二説者其知皆當矣。然而甚者⑥為戮、薄者見疑。⑦非知之難也。處知則難矣。

（『史記』より）

1　傍線部①「不築且有盗」の訓読文として最も適切なものを、次のa～eの中から一つ選びなさい。

a　築かずして且つ盗《たう》有らんとす。
b　築かずは且《まさ》に盗《たう》有らんとす。
c　築かずは且《しばら》くして盗《たう》有らん。
d　築けば且《しばら》く盗《たう》有らず。
e　築き且つ有らざれば盗《たう》あらん。

2　傍線部②「其家甚知其子、而疑鄰人之父」の解釈として最も適切なものを、次のa～eの中から一つ選びなさい。

a　その家の主人は、我が息子の賢明さを広く世間に知らせようとしたが、隣家の親父には疑わしい点があったので知らせなかった。

b　その家の主人は、我が息子については よく知っていたので何も疑わなかったが、隣家の親父については よく知らなかったので盗みの疑いをかけた。

c　その家の主人は、我が息子が盗みをはたらいたかもしれないと思ったので、隣家の親父に疑いをかけてなすりつけようとした。

d　その家の主人は、予言があたったというので我が息子をたいそう賢いと褒めたが、隣家の親父については盗みに入ったのではないかと疑いをかけた。

e　その家の主人は、我が息子が盗みをするような人間ではないとわかっていたが、隣家の親父は盗みをするかもしれないと疑いをかけていた。

3　傍線部③「子言伐之何也」の訓読文として最も適切なものを、次のa～eの中から一つ選びなさい。

a　子《し》、之《これ》を伐《う》たんと言ふは何ぞや。

b　子《し》の言、之《これ》を伐《う》たんとして何にせん。

c　子《し》、伐《う》たんことの何たるかを言ふや。

d　子《し》の言へる伐《う》たんことは、之《これ》、何ぞや。

e　子《し》、之《これ》の何を伐《う》たんと言ふや。

4　傍線部④「不備鄭」とあるが、その理由を説明したものとして最も適切なものを、次のa～eの中から一つ選びなさい。

a　胡君は、鄭と胡が姻戚関係を結んで兄弟の国となったのでひとまず安心していたが、心の内では鄭の武公を信用していなかったから。

b　胡君は、鄭の武公が胡国を攻め取ろうとしていたことには気づいていたが、姻戚関係を結んでいるので、信用している態度を示す必要があったから。

c　胡君は、鄭の武公にはもともと胡国を攻め取ろうとする意図はなかったと思っていた上に、関其思の進言をしりぞけた鄭の武公に感謝したから。

d　胡君は、鄭と胡が既に兄弟国である上に、胡国を攻め取るべきだと進言した関其思を死罪に処した鄭の武公の話を聞いて、鄭にすっかり心を許したから。

e　胡君は、鄭の国が親のようなものであると思っていたので、関其思の進言をしりぞけた鄭の武公に恭順の意を示すのが得策だと考えたから。

5　傍線部⑤「此二」を説明したものとして最も適切なものを、次のa～eの中から一つ選びなさい。

a　「此二」とは、「其子」と「隣人之父」を指す。

b　「此二」とは、「隣人之父」と「関其思」を指す。

c　「此二」とは、「関其思」と「胡君」を指す。

d　「此二」とは、「鄭武公」と「胡君」を指す。

e　「此二」とは、「関其思」と「鄭武公」を指す。

6　傍線部⑥「爲戮」の「爲」を説明したものとして最も適切なものを、次のa～eの中から一つ選びなさい。

a　受身　b　意志　c　使役　d　推量　e　仮定

7　傍線部⑦「非知之難也」の解釈として最も適切なものを、次のa～eの中から一つ選びなさい。

a　知っていることを知っているとすることが難しいのである。

b　知っているのに知らないとすることが難しいのである。

c　正しい意見を考えつくことが難しいのではないのである。

d　知ったかぶりをしていることが難点なのである。
e　知らないことが非難されることではないのである。

8　本文全体について述べたものとして最も適切なものを、次のa～eの中から一つ選びなさい。
a　人の意見にはそれぞれ解釈の幅があるから、意見をのべるときには他者の意見をくみ取るようにすべきだ、と主張している。
b　人の意見は個人的なものであるが、隣人にも隣国にも共通するものがあるのを見定めて述べるのがよい、と主張している。
c　意見は、受け手の心意によって解釈が左右されるから、相手の心中をよく察して述べるのがよい、と主張している。
d　知見自体には必ずしも客観的な正しさはないのだから、主体的かつ具体的に意見を述べる必要性がある、と主張している。
e　知見自体は正しいのに意見を説く者が危うくなる事例をみると、知の取り扱い方、説き進め方が難しいのだ、と主張している。

(☆☆☆◎◎◎)

【中学校】

【一】次の1・2の問いに答えなさい。
1　次の(1)と(2)は、平成二十年三月告示の中学校学習指導要領　国語における「各学年の目標及び内容」と「指導計画の作成と内容の取扱い」に示されている事柄である。[　ア　]・[　イ　]に該当するものを、あとのa～eの中からそれぞれ一つずつ選びなさい。

(1) 書いた文章を互いに読み合い、文章の構成や材料の活用の仕方などについて意見を述べたり助言をしたりして、自分の［　ア　］こと。〔第2学年　b　書くこと〕

a　考えを広げる
b　表現の参考にする
c　ものの見方や考えを深める
d　考えをまとめる
e　意見をもつ

(2) 文字を正しく整えて［　イ　］書くことができるようにするとともに、書写の能力を学習や生活に役立てる態度を育てるよう配慮すること。〔指導計画の作成と内容の取扱い〕

a　正確に　　b　美しく　　c　効率よく　　d　速く　　e　丁寧に

2　次の(1)～(3)は、平成二十年九月に刊行された『中学校学習指導要領解説　国語編』に示されている「内容」に関する問題である。それぞれの問いに答えなさい。

(1) 次の文章は、第3学年「A話すこと・聞くこと」の「言語活動例」に関する解説の一部である。文章中の［　ウ　］に該当するものを、あとのa～eの中から一つ選びなさい。

「時間や場の条件」とは、何分程度で話すのかといった時間的な制約や、話す場の広さ、聞き手の人数、聞き手の立場や考え、利用可能な機器など、実際に話をする上での様々な条件のことである。また、ここでの「スピーチ」は、プレゼンテーション、ポスターセッション等、様々な活動の中で話すことを含んでいる。こうした活動を通して互いの工夫を［　ウ　］し合い、自分の表現の参考にしていくようにする。

a　分析　　b　確認　　c　尊重　　d　検討　　e　評価

(2) 次の文章は、第2学年「C読むこと」の「指導事項」に関する解説の一部である。文章中の［ エ ］に該当するものを、あとのa～eの中から一つ選びなさい。

文章の構成や展開、表現の仕方について「自分の考えをまとめる」際には、「根拠を明確に」することを重視する。具体的には、文章の構成や展開、表現の仕方について自分の考えを書いたり発表したりする際に、自分の考えを支える根拠となる段落や部分などを挙げるようにすることが考えられる。その際、書き手の意図との関連を考えさせることが重要である。文章の構成や展開、表現の仕方について分析するだけではなく、そのような表現をした書き手の目的や意図を考えたり、その［ エ ］について考えたりすることを指導する。

a 表現技法　b 文章類型　c バランス　d 叙述　e 効果

(3) 次の文章は、第1学年〔伝統的な言語文化と国語の特質に関する事項〕のうち、「漢字に関する事項」に関する解説の一部である。文章中の［ オ ］に該当するものを、あとのa～eの中から一つ選びなさい。

漢字を読む能力としては、漢字一字一字の音訓を理解し、語句として、話や文章の中において文脈に即して意味や用法を理解しながら読むことができるようにすることが求められる。そのため、教科書を読むことや読書を通して、［ オ ］ことが大切である。また、字形と音訓、意味と用法、語の成り立ち、熟語の構成などについて必要に応じて指導し、例えば、漢字の構成要素である「へん」や「つくり」などに注目して、読みを類推することができるように指導することも大切である。

a 漢字を理解、習熟し、書くことに活用する
b 漢字の読みの習熟と応用を図る
c 文脈における漢字の意味を考える

d　漢字への関心を高める
e　漢字を通して文字文化に触れる

(☆☆☆◎◎◎)

【高等学校】

【一】次の1・2の問いに答えなさい。

1　次の(1)〜(3)は、平成二十一年三月告示の高等学校学習指導要領　国語における「国語総合」の「2　内容」、「国語表現」の「2　内容」及び「古典A」の「2　内容」に示されている事柄である。［　ア　］〜［　ウ　］に該当するものを、あとのa〜eの中からそれぞれ一つずつ選びなさい。ただし、(1)は「国語総合」、(2)は「国語表現」、(3)は「古典A」に示されている事柄である。

(1)　課題を解決したり考えを深めたりするために、相手の立場や考えを尊重し、表現の仕方や［　ア　］などを工夫して話し合うこと。

a　話し方　b　聞き方　c　進行の仕方　d　交流の手順　e　評価の方法

(2)　様々な表現についてその効果を吟味したり、書いた文章を互いに読み合って批評したりして、自分の表現や推敲《こう》に役立てるとともに、ものの見方、感じ方、考え方を［　イ　］こと。

a　養う　b　充実させる　c　深める　d　確かにする　e　豊かにする

(3)　伝統的な言語文化についての課題を設定し、様々な資料を読んで探究して、我が国の伝統と文化について［　ウ　］こと。

a　理解を深める　b　興味・関心を広げる　c　関心をもつ
d　知識をもつ　e　意見を述べる

2 次の(1)と(2)は、平成二十二年六月に刊行された『高等学校学習指導要領解説 国語編』における「第4節 現代文B」及び「第6節 古典B」に関する問題である。それぞれの問いに答えなさい。

(1) 次の文章は、「第4節 現代文B」の「3 内容」に関する解説の一部である。文章中の[エ]に該当するものを、あとのa～eの中から一つ選びなさい。

論理的な文章を読んで「意見を書く」に当たっては、例えば、文章の中で述べられている主張が、確実な根拠に基づいた妥当な推論を伴って導かれているかどうかを読み取り、その適否を判断するなど、文章の内容と、論理の構成や展開との相関がいかに文章全体の明晰《せき》さに寄与しているかなどを考察することになる。このことは、単に文章の内容を読み取るということにとどまらず、書き手の表現意図や読者についての意識が、表現の仕方などにどのように反映しているのかについて自分の意見をもつという[エ]につながる。

a 創作的な活動　b 自立的な活動　c 能動的な学習　d 主体的な学習
e 課題解決的な学習

(2) 次の文章は、「第6節 古典B」の「3 内容」に関する解説の一部である。文章中の[オ]に該当するものを、あとのa～eの中から一つ選びなさい。

国際社会で主体的に生きる日本人として、外国の文化に適切に接する態度を養うためにも、我が国の文化の特質や、我が国の文化と中国の文化との関係を歴史的な観点に立って考えることは欠くことができない学習である。とりわけ古典は、我が国の文化の中で重要な位置を占めており、古典を読むことを通して我が国の文化の特質を考え、国際化の時代における国語の在り方を考えることは大きな意義がある。また、我が国の[オ]は、近世までの歴史においては、特に中国から強い影響を受けつつ独自の発展を遂げてきた。漢文を古典として学ぶことの理由は、このような影響を学ぶ点にもある。そこで、教材として、中国の漢文だけではなく、その影響を受けて日本人がつくった漢文も取り上げ、我が国の文化と中国の文化との関係について考えることは、我が国の伝統と文化を理解することに資するものとなる。

a　伝統と文化　　b　言語文化と思想　　c　言語、文学、芸術
d　言語、文学、思想など　　e　文化や芸術など

(☆☆☆◎◎◎)

解答・解説

【中高共通】

【一】1　(1)　d　(2)　b　(3)　e　(4)　c　2　(1)　d　(2)　d　(3)　a　3　(1)　e
(2)　c　(3)　b　(4)　c　4　(1)　e　(2)　a　(3)　e　(4)　b

〈解説〉1　(1)　レイコウは「励行」で、aは「返戻」、bは「麗筆」、cは「令室」、dは「奨励」、eは「隷書」である。(2)　タンポは「担保」で、aは「端座」、bは「負担」、cは「耽読」、dは「胆力」、eは「枯淡」である。(3)　ワヘイは「話柄」で、aは「弊習」、bは「並有」、cは「閉塞」、dは「貨幣」、eは「横柄」である。(4)　ジョウセイは「醸成」で、aは「条理」、bは「浄財」、cは「醸造」、dは「謙譲」、eは「重

畳」である。　2　(1)　dの奠都は「てんと」と読み、都を定めるという意味である。(2)「裏」は衣部で、十三画である。(3)　aの「高層」は、修辞・被修飾関係の熟語で、その他は類義語の熟語である。

3　(1)「石に立つ矢」は、何事も一心にやれば、できないことはないことのたとえ。〈史記・李将軍伝〉による故事成語で、類似の意味をもつものは、「一念岩をも徹す」である。(2)　cの「采配を振る」は、指揮をとる・指図するという意味である。(3)「呼応の副詞」とは、「叙述の副詞」ともいい叙述そのものの性質を表すもので、断定、推量、比喩、仮定等を明らかにするはたらきがある。「たぶん(…だろう)」「必ず(…する)」「もし(…だったら)」等がある。bの「まるで」は「ような」と呼応する比喩の副詞である。(4)　cの「したがって」は、だから・それゆえに、と類似の結論へ導く意の順接の接続詞である。ここでは、下の文「けもの道をたどったからである」と整合するために、それというのも・何故なら・そのわけは等が適切である。

4　(1)　観阿弥(一三三三〜一三八四)の本名は結崎清次で、法号を観阿弥と称した。観世流の始祖で能楽の大成者である。観阿弥は大和猿楽四座のなかの結崎座を主宰し、後世にその芸風を伝えたが、その間、近江田楽師の一忠に学びつつその長所を猿楽に取り入れ、曲舞(身ぶりの大きな歌舞)および当時の諸芸能の要素を摂取した。(2)　坪内逍遙(一八五九〜一九三五)の本名は雄蔵で、別号は「春のやおぼろ」などがある。『小説神髄』は明治十八年から十九年にかけて発表されたもので、「小説の主脳は人情なり、〜人情とは人間の情欲にて所詮百八煩悩これなり」とし、人間心理を分析して写実するのが小説であるという。しかも、それは物の皮相を写すのではなく、骨髄を穿つべきであると主張した。また一方、従来行われてきた勧懲主義のような功利的文学は、前時代的・封建的なものであると非難した。この文学理念を実践するために、明治十八年に小説『当世書生気質』を公にした。(3)　賀茂真淵(一六九七〜一七六九)は「県居」(あがたい)の号を持つで、浜松の庄、岡部郷の人である。政治論、儒学の書および和文の随筆は、荻生徂徠(一六六六〜一七二八)

のものである。(4)　芥川龍之介(一八九二～一九二七)の『歯車』は文芸春秋で発表された短編小説で、主人公「僕」の目の中に現れる幻覚を表現したもの。主人公の「僕」は強い神経衰弱のため、「地獄より地獄的な人生」を生きている。「僕はもうこの先を書きつづける力を持っていない。こういう気持の中に生きているのは、何とも言われない苦痛である。誰か僕の眠っているうちにそっと絞め殺してくれるものはないか？」と結んでいる。

【二】　1　d　2　e　3　b　4　d　5　b　6　e　7　d　8　c　9　a
10　e　11　b　12　d

〈解説〉1　①は「継起」であり、aは「軌」、bは「既」、cは「機」、dは「起」、eは「希」である。
2　「あくまでも」は「あきるまで」の意から、どこまでも・徹底的に、という意味の副詞で「反応しているというだけあって」を修飾する。「だけ」は限定を表す副助詞であり、人間の「生きている」状態が限定的であることを強調している。　3　「ローカリズム」は地方の風習の意味だが、ここでは人間独自の世界をさす。「歓び」の感情を脳の中の特定の部位が反応している状態にすぎないとする立場から、「生きていること自体が歓びだ」とする筆者への反論を考えればよい。　4　④の「られる」は可能の意の助動詞で、aは尊敬、bは受身、cは自然(自発)、dは可能、eは自発である。　5　空欄の前後の語句や文と整合する言葉を選ぶ。前文では十九歳の女流棋士にとって「おいしい」は、「まずい」の対語ではなく、「味がある」という事実と「食べる」という行為自体を指しているとある。　6　「構造主義」(structuralism)とは、言語に内在する構造を体系的にとらえ、各要素の機能的連関を明らかにする言語学の立場であり、ソシュールに始まる。筆者は、言葉は肉体に起こっている事態を表すもので、肉体と言語、言語と肉体は不可分の関係にあると主張する。構造主義は言語を差異の体系と考え、かつ完成されたものとして体系づけているため、対語についての他の判断(肉体において起こった事態への異なる判断)は生じない。このことをふまえて適切なものを選ぶとよい。8　⑦を含む段落の初めに、「言語は根底のところで強固に人間の肉体と結びついている」とある。そして、⑦の前提として、人間存在についてのリアリティがなかったならば言語は生まれなかった、としている。構造主義が言語と肉体とを切り離すのに対し、筆者は言語と肉体の一体化(肉体性)を主張している。9　前文の、人間が特殊な状態に置かれた場合に対して、そういう状態以外の場合を想定した文にふさわしい言葉を選べばよい。10　「人間の感受性」とは、文中の「動物と同じ自然への感受性」であり、「人間の本能」である。その本能的行動が何かを考えることと。11　筆者は、構造主義が言語を「差異の体系」とし、言語の肉体性を否定する考えに対し、「言語の裏に息づいている肉体や存在することのリアリティを発見し直すことが必要だ」と提言していることを踏まえて考えるとよい。12　この文章の構成は、冒頭に筆者の考えを述べ、次に反論を予想し、それに対し自説を具体例をあげて論証、次に自説と異なる説(構造主義)を紹介して、それと対比して自説の合理性を述べる形になっている。

【三】1　①　d　②　e　⑤　c　2　a　3　d　4　b　5　c　6　b　7　a
8　b

〈解説〉1　①の「になう」は二無し・似無しの連用形ウ音便で、二つとない・たぐいないという意味。また、「おぼして」の「おぼし」は、「おぼす」(思ふ」の尊敬語)の連用形である。②の「そらし」は、「逸す」(他サ四)の連用形で逃す・逃がすという意味。「たまひ」は「逸す」の補助動詞の連用形、「けり」は過去の助動詞である。⑤は「怠怠し」(形シク)の終止形で、あるまじきことである・もってのほかだという意味である。

2「さらに」(副詞)+「え」(副詞)+「見いで」(動詞)+「ず」(助動詞)となる。 3「このことを奏せで、」とは、「鷹を逃がしてしまったことを」の意。「しばしもあるべけれど」とは、「しばらくの間でも(帝に)申し上げないでいようと思うのだが」の意。「奏す」は、「言ふ」の謙譲語で、帝への最高敬語である。 4 ⑥の「いはで」と「磐手」(いはて)が掛詞になっている。「磐手を思う心は、口に出して言わないで、心の中で思っている方が、つらさを口に出して言うのにはるかに勝っている。」という意味である。 5 ⑦「こと事」とは、「他の事」の意でここは「異事」が該当する。 6「もとをばとかくつけける」は「上の句をあれこれとつけた」という意味で、先の「もと」は歌の上の句を、後の「もと」は、元々を指す。 7 本文の中心は、帝の鷹(磐手)に対する「いはで思ふぞいふにまされる」にある。この言葉の裏に秘められた帝の悲しみの感情把握に重点を置くこと。6における、「世の中の人、もとをばとかくつけける」とあることからも、この文の主題が判断できよう。 8『大和物語』は、十世紀中ごろ成立した作品で『伊勢物語』(歌物語)の系列に属する。『十六夜日記』は一二八〇年ごろ成立の紀行文、『平中物語』は十世紀中ごろ成立の歌物語、『建礼門院右京大夫集』は一二三二年ごろ成立の私家集、『落窪物語』は十世紀後半成立の物語、『土佐日記』は九三五年ごろ成立の日記である。

【四】 1 b　2 d　3 a　4 d　5 b　6 a　7 c　8 e

〈解説〉 1「不レ築カハ且ニレ有ラントレ盗」の書き下し文である。「且」は「将」と同じ再読文字で「まさに…ントす」と読む。 2「其ノ家甚カ知トシテ二其ノ子ヲ一、而疑ヘリ鄰人之父ヲ一」(其の家甚だ其の子を知として、隣人の父を疑へり)の解釈である。「甚知其子」とは、(金持ちの家では)その息子を(お前の言った通りになったとして)知恵者だとして、という意味である。 3「子言ウハ伐タントヲレ之何ゾ也」の書き下し文である。 4 ④「不備鄭」は、「鄭に備へず」(鄭に対して用心しなかった)という意味である。胡君が鄭に対して用心しなかった理由は、家臣の関其思が鄭国と姻戚関係にある胡を伐つことを進言し、武公に殺されたことを胡君が耳にしたことによる。5 「此二」の以下の文「説者其知皆當」(説く者、其の知皆當たれり)は、「意見をのべたことは皆当たっていた」の意。この「説く者」とは、鄭の大夫関其思と宋の富人の隣人の父を指す。6 ⑥の「爲戮」は「りくせら・れ・」と読む。「爲」は受身の助字で、「薄者見疑」の「見」と同じ助字。ここは対句になっている。7 ⑦の「非知之難也」(知の難きに非ざるなり)の「知」は、正しい考えを知ること、あるいは見抜くこと、という意味である。8 最後の文を読めば、概略を理解できるだろう。「非知之難也。處知則難矣」の「處知則難矣」は「正しい考えや意見をどう処理するかが難しい」という意味である。

【中学校】

【一】 1 (1) a (2) d 2 (1) e (2) e (3) b

〈解説〉1 (1) 学習領域の「B書くこと」は、五項目の指導事項があり、設問は、「交流に関する指導事項」の内容である。この事項は、第一学年の「オ 書いた文章を互いに読み合い、題材のとらえ方や材料の用い方、根拠の明確さなどについて意見を述べたり、自分の表現の参考にしたりすること」を受けて、文章の構成や材料の活用の仕方について交流すること、自分の考えを広げることが示してある。 (2) 「指導計画の作成と内容の取扱い」の〔伝統的な言語文化と国語の特質に関する事項〕(2)の内容の取扱いでは、「書写」についての指導がのべてあり、設問はそのアで、中学校の書写のねらいとしている能力や態度が示してある。「速く」書くことは、中学校における書写の中心的な学習内容となる漢字の行書及びそれに調和した仮名を書くことのねらいである。 2 (1) 「言語活動例」は、「領域ごと科目ごとの指導内容と言語活動との密接な関連を図り、学習意欲を高め、主体的な学習活動を通して、指導内容を確実に身に付けさせること」をねらいとして示したものである。解説は、「ア　時間や場の条件に合わせてスピーチをしたり、それを聞いて自分の表現の参考にしたりする言語活動」に関する解説である。　(2)　設問の解説は、第二学年「C読むこと」の指導事項ウ「文章の構成や展開、表現の仕方について、根拠を明確にして自分の考えをまとめること」についてのものである。第一学年では表現の特徴について考え、第二学年では表現の仕方について考える。ここで表現の仕方といっているのは、文章の表現には書き手の目的や意図があり、そうした目的や意図および効果についても考えさせることを想定させているからである。　(3)　「漢字に関する事項」の(ア)は、「中学校における漢字の読みの指導」であり、小学校の指導をふまえ、学習や日常生活に必要な漢字の読みの能力を身につけさせる必要がある。そのため、発達の段階を考慮して、各学年で新たに読みについて指導する漢字の字数を幅をもって示している。

【高等学校】

【一】1　(1)　c　(2)　e　(3)　a　2　(1)　c　(2)　d

〈解説〉1　(1)　平成二十一年三月告示の高等学校学習指導要領国語では、科目構成の改善が行われた。これまでの「国語総合」は、その内容を改善し、教科の目標を全面的に受け、総合的な言語能力を育成することをねらいとした共通必履修科目となった。また、「国語表現」は、これまでの「国語表現Ⅰ」及び「国語表現Ⅱ」の内容を再構成した選択科目である。「古典A」は、これまでの「古典講読」の内容を改善し、古典としての古文と漢文、古典に関連する文章を読むことによって古典に親しむ態度を育成することをねらいとした選択科目である。(1)は「国語総合」の「A　話すこと・聞くこと」の指導事項ウの「工夫して話し合うことに関する指導事項」である。(2)は「国語表現」の「オ　表現について考察したりして、考えを深めることに関する指導事項」である。(3)は「古典A」の「エ　伝統的な言語文化についての課題を探求し、理解を深めることに関するる指導事項」である。 2 「現代文B」は、これまでの「現代文」の内容を改善し、総合的な言語能力を育成することをねらいとした選択科目である。また、「古典B」は、これまでの「古典」の内容を改善し、古典としての古文と漢文を読む能力を育成するとともに、古典についての理解や関心を深めることをねらいとした選択科目である。(1)の解説は「現代文B」の(2)言語活動例のイ「書き手の考えや、その展開の仕方などについて意見を書く言語活動」の一部である。(2)の解説は「古典B」の(1)指導事項のオ「我が国の文化の特質、我が国の文化と中国の文化との関係について理解を深めることに関する指導事項」の一部である。

二〇一五年度　実施問題

【中高共通】

【一】次の1～4の問いに答えなさい。

1　次の(1)～(4)の傍線部の漢字と同じ漢字を含むものを、あとのa～eの中から一つずつ選びなさい。

(1)　ここから眺めると村々はエンウにつつまれてすばらしい景色だ。

a　日本のヘキエンの地では、独自の個性的文化が息づいていた。
b　彼が幕府に参府エンインの願いを届け出たのは三月だった。
c　そこは武蔵野台地の北東エンペンにあたる平坦な所である。
d　バイエンによる大気汚染の問題が深刻化している。
e　西欧のデンエンには日本のそれとは違った美しさがある。

(2)　文学作品の価値は、それが出版される部数のタカだけにあるわけではない。

a　A社は条件付きでB社のサンカに入り、資金面で安定した。
b　城内を歩くと、何名もの衛兵たちのスイカに応じねばならない。
c　故郷のカモクな人間と自然は、私の人生に大きな影響を与えた。
d　薬品の量をカゲンすることで、様々な色を出すことができる。
e　当事者双方にカコンを残さない解決が必要だ。

(3)　各地の社寺をサイホウして得た古文書によると、鎌倉時代にこの種の伝承は少ない。

a　ほうれんそうは、無肥料でサイバイすると、なかなか美味である。
b　この文章は、A氏の労作をそのままテンサイしたものである。
c　生徒は、サイシキで立体感を表現する方法を身に付けることができた。
d　この予算をどのように使用するかは、部長のサイリョウに委ねられている。
e　上空から見ると、広範囲にわたって密林がバッサイされているのが分かった。

(4)　この評論は、著者の現代社会認識のトウテツした発想を示す諸概念を提示している。
a　デザートには、地元特産のオウトウの実を入れた蜜豆が出された。
b　江戸は、城の設計から門の位置までシュウトウに作り上げられた都市である。
c　ベートーヴェンの曲は、聞く者をトウゼンとさせる魅力をたたえている。
d　この建物の規模や構造は、一六〇〇年当時のものをトウシュウしている。
e　動物の革をふんだんに使った衣類が、庶民にも深くシントウしていた。

2　次の(1)～(3)の問いに答えなさい。

(1)　読み方の間違っている熟語を、次のa～eの中から一つ選びなさい。
a　風情《ふぜい》　b　完遂《かんすい》　c　生憎《なまいき》　d　容喙《ようかい》　e　月次《つきなみ》

(2)　「隣」という字の総画数として正しいものを、次のa～eの中から一つ選びなさい。
a　十三画　b　十四画　c　十五画　d　十六画　e　十七画

(3)　「直」という字を構成する部首「目」の名称として正しいものを、次のa～eの中から一つ選びなさい。
a　めへん　b　あみがしら　c　ひへん　d　さら　e　おおがい

3　次の(1)～(4)の問いに答えなさい。

(1)　四字熟語とその意味の組合せとして適切でないものを、次のa～eの中から一つ選びなさい。

a　欣喜雀躍→こおどりして喜ぶこと。
b　竜頭蛇尾→看板と実質とが一致していないこと。
c　不即不離→つかずはなれずの状態のこと。
d　彫心鏤骨→詩などを非常に苦心して作り上げること。
e　理非曲直→道理に合っていることと外れていること。

(2)　慣用句の使い方として適切でないものを、次のa～eの中から一つ選びなさい。

a　イギリスを訪問する精神病医は、みなウォーリンガム・パーク病院に足を運ぶことになった。
b　こわいものなしの太郎も、賢次だけには何かにつけて一目おいていた。
c　この間、新聞社で会社訪問の学生が並んでいるのを見て、一瞬、足がすくんでしまった。
d　相手の姿を色眼鏡で見ないよう、また相手をありのまま受けとめるように心がけている。
e　主治医の足下を見て患者が言いたいことも言えない雰囲気は、なくすよう努力しています。

(3)　敬語を用いた表現として適切でないものを、次のa～eの中から一つ選びなさい。

a　私は、その会社にまいりました。
b　私から父にそのように申しましたので、ご理解ください。
c　昨日、学校で、先生を弟にご紹介しました。
d　ホームに列車がまいります。
e　先生は、今、夏目漱石の小説をお読みになっています。

(4) 「ている」を用いた文のうち、動きの結果を表すものとしてふさわしいものを、次のa～eの中から一つ選びなさい。

a 太郎君は音楽を聴いている。
b 山田さんは学校に勤めている。
c 佐藤さんは二度アメリカを訪れている。
d 花子さんの部屋の灯りが消えている。
e ゴールに選手が次々に到着している。

4 次の(1)～(4)の問いに答えなさい。

(1) 次の説明の傍線で示した箇所に該当する人物として適切なものを、あとのa～eの中から一つ選びなさい。

『万葉集』の成立年代は明確ではなく、宝亀二（七七一）年以降とする説と宝亀八、九年とする説などがある。各巻の編纂方針も異なっているので、複数の撰者が想定されている。その中でも、契沖が撰者として想定した第四期の歌人で、「わが宿のいささ群竹吹く風の音のかそけきこの夕べかも」の作者が編纂に関わったのは確実である。

a 大伴家持　b 橘諸兄　c 中臣宅守　d 山上憶良　e 山部赤人

(2) 次の説明に該当する適切な作家名を、あとのa～eの中から一つ選びなさい。

明治三九（一九〇六）年に長崎県で生まれる。昭和十年代の詩に叙情を回復した四季派の詩人の一人。詩集に『わがひとに与ふる哀歌』『夏花』『春のいそぎ』などがある。『わがひとに与ふる哀歌』の特徴は、一方で叙情的な世界を造型しながら、他方でその世界を冷酷に見つめるもう一人の自分を作り出す点にある。

a　立原道造　b　伊東静雄　c　萩原朔太郎　d　堀辰雄　e　三好達治

(3)　古典文学に関する説明として誤っているものを、次のa～eの中から一つ選びなさい。

a　『東関紀行』は、一三世紀に成立した紀行文の一つ。東山に隠遁していた作者が、京を出発して鎌倉に下る約十日間の紀行と、鎌倉での約二ヶ月間の滞在記とを和漢混淆文で記した。

b　『伊勢物語』は、延喜元（九〇一）年以前に原型がなり、『在五中将日記』とも呼ばれた。助動詞「けり」を効果的に使用してストーリーを進めていくことに文体上の特性が認められる。

c　『土佐日記』は、承平五（九三五）年頃の成立で、作者が国司の館を出発し、帰京するまでの心情、人びとの言動、自然の景観などを日次の記として綴っている。王朝女流文学への影響も強い。

d　『古事記』は、和銅六（七一三）年に、諸国に命じてその国の地名、伝承などをまとめて献じさせた書物で、歌謡もふくまれ、失われやすい口承の世界を記載文学として定着させた。

e　『平家物語』は、平家一門の繁栄から没落までを描いた軍記物語である。増補・加筆や異本も多く、原作者が一人とは考えられず、現在の十二巻に灌頂の巻を加えた形ができあがるまでの代表的な作者が信濃前司行長あるいは葉室時長であろう。

(4)　近・現代の文学に関する説明として誤っているものを、次のa～eの中から一つ選びなさい。

a　大岡昇平は、小林秀雄・中原中也らと親交があり、大学卒業後はスタンダールなどフランス文学を研究した。『レイテ戦記』は、戦死した者の霊を慰める願いをこめて戦争の全体像を復元した書である。

b　島崎藤村は、キリスト教の洗礼を受け、西洋文学の魅力に触れつつ、西行や芭蕉など日本の古典にも感銘を受けた。小説『ジョン万次郎漂流記』では、中浜万次郎の運命を通して時代相や文化、政策を描いた。

c　志賀直哉は、有島生馬、里見弴らとともに白樺派とよばれる作家群の一人で、自然主義に対抗した理想主義・人道主義の立場をとった。初期の作品に『大津順吉』『クローディアスの日記』などがある。

d　川端康成は、東京帝国大学に入学後、今東光らと第六次『新思潮』を発刊し、菊池寛に認められた。初期は、詩の代わりに書いたという短編小説に叙情詩的な特異な才能を発揮して注目された。

e　三島由紀夫は、日本の中世文学とラディゲ、ワイルドの作品を愛読した。最初の短編集『花ざかりの森』は、王朝文芸の伝統を受け継いだ、滅びの美意識に彩られた作品として彼の早熟な才能を印象付けた。

(☆☆☆◎◎◎)

【二】次の文章を読んで、あとの問いに答えなさい。

二十世紀の最後の四半世紀は、世界的な規模で自然にたいする関心が高まり、生命を尊重し地球を守るべきだという、①未曾有の大合唱が世論を支配した観があります。一方では、人類の未来のために資源と環境を保護しようという議論が起り、大気汚染や地球の温暖化、フロンガスによるオゾン層の破壊など、人類の生命を脅やかすような大問題がつぎつぎに提起されています。かねてローマ・クラブ(注)などの指摘してきた資源枯渇の問題も、ここへきて海洋汚染や森林破壊など、環境問題との結びつきのなかであらためて人びとの②ユウリヨをかきたてています。

他方それと並行して、とりわけ先進国においては、身辺の自然にたいするもっと素朴な愛情が、科学的な環境問題とは直接の関係なしに、ひとつの強力な思想として主張されはじめています。地球上のあらゆる地域で、野生動物を保護しようという気運が高まり、美しい森林や海や川、湿原をそのままに守ろうという運動が熱心に展開されています。この運動の特色は、自然を自然そのもののために愛し、むしろいっさいの人間の手から守ろうとする点にあって、人間のための環境保護という観点を超えているということでしょう。鯨や毛皮動物の捕獲反対に典型的に見られるように、③ここでは、自然を人間の資源と考えること、それ自体が根本的に否定されているといえます。

日本でも近年、趣味としてペット・ブームが広がるかたわら、野鳥や森の小動物や昆虫にまでおよぶ保護の手が伸ばされています。そのなかで起った話題ですが、東京の公園で心ない人間に矢を射られた野生の鴨が発見され、やがて国民的な同情に包まれて救出された事件は、印象的でした。テレビも新聞も週刊誌も、不幸な一羽の鴨のために連日キャンペーンを展開し、焼き鳥屋の屋台のテーブルですら、この話題をさかなに杯がかわされていました。明らかに、小さな生命は人間の環境や資源の象徴としてではなく、それがただ自然の一部であり、生命そのものであるがゆえに、人びとの感情をゆさぶっていたのです。

二十世紀末の思想運動という点から見ても、昨今の自然保護運動、とくに後者のタイプの情緒的な自然愛の運動は、たぶん民族主義と並ぶ、もっとも大きな擬似イデオロギー運動であるかもしれません。広い大衆の感情を刺戟し、集団的な行動に駆り立て、そのなかで自己の存在意義に目覚めさせるという意味で、両者はともに、かつての社会主義の役割を代替する機能を果たしているといえそうです。

じっさいこの自然愛の思想運動は、さまざまな気質のうえで、表面的には無縁の民族主義と深い類似点を持っていると考えられます。それはどちらも現象のうえで反体制運動の姿をとり、しばしば反企業、反政府の旗を掲げますが、これも偶然の一致ではなさそうです。両者はより本質的な発想法のうえで、ともに広い意味での近代批判、近代の産業文明にたいする批判に根ざしているからです。民族主義は、先に述べたように、民族という理念を近代の国民国家に対置し、国家を支える政治イデオロギーと対立させることのうえに成り立っていました。同じように、自然尊重の思想は、自然というものを近代の工場生産、あるいは成長する産業社会と対立させることのうえに成り立っています。

それはまず、どちらも人間が意識的につくった人工物を否定し、それによって組み立てられた「【 ④ 】」を否定し、それ以前からあると信じられる桃源郷への回帰をめざしています。民族主義者は、人間が法と契約によってつくりあげた近代国家を疑い、合理的な体系性を求めるイデオロギーにさからい、血と土によって支えられた、いわば天与の集団へ帰ることを志向しています。⑤けだし「土と血」という言葉が端的に象徴しているように、民族主義者の民族とは、まさに人間にとって【 ⑥ 】そのものと見るべきものでした。それは自然発生的であり、あたかも自然のように宿命的であるがゆえに、ほかのどんな絆より絶対的だと信じられたのです。

また、自然も民族も人間の意識を超えたものであり、それゆえに、近代の個人主義に対立するものと見ることができます。法と契約にもとづく都市的な生活のなかで、しだいに孤立し不安を味わう近代人にとって、それはいずれも、⑦温かい母胎のような帰属の感覚をあたえてくれます。自由の孤独に疲れがちな近代的自我は、しばし、そのなかで「自由からの逃走」を楽しむことができるのです。さらに、民族主義はたてまえとして伝統を尊重し、たえず変化する近代的な文明に反発し、変らない文化の永続性を信じたい、という欲求を立場としています。この欲求もまた、かたちを変えた自然愛にほかならず、進歩と陳腐化を繰り返す機械文明への反発に通じていることは、いうまでもないでしょう。

【 ⑧ 】、現代の自然尊重の思想は、ある意味で民族主義よりも過激であり、反体制の思想としてより徹底していると見ることができます。それはたんに、国家やイデオロギーを否定するだけではなく、およそ人間のつくり出した文明の全体、さらには二千年の伝統を持つ人間中心主義の哲学それ自体の批判にいたっているからです。それは、たんなる産業技術の批判を超えて、自然にたいするいわゆる「技術的」な態度そのもの、自然の外に立って自然を利用するという、文明の思想そのものへの批判におよんでいます。⑨それはしばしば「ポスト近代」の立場を標榜しますが、じつは狭い意味での「近代」への批判をも超えて、伝統的な西洋の自然観、とりわけユダヤ・キリスト教の自然観の批判へと、矛先を進めて行くのが通例となっています。

しかしながら、思想の歴史を少し丁寧に振り返ると、じつは現代の自然愛護の思想も、けっして自然そのものとともにあった古い考え方ではなく、むしろ皮肉なことに、産業社会とともに生れた近代の思想であることがわかります。自然そのものは永遠ですが、それを愛する思想はほぼ十七、八世紀の産物であって、この点でも、これは近代の民族主義とまことによく似ている、といわなければなりません。

⑩困ったことですが、自然尊重というと人はただちに古代のアニミズムを思い出し、自然愛の思想は人類の永遠の文化であるとか、人間性の本質的な一部であるといったふうに考えがちです。しかし、古代のアニミズムはけっして近代の自然愛と同質のものではなく、まして自然保護につながるような思想ではありませんでした。近代の自然愛は自然を人間の外部にある存在として理解し、そのうえでそれと一体感を覚えるという精神にもとづいていますが、いうまでもなく古代人は人間を自然の一部として捉え、むしろそれゆえに愛憎半ばする感情の対象として見ていたはずだからです。

しかも、注意すべきことですが、自然にたいして畏怖を感じるということは、必ずしもその自然を目的に合わせて操作したり、支配したりすることと矛盾してはいませんでした。古代には、近代的な意味での自然の征服という思想はなかったにしても、恐るべき自然をなだめすかし、それから恩恵を盗みとろうとする知恵はあったはずで、それがあの呪術と呼ばれる、⑪一種の広い意味での技術を生んだと考えられます。古代人は自然を恐れながらも、彼らなりにその性質を察知し、呪術を仕掛けることによって、それを自分たちの生存の目的に利用しようとしました。

（注）ローマ・クラブ―一九六八年、ローマで初会合を開いて発足した国際的民間組織。天然資源の枯渇化・環境汚染・人口増加などの諸問題について研究・提言した。

（山崎正和『近代の擁護』より）

1 傍線部①「未曾有」の意味として適切でないものを、次のa～eの中から一つ選びなさい。

a かつてない　b 空前　c 前代未聞　d 前人未到　e 希有

2 傍線部②「ユウリョ」の「リョ」の漢字と同じ漢字を使うものを、次のa～eの中から一つ選びなさい。

a よき伴リョに恵まれる。
b 配リョに欠ける処置。
c リョ館の温泉に入る。
d 捕リョを釈放する。
e リョ力、衆にまさる。

3 傍線部③「ここ」が指示する内容の説明として最も適切なものを、次のa～eの中から一つ選びなさい。

a 身辺の自然にたいする素朴な愛情から生まれる、自然を守ろうとする考えや運動。
b 心ない人間たちが小さな生命を大切に取り扱おうとしない考えや運動。
c 科学的な環境問題という観点から、自然を守ろうとする考えや運動。
d 人類の未来のため、資源と環境を保護しようとする考えや運動。
e 人間の生命を脅かす問題の解決という観点から、自然を守ろうとする考えや運動。

4 文章中の［ ④ ］・［ ⑥ ］に当てはまる言葉の組合せとして、最も適切なものを、次のa～eの中から一つ選びなさい。

　④　⑥
a　伝統　生命
b　文明　自然
c　生命　国家
d　自然　自由
e　人類　宿命

5　傍線部⑤「けだし」を用いた表現として適切なものを、次のa～eの中から一つ選びなさい。
a　けだし下ごしらえをして、その後料理する。
b　球技、けだし野球やテニスが好きだ。
c　けだし入念に仕上げなさい。
d　明日、運動会を行う。けだし、雨天の場合は中止する。
e　けだし名言というべきだろう。

6　傍線部⑦「温かい母胎のような帰属の感覚」とあるが、その内容の説明として最も適切なものを、次のa～eの中から一つ選びなさい。
a　都市的な生活の中で孤立し不安を味わう近代人が、法と契約を拠りどころに安らぎを覚えるということ。
b　自由の孤独に疲れがちな近代的自我が、近代の産業文明に対する批判意識に縛られることから解放されるということ。

c　都市的な生活の中で孤立し不安を味わう近代人が、近代国家を擁護することで近代的な文明から守られるということ。
d　自由の孤独に疲れがちな近代的自我が、人間の意識を超えたものである自然や民族を尊重することで安らぎを覚えるということ。
e　都市的な生活の中で孤立し不安を味わう近代人が、変わらない文化の永続性を信じることで、人間の意識に信を置けるようになるということ。

7　文章中の［　⑧　］に当てはまる言葉として最も適切なものを、次のa～eの中から一つ選びなさい。
a　にもかかわらず　　b　もっとも　　c　要するに　　d　いいかえれば
e　たとえば

8　傍線部⑨「それ」が指示する内容として最も適切なものを、次のa～eの中から一つ選びなさい。
a　自然の外に立って自然を利用するという、文明の思想。
b　自然にたいするいわゆる「技術的」な態度。
c　現代の自然尊重の思想。
d　人間の作りだした文明の全体。
e　人間中心主義の哲学。

9　傍線部⑩「困ったことですが」とあるが、筆者がこのように述べるのはなぜか。その説明として最も適切なものを、次のa～eの中から一つ選びなさい。
a　自然愛の思想を人類の永遠の文化と考えることが、自然愛の思想を文明の思想と同一視してしまうから。

b　自然愛の思想が近代の思想と考えることは、文明の思想を古代のアニミズムから切り離してしまうから。

c　自然愛の思想を人類の永遠の文化と考えることが、人間のつくり出した文明を否定することになるから。

d　自然愛の思想が近代の思想と考えることは、文明の思想を肯定する態度につながるから。

e　自然愛の思想を人類の永遠の文化と考えることが、文明の思想を批判する誤った根拠となっているから。

10　傍線部⑪「一種の広い意味での技術」とあるが、その内容の説明として最も適切なものを、次のa～eの中から一つ選びなさい。

a　近代の自然愛と同じ態度が、古代人にもあったということ。

b　自然に対する畏怖の心が、近代の技術的な態度を生み出したということ。

c　古代のアニミズムが、現代の自然愛護の思想を生み出したということ。

d　自然を利用する近代の技術的な態度が、古代人にもあったということ。

e　近代の技術的な態度を批判する意識が、古代人にもあったということ。

11　本文の論理の展開の説明として最も適切なものを、次のa～eの中から一つ選びなさい。

a　近代の自然に対する関心を環境問題や民族主義の問題とからめて説明したあと、その考えに対する筆者の批判的な見解を展開している。

b　科学的な環境問題と情緒的な自然愛の運動の共通点と相違点を説明したあと、その内容とは関係のない話題をあとの文で続けている。

c　近代の自然に対する関心を環境問題や民族主義の問題とからめて説明したあと、その考えを裏づける補足説明をしている。

d　科学的な環境問題と情緒的な自然愛の運動の共通点と相違点を説明したあと、その考えと異なる見解を示し、対比させている。

e　近代の自然に対する関心を環境問題や民族主義の問題とからめて説明したあと、その考えを発展させる内容を述べている。

12　本文の内容に合致するものを、次のa～eの中から一つ選びなさい。

a　古代のアニミズムは自然保護につながる思想ではなく、自然を愛憎半ばする感情の対象として見ていた意味で近代の自然愛に通じていた。

b　現代の自然愛護の思想は、産業社会とともに生まれた近代の思想であるが、これからは人類の永遠の文化として捉えなおす必要がある。

c　民族主義と自然尊重の思想は、人間がつくった人工物を否定する意味で共通するが、合理性を求めるか求めないかで相反する立場をとる。

d　自然を征服しようとする近代の思想は、人に孤立と不安を与えるので、古代のアニミズムに救いの道を求めるべきである。

e　自然愛の思想は、民族主義よりも過激で文明の思想を批判するものだが、それが人間性の本質的な一部であると考えるべきではない。

（☆☆☆◎◎◎）

【三】次の文章は、二条良基の連歌論『筑波問答』の一部である。本文を読んで、あとの問いに答えなさい。

昔難波《なんば》の三位入道殿、人に鞠《まり》を教へ給ひしを問ひ奉りしに、「手持ちはいかほども開きたるがよき」と教へられき。その次の日、またあらぬ人に会ひて、「鞠の手持ちやう、いかほどもすわりたるよき」と仰せられき。これはその人の気に体して①教へ替へられ侍るにや。後日に尋ね申し侍りしかば、「そのこと侍り。さきの人は手がすわりたりしほどに、拡げたるが本《もと》にてあると教へ、後の人は手の拡ごりたれば、すわりたるが本にてあると申せしなり。」仏の衆生《しゆうじやう》の気に対してよろづの法を説き給へるも、みなかくのごとし。連歌も、あまりにどこともなからん人には、案じたるがよきと申すべし。沈みたらん人には、案ぜぬがよきと教ふべきなり。ただし、②二つにとれば、早くてどこともなき中に、無上の③堪能《かんのう》はおのづから出で来べきなり。④沈み果てたらん人は、うるはしき上手にはなるまじきにや。ただ、上手に初めより添ひて、心・詞を学び給ふべし。下手に添ひて悪き心の執著《しふぢやく》しぬれば、すべて直りがたきことなり。

初心のほど、ゆめゆめ万葉以下ⓐの古きことを好み給ふべからず。ただ、あさあさとしたる句ⓑのやすやすとしたるを、詞優しく句がるにし給ふべきなり。⑤何とがな面白からんと案じ給ふこと、ゆめゆめあるべからず。いかに沈思し給ふとも、よきはあるまじきなり。かろがろとし給ふとも、さのみ悪きことのみにては侍るまじ。そのさまは師匠ⓒのはからひ申すべきことなり。よろづの道のことも、［　⑥　］をよく人に云はれてこそあがることなれ。我が身をよしと思ひては、すべて誤りⓓの多かるべきことにや。人ⓔのならひ、みな我がことは是と思ひ、人のことは非と思ふなり。連歌も、いかにしたりがほに思はん人も、世の許さねば、やぶ連歌など申す物になり果て侍ることなり。かまへてかまへてよき先達に会ひて、よくよく練習すべきことにて侍るとぞ、いにしへの名匠たちは申されしか。

1　傍線部①「教へ替へられ侍るにや」の品詞の説明として最も適切なものを、あとのa～eから一つ選びなさい。

a　動詞＋動詞＋助動詞＋補助動詞＋助詞＋助詞

b　動詞＋動詞＋助動詞＋助動詞＋補助動詞＋助動詞＋助詞

c　名詞＋動詞＋助動詞＋補助動詞＋助詞＋助詞

d　動詞＋動詞＋助動詞＋助動詞＋補助動詞＋助詞＋助詞

e　名詞＋動詞＋助動詞＋補助動詞＋助動詞＋助詞

2　傍線部②「二つにとれば」の「二つ」とは、何と何をさしているのか。最も適切なものを、次のa～eから一つ選びなさい。

a　「さきの人」と「後の人」

b　「心・詞」と「悪き心」

c　「うるはしき上手」と「下手」

d　「あまりにどこともなからん人」と「沈みたらん人」

e　「万葉以下の古きこと」と「あさあさとしたる句」

3　傍線部③「堪能」の本文中における意味として最も適切なものを、次のa～eから一つ選びなさい。

a　秀逸な連歌

b　能力がきわめて高い人

c　上達の速度

d　困難に打ち勝つ力

e　創作の要点

4　傍線部④「沈み果てたらん人は、うるはしき上手にはなるまじきにや」の解釈として最も適切なものを、次のa～eから一つ選びなさい。

a　思案しすぎてしまうような人は、すぐれた上手にはならないのではないでしょうか。
b　物事に消極的な人は、すぐには上達することが難しいのではないでしょうか。
c　あまりに考えすぎるような人は、かえって連歌の要点をつかみにくいのでしょう。
d　他人の評価を積極的に仰がないような人は、世間から評価されるような歌詠みにはならないのです。
e　すぐれた指導者につかないような人は、優雅な歌を作るのが難しいのではないでしょうか。

5　傍線部⑤「何とがな面白からんと案じ給ふこと、ゆめゆめあるべからず」の解釈として最も適切なものを、次のa～eから一つ選びなさい。

a　何かと工夫すれば面白くなるだろうとあれこれ考えることは、夢のようにはかないおろかな行為です。
b　何かと学んでも面白くならないだろうと危惧してしまうことは、迷い苦しくなるものです。
c　何かと努力しても面白くないだろうとあれこれ心配することは、非常によろしくないことです。
d　何かと用意すると面白くなるものだと思うことは、夢見心地になりがちで慎むべきことです。
e　何かと工夫して面白くしようとあれこれ考えることは、決してあってはなりません。

6　本文中の［　⑥　］に当てはまる言葉として最も適切なものを、次のa～eから一つ選びなさい。

a　少　b　美　c　難　d　秀　e　下

7　波線部ⓐ～ⓔのうち、同格の格助詞を、次のa～eから一つ選びなさい。

a　ⓐ　b　ⓑ　c　ⓒ　d　ⓓ　e　ⓔ

8　二条良基が編んだ連歌集として適切なものを、次のa～eから一つ選びなさい。

a　ささめごと　b　古来風躰抄　c　菟玖波集　d　新撰菟玖波集
e　毎月抄

9　本文で述べられている、連歌修行の心得として誤っているものを、次のa～eから一つ選びなさい。
a　ただ、上手に初めより添ひて、心・詞を学び給ふべし
b　あさあさとしたる句のやすやすとしたるを、詞優しく句がるにし給ふべきなり
c　我が身をよしと思ひては、すべて誤りの多かるべきことにや
d　人のならひ、みな我がことは是と思ひ、人のことは非と思ふなり
e　かまへてかまへてよき先達に会ひて、よくよく練習すべきことにて侍る

10　本文の内容に合致するものを、次のa～eから一つ選びなさい。
a　連歌のことをたとえとして、人として心がけるべきことについて述べている。
b　蹴鞠や仏教のことをたとえとして、連歌に関する諸々の心得について述べている。
c　仏教のことをたとえとして、連歌の初心者が陥りやすい誤りについて述べている。
d　蹴鞠や仏教のことをたとえとして、初心者に適する連歌の作風について述べている。
e　連歌のことをたとえとして、蹴鞠の指導者が心得るべきことについて述べている。

(☆☆☆◎◎◎)

【四】次の文章を読んで、あとの問いに答えなさい。ただし、設問の都合上、訓点を省いた部分がある。

韓非子曰、管仲・隰朋《しつぼう》従於桓公而伐孤竹。
春往《ゆキテ》冬返、①迷惑失道。管仲曰、②老馬之智可用也。
③乃放老馬而隨之。遂得道。行山中無水。④隰朋曰、
蟻冬居ⓐ山之陽。夏居ⓑ山之陰。蟻壌一寸而ⓒ仞有水。
ⓓ乃掘地。ⓔ遂得水。以管仲・隰朋之智、至其所不知、
⑤不難師於老馬與蟻。⑥今人不知以其愚心師聖人之智、
⑦不亦過乎。

（『蒙求』より）

1　傍線部①「迷惑失道」の解釈として最も適切なものを、次のa～eの中から一つ選びなさい。

a　まごついて道に迷った。
b　嫌な目に遭って何も道《い》うべきことがなかった。
c　迷って正しい道を歩む心を失った。
d　誤って道を踏み外した。

e　迷惑と思い、道《い》うべきことを失った。

2　傍線部②「老馬之智可用也」を説明したものとして最も適切なものを、次のa～eの中から一つ選びなさい。

a　老馬がもと来た道を知っているかどうか、解き放ってこれについて行けばわかることだ、と主張している。

b　老馬は長年人の役に立ってきたといわれているが、それをここで信用すべきかどうか迷っている。

c　老馬は戦場における経験が豊富であるといわれているが、迷惑な存在なので活用すべきでない、と諭している。

d　老馬は長年人の役に立ってきたといわれているので、人に従う習性をここで活用すべきだ、と断定している。

e　老馬はもと来た道を知っているといわれているので、それをここで活用すべきだ、と提案している。

3　傍線部③「乃」を説明したものとして最も適切なものを、次のa～eの中から一つ選びなさい。

a　「スナハチ」と訓じ、「そのたびごとに」の意をあらわす。

b　「ナンヂ」と訓じ、上文に登場する人物の代名詞である。

c　「スナハチ」と訓じ、「意外にも、なんとまあ」の意をあらわす。

d　「ソノ」と訓じ、上文に登場するモノの代名詞である。

e　「スナハチ」と訓じ、「そこで、そこではじめて」の意をあらわす。

4　傍線部④「隰朋曰」とあるが、隰朋の発言はどこまでか。最も適切なものを、次のa～eの中から一つ選びなさい。

a　波線部ⓐ「山之陽」まで
b　波線部ⓑ「山之陰」まで
c　波線部ⓒ「仭有水」まで
d　波線部ⓓ「乃掘地」まで
e　波線部ⓔ「遂得水」まで

5　傍線部⑤「不難師於老馬與蟻」の解釈として最も適切なものを、次のa～eの中から一つ選びなさい。

a　老馬と蟻とを師とするなら、事態はすこしも難しいものではない。
b　老馬と蟻とでは、どちらもなかなか師とし難い事情がある。
c　老馬と蟻とを師として教わるのに、少しもためらわないのである。
d　老馬と蟻とを師にしても、今の特別な状況を変えることはできない。
e　老馬と蟻とでは、蟻を師とするのは難しいが、老馬は難しくない。

6　傍線部⑥「今人不知以其愚心師聖人之智」の書き下し文として最も適切なものを、次のa～eの中から一つ選びなさい。

a　今人知らずして其の愚心を以て聖人の智を師とす
b　今人知らずして以て其の愚心の師を聖人の智とす
c　今人知らざれども其の愚を以て心は聖人の智を師とす
d　今人其の愚心を以て聖人の智を師とするを知らず

e　今人其の愚を以て心の師たる聖人の智を知らず

7　傍線部⑦「不亦過乎」を説明したものとして最も適切なものを、次のa～eの中から一つ選びなさい。

a　「また過ちならざるか」とよみ、句意は、軽い疑問として理解するのがよい。

b　「また過ちならずや」とよみ、句意は、詠嘆として理解するのがよい。

c　「また過ちならざらむ」とよみ、句意は、推定として理解するのがよい。

d　「また過ちならずよ」とよみ、句意は、願望として理解するのがよい。

e　「また過ちならざりけむ」とよみ、句意は、過去推量として理解するのがよい。

8　本文の内容に合致するものを、次のa～eの中から一つ選びなさい。

a　老馬も蟻も人間以上の知恵を備えていることをまず称揚し、管仲・隰朋ですらも動物の知恵に及ばないことを語って、聖人はどうあるべきかを説いている。

b　老馬と蟻の習性を動物的な知恵とみなし、管仲・隰朋がそれをよく理解しているという逸話を語って、今の人も動物の知恵を見習うようにすすめている。

c　老馬も蟻も隠された能力を持っていることを語り、そのような動物の知恵をよく知っていた管仲・隰朋の逸話を語って、管仲・隰朋を褒めたたえている。

d　老馬も蟻も動物的な習性で行動することを語り、そのような動物の行動をよく知っている管仲・隰朋の逸話を語って、管仲・隰朋の人となりを伝えている。

e　老馬および蟻の習性を動物の知恵として語り、そのような動物の知恵にも謙虚に学ぶ管仲・隰朋の姿勢を語って、今の人の学ぶ姿勢の不足を批判している。

（☆☆☆◎◎◎）

【中学校】

【二】次の1・2の問いに答えなさい。

1　次の(1)と(2)は、平成二十年三月告示の中学校学習指導要領　国語における「各学年の目標及び内容」に示されている事柄である。［　ア　］・［　イ　］に該当するものを、あとのa～eの中からそれぞれ一つずつ選びなさい。

(1)　目的や意図に応じ、日常生活にかかわることなどについて、構成を考えて［　ア　］に書く能力を身に付けさせるとともに、進んで文章を書いて考えをまとめようとする態度を育てる。〔第1学年〕

a　詳細　b　的確　c　簡潔　d　個別　e　明確

(2)　社会生活の中から［　イ　］を決め、話したり話し合ったりするための材料を多様な方法で集め整理すること。〔第2学年〕

a　目的　b　相手　c　課題　d　質問　e　話題

2　次の(1)～(3)は、平成二十年九月に刊行された『中学校学習指導要領解説　国語編』に示されている「指導事項」に関する問題である。それぞれの問いに答えなさい。

(1)　次の文章は、第3学年「B書くこと」の「指導事項　イ」に関する解説の一部である。文章中の［　ウ　］に該当するものを、あとのa～eの中から一つ選びなさい。

引用の際には、かぎ（「　」）でくくること、出典を明示すること、引用する文章が適切な量であることなどが大切である。このことが、［　ウ　］を尊重し保護することになる。

a　著作権　b　出典　c　引用文　d　生徒　e　個人情報

(2)　次の文章は、第1学年「C読むこと」の「指導事項　エ」に関する解説の一部である。文章中の［　エ　］

に該当するものを、あとのa～eの中から一つ選びなさい。

「表現の特徴」としては、説明、評論、物語、詩歌等、文章の種類による叙述の特徴が挙げられる。また、手紙や案内等の様々な形態の文章についても取り上げることが大切である。

ここでは、文章の構成や展開、表現の特徴をとらえ、それについて「自分の考えをもつ」というところに指導の重点がある。「自分の考えをもつ」というのは、文章についての印象をもつことにとどまるものではない。様々な形態の文章の構成や展開、表現の特徴を分析的にとらえ、その【 エ 】について自分の考えをもつことである。

a 種類　b 様々な形態　c 工夫や効果　d 長所　e 内容や展開

(3) 次の文章は、第2学年〔伝統的な言語文化と国語の特質に関する事項〕のうち、「書写に関する事項」に関する解説の一部である。文章中の【 オ 】に該当するものを、あとのa～eの中から一つ選びなさい。

「読みやすく速く書くこと」は、漢字の行書とそれらに調和した仮名の書き方に慣れさせ、国語科をはじめとする各教科等の学習場面や社会生活における話す、聞く、書く、読むといった言語活動に役立たせるための重要な指導である。「読みやすく」とは、【 オ 】を意識することである。このためには、書式などを意識し、第1学年で学習した字形や大きさ、配列などに配慮することも必要である。

a 読み手である他者　b 読み手との対話　c 読み手との交流
d 読み手への伝達　e 読み手への配慮

(☆☆☆◎◎◎)

【高等学校】

【二】次の1・2の問いに答えなさい。

1　次の(1)～(3)は、平成二十一年三月告示の高等学校学習指導要領　国語における「現代文A」及び「現代文B」の「1　目標」並びに「国語総合」の「3　内容の取扱い」に示されている事柄である。［　ア　］～［　ウ　］に該当するものを、あとのa～eの中からそれぞれ一つずつ選びなさい。ただし、(1)は「現代文A」、(2)は「現代文B」、(3)は「国語総合」に示されている事柄である。

(1)　近代以降の様々な文章を読むことによって、我が国の［　ア　］に対する理解を深め、生涯にわたって読書に親しみ、国語の向上や社会生活の充実を図る態度を育てる。

a　言語文化　　b　伝統文化　　c　言語と文化　　d　伝統と文化
e　伝統的文化

(2)　近代以降の様々な文章を的確に理解し、適切に表現する能力を高めるとともに、ものの見方、感じ方、考え方を深め、進んで［　イ　］ことによって、国語の向上を図り人生を豊かにする態度を育てる。

a　活動する　　b　活用する　　c　学習する　　d　発表する　　e　読書する

(3)　書くことを主とする指導には［　ウ　］単位時間程度を配当するものとし、計画的に指導すること。

a　10～20　　b　20～30　　c　30～40　　d　15～25　　e　25～35

2　次の(1)と(2)は、平成二十二年六月に刊行された『高等学校学習指導要領解説　国語編』における「第1節　国語総合」及び「第5節　古典A」に示されている「指導事項」に関する問題である。それぞれの問いに答えなさい。

(1)　次の文章は、「第1節　国語総合」の「3　内容」に関する解説の一部である。文章中の［　エ　］に該当するものを、あとのa～eの中から一つ選びなさい。

読むことの指導事項を身に付けさせるためには、読むという言語活動だけでは不十分である。そこで、「脚本に」する、「物語に書き換え」るなどという、表現する言語活動を通して読みを深めることが大切である。このような［　エ　］をする言語活動において、文章を自分の知識、思考、体験などと照合させながら繰り返して読むことは、読み手の認識の変容を促すとともに主体的な読みの確立につながる。

a　編集　b　校正　c　創作　d　改作　e　翻案

(2)　次の文章は、「第5節　古典A」の「3　内容」に関する解説の一部である。文章中の［　オ　］に該当するものを、あとのa～eの中から一つ選びなさい。

「古典特有の表現を味わ」うとは、文章の内容だけでなく、古典特有の表現の美しさ、深さ、面白さを理解し、味わうことである。例えば、古文における言葉のリズム、音便や係り結びなどの文法上の現象、掛詞《ことば》や縁語などの修辞法を理解することは、古文を読み味わう上で必要なことである。また、漢文においても、言葉のリズムや修辞などを理解することは、［　オ　］を理解することとともに、漢文を読み味わう上で必要なことである。

a　豊かな古典の世界　b　語句の意味、用法　c　我が国の言語文化、伝統

d　古人のものの見方、感じ方、考え方　e　表現の特色や文法

(☆☆☆◎◎◎)

解答・解説

【中高共通】

【一】 1 (1) d (2) c (3) e (4) e 2 (1) c (2) d (3) a 3 (1) b (2) e (3) c (4) d 4 (1) a (2) b (3) d (4) b

〈解説〉 1 (1)は煙雨で、aは僻遠、bは延引、cは縁辺、dは媒煙、eは田園である。(2)は多寡で、aは傘下、bは誰何、cは寡黙、dは加減、eは禍根である。(3)は採訪で、aは栽培、bは転載、cは彩色、dは裁量、eは伐採である。(4)は透徹で、aは桜桃（黄桃）、bは周到、cは陶然、dは踏襲、eは浸透である。
2 (1) cは「あいにく」と読む。(2) 「隣」のおおざとは三画、つくりは、十三画である。(3) 部首である「目」は、「めへん」である。 3 (1) 「竜頭蛇尾」とは（頭は竜で尾は蛇の意から）はじめは勢いがよいが、終わりはまったく勢いがなくなることである。(2) 「足下を見る」は、人の弱みにつけこむことである。(3) この場合の「ご紹介しました」は、謙虚表現であるため誤用となる。(4) a・b・eは状況の継続、cは過去の回数である。 4 (1) 「わが宿のいささ群竹…」の和歌は、万葉集に収められている大伴家持（七一八年頃～七八五年）の作品である。真言宗の僧契沖は、親友の下河辺長流の『万葉集』研究を受けつぎ、水戸光圀の求めに応じて『万葉代匠記』を著している。 (2) 伊東静雄（一九〇六～五三年）は堀辰雄の詩誌「四季」に三好達治や丸山薫、中原中也、立原道造とともに同人として加わってた詩人である。
(3) 『古事記』は、和銅五年（七一二年）に成立。太安万侶の撰録で、壬申の乱に勝利した天武天皇は、当時諸氏族が持ち伝えていた帝紀や本辞（皇室・諸氏族・民間に伝えられた神話・伝統など）を比較。国家の伝承を後世に伝えるため、稗田阿礼に読み習わせた。その後、和銅四年（七一一年）に太安万侶が元明天皇の命を受けて、阿礼の読み習ったものを撰録し、翌年に完成奏上したものである。　(4)　小説『ジョン万次郎漂流記』(一九三七年)は、井伏鱒二の作品である。

【二】1　d　2　b　3　a　4　b　5　e　6　d　7　b　8　c　9　e　10　d　11　a　12　e

〈解説〉1　①「未曾有」(みぞう)は、「未だ曾(か)つてあらず」の意。稀有などと同義である。c「前人未到」(ぜんじんみとう)は、今までに誰も足をふみ入れていないこと。2　②は「憂慮」であり、aは伴侶、bは配慮、cは旅館、dは捕虜、eは膂力である。3　③「ここ」は近称の指示代名詞で、第二段落のはじめの「身近の自然にたいするもっと素朴な愛情が、科学的な環境問題とは直接の関係なしに、ひとつの強力な思想として主張されはじめている」ことを指す。4　空欄前後の語句や文の内容と整合するように適切な言葉を選ぶこと。空欄④の前の連体文節「それによって組み立てられた」の「それに」は、「人工物」を指す。自然を破壊し造成される文明の人工の波をここで想起しなければならない。⑥は民族の自然発生的、宿命的な存在(血と土によって支えられた天与の集団)で自然と同一視できる。5　「けだし」は「かなり確かであると推定して言う副詞」で、「思うに、おそらく、多分」と同義で、下に推定の語を伴う。6　⑦はその前の「それは」が指示する「自然と民族」を受けている。人為的近代の個人主義社会(法と契約にもとづく都市社会)で孤立と不安を味わう近代人が、宿命的非人為的世界で心の安らぎを感覚的に覚える比喩である。7　空欄には逆接、順接、例示等の接続的語句が入る。⑧以下の文の内容から、前の文の自然尊重の思想にある条件を付加する接続詞の「もっとも」が適切である。8　⑨の「それ」は中称の代名詞であり、「ポスト近代」の立場を標榜する、と述べているから、反体制の思想であること。⑧を含む文の前にある「それは」と同じ内容を指示している。　9　自然愛の思想を古代アニミズムと結びつけて、人類の永遠の文化と考える立場があるが、古代アニミズムは近代の自然愛や自然保護につながるものではなかった。したがって、この立場の考えで文明の思想を批判することは、妥当とはいえないのである。　10　⑪は、自然を目的に合わせて操作したり、支配したりするといった技術を指す。　11　本文の後半部分で「しかしながら」とあり、筆者の批判的見解が述べられていることをおさえているかが、ポイントとなるだろう。　12　筆者は自然愛者が、古代アニミズムを想起し、自然愛の思想を人類永遠の文化とか人間性の本質的な一部と考えることに否定的である。aは「自然を愛憎半ばする感情の対象…」、bは「これからは…」が誤り。cは民族主義も自然尊重の思想は、ともに合理性を求めない点で共通する。dに関する論述はない。

【三】1　e　2　d　3　b　4　a　5　e　6　c　7　b　8　c　9　d
10　b

〈解説〉1　①は、教へ（転成名詞）＋替へ（動詞「替へる」の未然形）＋られ（尊敬の助動詞「らる」の連用形）＋侍る（丁寧の補助動詞「待り」の連体形）＋に（断定の助動詞「なり」の連用形）＋や（疑問の係助詞）。　2　②の「二つにとれば」は、「二つのうち、いずれをとるかといえば」という意味で、前にある「あまりにどこともなからん人」と「沈みたらん人」をさす。　3　③「堪能」は「深くその道に通じること」の意味で、器用と同じ。　4　④「沈み果てたらん人」とは、「深く考えすぎる人」の意。「うるわしき上手」の「うるわしき」は、「うるはし」（形・シク活用）の連体形で、すぐれている、という意味。「なるまじき」の「まじき」は、打消推量の意の助動詞「まじ」の連体形、「にや」は、下に「あらむ」が省略された疑問の意を示す。　5　「何とがな」の「がな」は副助詞で、「何とがな」は、何とかして、の意味である。「案ずる」は、あれこれ案ずること、「ゆめゆめ」は、決して、という意味の陳述の副詞で、下に打消の意を伴う。　6　他者からの批判によって自分の独善と偏見から解放されることを諭す内容に即した語が入る。 7 ⓐ・ⓒ・ⓔは体修語、ⓓは主格である。 8 a『ささめごと』は心敬、b『古来風躰抄』は藤原俊成、d『新撰菟久波集』は宗祇、e『毎月抄』は藤原定家である。 9 dは、世の中一般の人々の利己的自己中心的生き方を示したもので、連歌修行の心得とは直接関係していない。 10 難波の三位入道とは、難波宗緒在中将正三位のことで四十七歳で出家した蹴鞠の大家。彼が人それぞれに蹴鞠の癖（個性）があり、それについて指導している挿話と仏の衆生の気に対してよろづの法での説教を到来して、連歌の心得も同様であることを二条良基は述べている。

【四】 1 a 2 e 3 e 4 c 5 c 6 d 7 b 8 e

〈解説〉 1 ①「迷惑して道を失ふ」の「迷惑」は、まごつくことである。 2 ②「老馬之智」とは、老馬が歩いて来た道を知っていることを指す。 3 ③「乃」は「スナハチ」と読み、そこで、しかるのち、を意味する。上を受け、下を起こす用法である。 4 隰朋の言葉に従い、行動を起こす「乃掘地」の前までが隰朋の発言である。 5 ⑤は、「老馬と蟻を師とするに難（はばか）らず」を意味する。この和文の現代語訳で適切なものを選ぶ。 6 ⑥は「今人不レ知《ラ》下以《テ》二其《ノ》愚心《ヲ》一師《トスルヲ》中聖人之智《ヲ》上。」の書き下し文、一・二点から上・中・下点を訓読して書き下す。 7 ⑦「不亦…乎」は、「まタ…（ナラ）ずや」と訓読する。「乎」は反語を表し、「不亦～乎」全体で「なんと～ではないか」と詠嘆に解釈する慣用表現である。 8 ⑥の「聖人之智」は、馬や蟻の習性を生きる知恵として活用する管仲と隰朋の謙虚な姿勢であり、「今人不知以其愚心」で、今の人に対する批判を展開している。

【中学校】

【一】1 (1) a (2) e (3) c 2 (1) e (2) b

〈解説〉1 高等学校国語科で示された科目は国語総合・国語表現・現代文A・現代文B・古典A・古典Bの六科目で、必履修科目は「国語総合」（四単位）で、他は選択科目である。「現代文A」は、「読むこと、言語文化と国語の特質に関すること」を中心とし、「現代文B」は、「読むことを中心に総合的な言語能力」を育成することをねらいとしている。(1)「言語文化」とは、「我が国における伝統的な言語文化」をいう。わが国の近代以降の文章を読むことで、文化としての言語や文化的な言語生活、多様な言語芸術や芸能などについて探究し、それらの特質についての理解を深めることを指す。(2)「読書すること」は、小学校、中学校及び「国語総合」と一貫して、「C読むこと」の領域を中心に、その指導を重視している。2 (1)「C読むこと」の言語活動例のア「文章を読んで脚本にしたり、古典を現代の物語に書き換えたりすること」は、「翻案をする」言語活動とされている。エの前の「このような」は、その前の文「脚本にする」「物語に書き換える」ことを指示している。(2) オの前の「（漢文においても）言葉のリズムや修辞」とともに重要な文章内容を理解する言葉を選択する。

【高等学校】

【一】1 (1) b (2) e 2 (1) a (2) c (3) d

〈解説〉1 中学校学習指導要領の「各学年の目標」は各領域（話すこと・聞くこと、書くこと、読むこと）に対応して各学年ごとに示されている。(1)は、第一学年の「B書くこと」の目標である。「構成を考えて的確に書く能力」とは、内容を分かりやすく伝えるために構成を工夫するとともに、根拠を明確にして書く能力を指す。(2)は第二学年の「A話すこと・聞くこと」の内容である。「社会生活の中から話題を決め」は、第一学年の「日常生活の中から話題を決め」を受けたもので、話題や取材の範囲を「社会生活」へと広げている。

2 (1) 問題は「論理の展開を工夫し、資料を適切に引用するなどして、説得力のある文章を書くこと」を踏まえた内容である。引用するには一定のルールにしたがって行うことが求められることを指導する。(2) 第一学年「C 読むこと」のエは「文章の構成や展開、表現の特徴について自分の考えをもつこと」である。「自分の考えをもつ」対象をしっかり把握すること。(3) 「書写に関する事項」のアに「漢字の行書とそれに調和した仮名の書き方を理解して、読みやすく速く書くこと」と示している。「読みやすく」とは、読み手への文字によるコミュニケーションでもあることに留意しておこう。

●書籍内容の訂正等について

弊社では教員採用試験対策シリーズ（参考書，過去問，全国まるごと過去問題集），公務員試験対策シリーズ，公立幼稚園・保育士試験対策シリーズ，会社別就職試験対策シリーズについて，正誤表をホームページ（https://www.kyodo-s.jp）に掲載いたします。内容に訂正等，疑問点がございましたら，まずホームページをご確認ください。もし，正誤表に掲載されていない訂正等，疑問点がございましたら，下記項目をご記入の上，以下の送付先までお送りいただくようお願いいたします。

① **書籍名，都道府県（学校）名，年度**
（例：教員採用試験過去問シリーズ　小学校教諭 過去問　2025 年度版）
② **ページ数**（書籍に記載されているページ数をご記入ください。）
③ **訂正等，疑問点**（内容は具体的にご記入ください。）
（例：問題文では“ア～オの中から選べ”とあるが，選択肢はエまでしかない）

〔ご注意〕
○ 電話での質問や相談等につきましては，受付けておりません。ご注意ください。
○ 正誤表の更新は適宜行います。
○ いただいた疑問点につきましては，当社編集制作部で検討の上，正誤表への反映を決定させていただきます（個別回答は，原則行いませんのであしからずご了承ください）。

●情報提供のお願い

協同教育研究会では，これから教員採用試験を受験される方々に，より正確な問題を，より多くご提供できるよう情報の収集を行っております。つきましては，教員採用試験に関する次の項目の情報を，以下の送付先までお送りいただけますと幸いでございます。お送りいただきました方には謝礼を差し上げます。
（情報量があまりに少ない場合は，謝礼をご用意できかねる場合があります）。

◆あなたの受験された面接試験，論作文試験の実施方法や質問内容
◆教員採用試験の受験体験記

送付先
○電子メール：edit@kyodo-s.jp
○FAX：03-3233-1233（協同出版株式会社　編集制作部 行）
○郵送：〒101-0054　東京都千代田区神田錦町 2-5
協同出版株式会社　編集制作部 行
○HP：https://kyodo-s.jp/provision（右記の QR コードからもアクセスできます）

※謝礼をお送りする関係から，いずれの方法でお送りいただく際にも，「お名前」「ご住所」は，必ず明記いただきますよう，よろしくお願い申し上げます。

教員採用試験「過去問」シリーズ

高知県の
国語科 過去問

編　集　　© 協同教育研究会
発　行　　令和5年8月25日
発行者　　小貫　輝雄
発行所　　協同出版株式会社
〒101-0054　東京都千代田区神田錦町2 - 5
電話　03－3295－1341
振替　東京00190－4－94061
印刷所　　協同出版・POD工場

落丁・乱丁はお取り替えいたします。